国家文物局考古研究中心·考古报告系列 -7

漳州圣杯屿元代沉船考古报告之一
——2021 年重点调查

国家文物局考古研究中心

福 建 省 考 古 研 究 院　编著

漳 州 市 文 物 保 护 中 心

梁国庆　阮永好　陈　浩　主编

文物出版社

图书在版编目（CIP）数据

漳州圣杯屿元代沉船考古报告.之一,2021年重点调查 / 国家文物局考古研究中心,福建省考古研究院,漳州市文物保护中心编著.-- 北京：文物出版社,2023.11
ISBN 978-7-5010-8175-2

Ⅰ.①漳… Ⅱ.①国… ②福… ③漳… Ⅲ.①沉船—考古发掘—调查报告—漳州—元代 Ⅳ.①K875.3

中国国家版本馆CIP数据核字(2023)第167569号

漳州圣杯屿元代沉船考古报告之一——2021年重点调查

编　　著：国家文物局考古研究中心
　　　　　福 建 省 考 古 研 究 院
　　　　　漳 州 市 文 物 保 护 中 心
主　　编：梁国庆　阮永好　陈　浩

装帧设计：秦　彧
责任编辑：秦　彧
责任印制：张　丽

出版发行：文物出版社
社　　址：北京市东城区东直门内北小街2号楼
邮　　编：100007
网　　址：http://www.wenwu.com
经　　销：新华书店
印　　刷：北京荣宝艺品印刷有限公司
开　　本：889mm×1194mm　1/16
印　　张：18
字　　数：510千字
版　　次：2023年11月第1版
印　　次：2023年11月第1次印刷
书　　号：ISBN 978-7-5010-8175-2
定　　价：600.00元

Archaeological Report on the Yuan Dynasty Shipwreck on Shengbei Island in Zhangzhou: Key Surveys in 2021

by

National Center for Archageology
Fujian Provincial Archaeological Research Institute
Zhangzhou Cultural Relics Protection Center

Chief Editor: Liang Guoqing, Ruan Yonghao, Chen Hao

Cultural Relics Press

本书编委会

主　任：唐　炜

委　员：王大民　张建华　佟　薇　孙　键
　　　　王永平　羊泽林　刘　晖　简奕耕
　　　　赵嘉斌　杨招君　王　冉　邓启江
　　　　余建立　张治国　孟原召

主　编：梁国庆　阮永好　陈　浩

内容简介

2011 年 7 月漳州市文物部门缴获出自漳州圣杯屿沉船遗址的文物 722 件。2014 年福建博物院文物考古研究所与漳州市文物保护管理所合作组建水下考古调查队，首次发现了沉船船体。2020 年 11 月该沉船遗址再次遭受盗捞。国家文物局考古研究中心、福建省考古研究院和漳州市文物保护中心联合组队，结合 2021 年度全国水下考古专业人员进阶培训班水下考古实习，对圣杯屿沉船遗址进行了重点调查，并取得了重要收获。

圣杯屿沉船遗址位于古雷半岛与圣杯屿之间南侧东北—西南向海底冲沟东南边缘的一个凹坑处，水深约 27 ～ 31 米，东侧紧邻菜屿航道，东北距圣杯屿约 200 米，西侧距杏仔村岸滩仅 500 米左右。遗址位置处于一处传统的小型渔业航道之上。

2021 年水下考古发现的水下堆积主要为瓷器和船体，尚未见大型凝结物。遗址周边海床散落较多瓷器，散落面积约为 800 平方米，其中沉船船体周边文物密集区面积不低于 300 平方米。沉船船体艏西北艉东南，残长约 13.07、最宽约 3.7 米，船壳板厚度约 6 厘米，单层板结构，发现有桅座、底板和多道隔舱板等。此外，还发现缆绳、包装瓷器的竹片等有机质文物。2021 年采集出水文物 696 件，主要为瓷器，另有陶器口沿 1 件和铁器残片、船板等。其中瓷器均为龙泉窑青瓷，器类相对单一，多成批集中出现，主要器形包括青瓷碗、盏、盘、碟、洗、钵、香炉和高足杯等。根据出水文物装饰风格、烧造工艺以及木材碳 -14 测年结果等，推断该沉船遗址时代为元代晚期。

本书是福建漳州圣杯屿元代沉船遗址 2021 年水下考古重点调查成果报告。介绍了圣杯屿历史沿革、2021 年水下考古重点调查工作概况、遗址状况和出水文物，通过出水文物与龙泉窑发掘及海外沉船出水同类器物的比较，对漳州圣杯屿元代沉船遗址的性质、年代、航线等相关问题进行了初步研究。本书为研究中国水下考古、海上丝绸之路考古、古代造船史、海外交通史、贸易陶瓷史以及元代龙泉窑瓷器的研究提供了丰富的实物资料。

Abstract

In July 2011, the relics departments in Zhangzhou seized 722 cultural relics from the Shengbei Island shipwreck site. In 2014, Institute of Cultural Relics and Archaeology of the Fujian Museum and Zhangzhou Municipal Administrative office of Cultural Relics Protection Management cooperated to set up an underwater archaeological investigation team and for the first time the team discovered the shipwreck hull. In November 2020, the wreck site was again robbed. National Center for Archaeology, Fujian Provincial Archaeological Research Institute and Zhangzhou Cultural Relics Protection Center jointly organized a team, as part of the underwater archaeology practice of 2021 National Advanced Training Course for Underwater Archaeology Professionals, to conduct a key investigation on the Shengbei Island shipwreck site and achieved important results.

The Shengbei Island shipwreck is located in a pit at the southeast edge of the northeast-southwest seabed gully between the Gulei Peninsula and the Shengbei Island, with a water depth of about 27-31 meters. It is close to Caiyu channel on the east side, about 200 meters away from the Shengyu Island on the northeast side, and only about 500 meters away from the shore beach of Xingzai Village on the west side. The site is situated on a traditional small-scale fishing channel.

The underwater accumulations found in 2021 mainly include the ship hull and porcelains, and no large condensation has been found. Many porcelains are scattered on the seabed around the site, with a scattered area of about 800 square meters, of which the area of cultural relics around the hull is not less than 300 square meters. Heading from northwest to southeast, the shipwreck has a residual length of about 13.07 meters, a breadth extreme of around 3.7 meters. The thickness of the hull shell is about 6 centimeters. The excavated components of the wreck include single-layer hull shells, a mast, residuals of deck and several bulkheads. In addition, organic artifacts such as mooring rope and pieces of bamboo slices for packaging porcelain are among the findings. In the 2021 investigation, in total, 696 pieces of cultural relics were collected, most of which are celadons from Longquan kiln, and the types are relatively single. Other findings include a piece of pottery sherd, iron fragments, debris of ship shells, etc. The celadons always appeared in batches, including bowls, lamps, plates, dishes, washes, flat-bottomed bowls, incense burners and stemmed cups. Judging from the decorative patterns and the firing technique of the celadons as well as the wood carbon-14 dating results, it is inferred that the shipwreck could be dated to the late Yuan.

This book is a report on the results of the 2021 key investigation of underwater archaeology at the Yuan shipwreck site in Zhangzhou, Fujian. The editors give an introduction to the administrative history of the Shengbei Island, the summary of this key investigation of underwater archaeology in 2021, the condition of the site and the revealed cultural relics. By comparing the findings with those in Longquan Kiln and overseas shipwrecks, the authors carry out a preliminary study of the nature, age, sailing route of the shipwreck and other relevant issues. This book provides rich material data for the study of underwater archaeology in China, the archaeology of the Maritime Silk Road, the history of ancient shipbuilding, the overseas transportation and ceramic trading as well as the porcelain of Yuan Longquan kiln.

序

我国是历史悠久的文明古国，不仅有广袤的陆地疆土，还拥有绵长的海岸线和辽阔的海洋国土、丰富的内陆水域。在漫长的历史发展进程中，我们的祖先不仅创造了辉煌的陆地黄土文明，还有灿烂的海洋蓝色文明。我国海域内遗留下了数量众多、类型丰富、价值巨大的海洋文化遗产。作为我国文化遗产的重要组成部分，它们是中华民族勤劳智慧和非凡创造力的结晶，是传承和弘扬中华优秀文化的重要载体，也是国家文化软实力的重要资源和基础。

漳州圣杯屿沉船的线索始于 2010 年 11 月漳州市文物市场上突然出现一批宋元时期水下文物，这引起了漳州市文物部门的高度重视。2011 年 4 月，漳州市文物部门从渔民手中获取了相对准确的沉船位置，同年 7 月漳州市文物部门与边防公安联合破获了一起水下沉船盗捞案件，缴获文物 722 件，全部为完整器，其中三级文物达到 112 件。2013 年福建博物院考古研究所专业人员对其中的 672 件文物进行了初步整理，对沉船的性质、年代有了初步认识。不过，根据近几年漳州圣杯屿沉船调查情况看，其中的罐、盆、盖等陶器很可能是不法分子从其他遗址盗捞。

漳州水下沉船案件的破获及其重要价值的初步肯定引起国家文物局高度关注，公安部、国家文物局派出专题调查组赴现场督查。为摸清沉船遗址的保存状况，2014 年福建博物院文物考古研究所与漳州市文物保护管理所合作组建水下考古调查队，首次在圣杯屿海域开展水下考古调查。根据渔民提供的位置，水下考古队很快发现和确认了沉船遗址，对沉船遗址的埋藏状况、性质和年代有了进一步的认识。2016 年国家文物局水下文化遗产保护中心与漳州市文化广电新闻出版局、漳州市文物保护管理所合作，对古雷开发区圣杯屿周边海域开展了专项水下文化遗产调查，契机主要工作是对圣杯屿沉船遗址的重点调查，发现了水下南、北两处文物分布区。

时隔十年，该沉船遗址再次遭受不法分子盗捞。2020 年 11 月 23 日漳州海警局联合古雷公安分局在古雷开发区圣杯屿海域破获"11·23"古雷特大水下文物盗捞案件，漳浦县公安局刑警大队、漳州市海警局漳浦工作站先后追缴盗捞水下文物 922 件文物，其中三级文物 76 件，同时抓获犯罪嫌疑人 19 名。盗捞事件十分恶劣，国家文物局和福建省文物局高度重视。为了解遗址破坏情况和保存现状，在国家文物局的安排下，国家文物局考古研究中心、福建省考古研究院和漳州市文物保护中心联合组队，结合 2021 年度全国水下考古专业人员进阶培训班水下考古实习，对圣杯屿沉船遗址进行了重点调查，并取得了重要收获。

漳州圣杯屿元代沉船遗址调查是近年我国元代沉船水下考古的重要发现。该遗址不仅发现有船体残骸，存有部分隔舱板、底板等，还出水了一批青釉瓷器，器类包括碗、盘、盏、碟、洗、炉、钵和高足杯等，其中发现的龙泉大盘直径超过30厘米，是外销产品。这批瓷器特征明显、制作较为精美，皆为龙泉青瓷，且批量出现，没有使用痕迹，应是一艘从事海外贸易的商船。漳州圣杯屿沉船的调查及试掘为研究龙泉瓷器外销、元代海上丝绸之路贸易等问题提供了可靠的实物材料，具有重要的学术价值。2021年7月19日，由国家文物局考古研究中心、福建省考古研究院主办，漳州市文化和旅游局承办的"2021年福建漳州圣杯屿元代沉船遗址专项研讨会"在福建省漳州市漳州宾馆召开。国家文物局副局长宋新潮、国家文物局文物保护与考古司司长闫亚林、国家文物局考古研究中心主任唐炜、福建省文物局局长傅柒生、漳州市人民政府副市长吴卫红、特邀文博考古专家栗建安、崔勇、顿贺、林国聪、刘淼，以及福建省文物局、福建省考古研究院、漳州市相关文博单位领导和圣杯屿元代沉船水下调查队队员出席研讨会。与会领导和专家在肯定水下考古调查成果的同时，一致认为圣杯屿沉船是元代晚期海外贸易的典型代表，对海上丝绸之路、海外交通史、贸易陶瓷史、造船技术史研究等方面具有重要的学术价值，建议尽快梳理以往工作成果，组织考古发掘，彻底解决盗捞风险。本次会议上初步确定了用2～3年时间完成该沉船遗址考古发掘的工作目标。

福建沿海是我国水下考古重镇，漳州沿海也是我国水下文化遗产分布密集区之一，水下考古工作开展得早，重大发现不断。但是，水下文化遗产多分布在沿海海底，交通和监管不便，单独倚靠文物部门很难开展有效保护，加之近些年社会上出现的"文物热"，导致了更多的不法分子觊觎，漳州圣杯屿沉船遗址的多次盗捞并非孤例，因此我们要清晰地认识到我国水下文化遗产保护面临的严峻挑战。在国家文物局、福建省文物局的指导下，在漳州市人民政府和古雷港经济开发区管委会的高度重视下，从2022年起漳州圣杯屿沉船遗址周边海域已经纳入当地公安、海警天网系统，设定为当地海上联防队重点巡查区域，实现了遗址二十四小时视频监控和不定时海上巡防。漳州市文化和旅游局与漳州海事局、漳州市公安局、市海警局、市海洋与渔业局等相关涉海单位建立了水下文物保护信息共享机制，同时拨出专款通过中国移动、电信、联通公司向沿海县（区）居民发送水下文物保护普法短信数三百余万条，构筑起了一条多部门合作、全社会参与的水下文化遗产保护安全防线。

水下考古，是当今人们走近、认识、解读、阐释水下文化遗产最为重要的手段。在中国水下考古还是一个比较年轻的学科。20世纪80年代水下考古才被引入中国，并在中国扎根、发芽，不断壮大。三十多年来，从祖国北疆到南海边陲，从近海潮间带到远海岛礁，水下考古学家的身影遍及我国的渤海、黄海、东海、南海四大海域，以及长江、汉江、东平湖、京杭大运河等内水水域。绥中三道岗沉船、广东南海一号沉船、南澳一号沉船、西沙华光礁一号沉船、宁波小白礁一号沉船、漳州圣杯屿沉船、上海长江口二号沉船等一系列国家重大考古调查、发掘项目在一定程度上填补了我国海洋蓝色文明的实物空白，丰富了我国古代海上丝绸之路研究，实证了古代中国海洋贸易的繁荣和中外文明因交流互鉴而更加精彩的历史事实，并为更好认识源远流长博大精深的中华文明和重新认识中国文明在世界文明史上的重要地位作出了重要贡献。

水下考古是考古学在水下的延伸，它以人类水下文化遗产为研究对象，对沉没于水下的古代遗迹和遗物进行调查、勘探和发掘，并运用考古学的理论和方法进行研究。由于特定的水下埋藏环境，水下考古工作受到天气、水流、水温、海浪等自然因素和专业人员潜水技术水平、水下考古专业装备等人文因素的影响，水下考古调查、发掘、记录、测绘、摄影和文物提取与保护要比陆地考古困难和复杂得多，甚至有时要面临生命安全的危险。为了更科学地开展水下考古，水下考古学家既需要掌握考古学的理论知识，也需要掌握科学潜水的理论、技术和方法，同时还需要想方设法克服各种困难，去实现考古学的相关要求。因此，水下考古专业人员的培训与陆地考古存在着较大的不同。我国水下考古专业人员培训主要采用的是国家文物局主导，从沿海及内陆相关省份的文博科研单位选拔文博专业背景的学员统一集中培训的方式，整个培训分为基础培训和进阶培训两个大的阶段。其中基础培训班主要是培训学员掌握科学潜水和水下考古的相关理论、技术和方法，能够从事 30 米以浅水下考古调查、发掘和研究工作；而进阶培训班则主要是从深潜（技术潜水）、专长（潜水长、密闭循环呼吸器潜水、水下摄影、水下绘图等）等方面进行进阶技术培训，细化水下考古作业分工，拓展水下考古作业范围，并提升水下考古作业期间的人员安全和工作效率。到 2022 年截止，国家文物局共组织了 9 期水下考古专业人员基础培训班和 9 期进阶培训班。

2021 年度全国水下考古专业人员进阶培训班其实是第 9 期水下考古进阶培训班，主要是为了解决如何在低水温和较大深度（40 米免减压潜水极限深度）更加安全、高效地开展水下考古工作。本次培训班是在国家文物局的领导下，在中国（海南）南海博物馆、福建省考古研究院、漳州市文物保护中心等兄弟单位的支持下，由国家文物局考古研究中心于 2021 年 4 ～ 7 月具体组织实施。项目负责人为梁国庆，学员共 17 名，分别来自北京、辽宁、河北、山东、江苏、上海、浙江、广东、广西和海南等 10 个沿海省份、直辖市的 13 家文博单位。为了保证进阶培训质量，培训班还邀请多位水下考古经验丰富的老队员作为培训指导老师参与培训工作。培训工作分进阶潜水培训课程和水下考古实习两个阶段，前后历时两个多月。第一阶段主要是以潜水技术和理论培训为主，包括进阶高氧、技术潜水入门、减压程序和干式潜水服等课程，是学员进阶潜水知识和技术体系的培训，学习相关潜水理论、训练潜水技术和学习使用相关潜水设备。第二阶段结合福建漳州圣杯屿元代沉船遗址水下考古调查工作进行实习。实习阶段出海作业 43 天，完成沉船遗址周边约 2 平方公里的物探扫测，获取了海底地形地貌和流场等信息，先后潜水 738 人次，完成水下人工调查面积约 3500 平米、水下发掘面积 4 平方米，提取出水文物 696 件（套），对沉船遗址水下文物分布范围、保存状况、船体及船体埋藏状况有了较为深入的了解，并获取了一定的影像和测绘数据，为未来沉船遗址的保护和研究工作奠定了基础。实习期间，培训班严格遵循《水下考古工作规程》，注重多学科研究和科技考古意识，积极改良水下考古调查和发掘设备，使之小型化、便携化，提升了水下考古作业的精细化水平，另外，综合运用摄影拼接和多视角三维拼接技术，首次完成水深 30 米、水下能见度较差情况下的水下遗址全景影像，保证了进阶培训班水下考古实习的效果。

　　漳州圣杯屿沉船遗址所在海域海况复杂，环境较为恶劣。沉船遗址水深达到30米，该海域潮汐变化不规整，平潮期短，转流速度快，水下能见度差。由于靠近台湾海峡，水下考古调查期间，还经常面对大风、大雾和强对流等极端天气，这在很大程度上影响了水下考古工作的效率以及一些技术和方法的应用。水下考古队只能在有限的条件下尽可能科学地采集、记录沉船遗址信息。当然，遗憾也肯定是无法避免的。

　　本书是2021年漳州圣杯屿沉船遗址调查工作与成果的系统总结，也是2021年全国水下考古专业人员进阶培训班培训成果的体现。本书的出版不仅有助于元代龙泉瓷外销和海上丝绸之路研究，同时，对于水下考古专业人员培训也具有一定借鉴意义。值此之际，希望该书的出版能够有助于我国水下考古事业的发展、海上丝绸之路等相关研究课题的深入，以及水下文化遗产保护知识、理念的普及和社会各界对水下文化遗产保护的普遍关注。

目　录

序 ……………………………………………………………………………………… i

第一章　前言 …………………………………………………………………………… 1

一　地理环境 …………………………………………………………………………… 2

（一）岛礁形势 ……………………………………………………………………… 2

（二）地质与地貌 …………………………………………………………………… 3

（三）气候与水文 …………………………………………………………………… 3

1.温度 ………………………………………………………………………………… 4

2.霜期与降水 ………………………………………………………………………… 4

3.雾 …………………………………………………………………………………… 4

4.风 …………………………………………………………………………………… 4

5.潮汐 ………………………………………………………………………………… 6

6.海水 ………………………………………………………………………………… 7

7.能见度 ……………………………………………………………………………… 7

8.气象谚语 …………………………………………………………………………… 7

二　历史沿革 …………………………………………………………………………… 9

1.行政区划 …………………………………………………………………………… 9

2.航路变迁 …………………………………………………………………………… 10

三　以往工作简述 ……………………………………………………………………… 11

1.2014年调查与发现 ………………………………………………………………… 11

2.2016年调查与发现 ………………………………………………………………… 12

第二章　2021年水下考古调查 ……………………………………………………… 16

一　工作概况 …………………………………………………………………………… 16

二　调查经过 ………………………………………………………………………… 19

　1.水下搜索与定位 ………………………………………………………………… 19

　2.遗址表层清理 …………………………………………………………………… 20

　3.水下考古试掘 …………………………………………………………………… 21

三　技术与方法 ………………………………………………………………………… 23

　1.技术与装备的选择 ……………………………………………………………… 23

　2.水下考古设备的改进 …………………………………………………………… 25

　3.低能见度下的水下摄影拼接 …………………………………………………… 27

　4.出水文物整体提取 ……………………………………………………………… 27

四　科技考古与出水文物现场保护 …………………………………………………… 29

　1.出水文物现场保护 ……………………………………………………………… 29

　2.出水文物分析检测 ……………………………………………………………… 30

五　沉船遗址保护性回填 ……………………………………………………………… 39

第三章　地层及遗址概况 …………………………………………………………… 40

一　地层 ………………………………………………………………………………… 40

　1.船舱地层 ………………………………………………………………………… 40

　2.船外地层 ………………………………………………………………………… 40

　3.遗址外围地层 …………………………………………………………………… 40

二　遗址堆积 …………………………………………………………………………… 43

　1.遗址表层现状 …………………………………………………………………… 43

　2.沉船船体状况 …………………………………………………………………… 43

　3.船货装载方式 …………………………………………………………………… 43

第四章　出水遗物 …………………………………………………………………… 44

一　青釉瓷 ……………………………………………………………………………… 46

　1.青瓷大碗 ………………………………………………………………………… 47

　2.青瓷碗 …………………………………………………………………………… 89

　3.青瓷小碗 ………………………………………………………………………… 157

4.青瓷大盘 …………………………………………………………………………… 161

5.青瓷盘 ……………………………………………………………………………… 166

6.青瓷小盘 …………………………………………………………………………… 172

7.青瓷洗 ……………………………………………………………………………… 199

8.青瓷盏 ……………………………………………………………………………… 203

9.青瓷碟 ……………………………………………………………………………… 209

10.青瓷钵 …………………………………………………………………………… 213

11.青瓷高足杯 ……………………………………………………………………… 215

12.青瓷炉 …………………………………………………………………………… 221

二　陶器 ……………………………………………………………………………… 224

酱釉罐口沿 ………………………………………………………………………… 224

第五章　结语 ……………………………………………………………………… 226

一　出水瓷器的工艺特征及其产地分析 ………………………………………… 226

二　沉船年代分析 ………………………………………………………………… 226

三　沉船属性及航线分析 ………………………………………………………… 227

附　录 ……………………………………………………………………………… 229

附录一　向洋而生　无问西东——从圣杯屿沉船看元代龙泉窑青瓷的外销 ……… 229

附录二　从沉船资料看宋元时期海外贸易的变迁 ………………………………… 240

后　记 ……………………………………………………………………………… 249

插图目录

图1-1 漳州圣杯屿沉船遗址位置示意图 ··· 1

图1-2 圣杯屿航拍 ·· 2

图1-3 水下考古调查队员出水 ·· 11

图1-4 水下的船体残骸 ··· 12

图1-5 水下队员采集出水文物 ·· 13

图1-6 水下考古物探调查及数据实时监测 ··· 13

图1-7 水下考古物探调查及数据实时监测、记录 ·································· 14

图1-8 水下队员商讨水下调查方案 ·· 14

图1-9 水下发现的散落瓷器 ·· 15

图1-10 水下队员整理出水文物 ··· 15

图2-1 漳州圣杯屿元代沉船遗址专项研讨会现场 ·································· 18

图2-2 漳州圣杯屿元代沉船遗址专项研讨会合影 ·································· 18

图2-3 水下考古调查技术路线图 ·· 19

图2-4 物探组在开展圣杯屿海域的物探扫测 ·· 19

图2-5 圣杯屿遗址表层散落文物原始状态 ·· 20

图2-6 圣杯屿0号隔舱板及桅座 ·· 21

图2-7 制作探方架 ·· 22

图2-8 水下测绘 ··· 22

图2-9 水下探方及第二层堆积的正射影像（左侧为T1011，右侧为T1012） ··· 23

图2-10 高氧配气 ··· 25

图2-11 改良后的水下抽泥设备 ·· 26

图2-12 小型推进器用于水下考古调查期间的表层清理 ·························· 26

图2-13 使用小型气枪对水下遗迹进行精细清理 ·································· 27

图2-14 漳州圣杯屿沉船遗址表层全景影像 ··· 28

图2-15 整体提取成摞破碎瓷器 ·· 29

图2-16 出水文物现场保护 ··· 30

图2-17 圣杯屿沉船船体木材样品测年报告 ··· 35

图2-18　圣杯屿沉船船体木材样品测年报告 ……………………………………… 36

图2-19　圣杯屿沉船船体木材样品测年报告 ……………………………………… 37

图2-20　圣杯屿沉船船体木材样品测年报告 ……………………………………… 38

图3-1　圣杯屿沉船遗址文物分布及试掘探方位置 ……………………………… 41

图3-2　圣杯屿沉船遗址核心区平面图和地势图 ………………………………… 42

图3-3　发掘清理出捆扎瓷器的竹片 ……………………………………………… 43

图4-1　出水文物类型比例图 ……………………………………………………… 44

图4-2　A型青瓷大碗 ……………………………………………………………… 47

图4-3　B型Ⅰ式青瓷大碗 ………………………………………………………… 49

图4-4　B型Ⅰ式青瓷大碗 ………………………………………………………… 51

图4-5　B型Ⅰ式青瓷大碗 ………………………………………………………… 54

图4-6　B型Ⅱ式青瓷大碗 ………………………………………………………… 62

图4-7　B型Ⅱ式青瓷大碗 ………………………………………………………… 64

图4-8　B型Ⅱ式青瓷大碗 ………………………………………………………… 66

图4-9　B型Ⅱ式青瓷大碗 ………………………………………………………… 68

图4-10　B型Ⅱ式青瓷大碗 ……………………………………………………… 71

图4-11　B型Ⅱ式青瓷大碗 ……………………………………………………… 73

图4-12　B型Ⅱ式青瓷大碗 ……………………………………………………… 76

图4-13　A型青瓷碗 ……………………………………………………………… 89

图4-14　B型Ⅰ式青瓷碗 ………………………………………………………… 90

图4-15　B型Ⅰ式青瓷碗 ………………………………………………………… 93

图4-16　B型Ⅰ式青瓷碗 ………………………………………………………… 94

图4-17　B型Ⅰ式青瓷碗 ………………………………………………………… 96

图4-18　B型Ⅰ式青瓷碗 ………………………………………………………… 98

图4-19　B型Ⅰ式青瓷碗 ………………………………………………………… 100

图4-20　B型Ⅱ式青瓷碗 ………………………………………………………… 113

图4-21　B型Ⅱ式青瓷碗 ………………………………………………………… 115

图4-22　B型Ⅱ式青瓷碗 ………………………………………………………… 117

图4-23　B型Ⅱ式青瓷碗 ………………………………………………………… 119

图4-24　B型Ⅱ式青瓷碗 ………………………………………………………… 122

图4-25　B型Ⅱ式青瓷碗 ………………………………………………………… 123

图4-26　B型Ⅱ式青瓷碗 ………………………………………………………… 126

图4-27　B型Ⅱ式青瓷碗 ……………………………………………………………… 127

图4-28　B型Ⅱ式青瓷碗 ……………………………………………………………… 129

图4-29　青瓷小碗 ……………………………………………………………………… 157

图4-30　A型青瓷大盘21ZS采：436 ………………………………………………… 161

图4-31　B型青瓷大盘 ………………………………………………………………… 162

图4-32　B型青瓷大盘 ………………………………………………………………… 163

图4-33　A型青瓷盘21ZS采：348 …………………………………………………… 166

图4-34　B型青瓷盘 …………………………………………………………………… 168

图4-35　A型青瓷小盘21ZS采：330 ………………………………………………… 172

图4-36　B型青瓷小盘 ………………………………………………………………… 173

图4-37　B型青瓷小盘 ………………………………………………………………… 173

图4-38　C型青瓷小盘 ………………………………………………………………… 181

图4-39　C型青瓷小盘 ………………………………………………………………… 183

图4-40　D型青瓷小盘 ………………………………………………………………… 186

图4-41　D型青瓷小盘 ………………………………………………………………… 187

图4-42　D型青瓷小盘 ………………………………………………………………… 190

图4-43　E型青瓷小盘 ………………………………………………………………… 196

图4-44　A型青瓷洗21ZS采：402 …………………………………………………… 199

图4-45　B型青瓷洗21ZS采：59 ……………………………………………………… 203

图4-46　A型青瓷盏 …………………………………………………………………… 204

图4-47　A型青瓷盏 …………………………………………………………………… 206

图4-48　B型青瓷盏 …………………………………………………………………… 207

图4-49　A型青瓷碟21ZS采：76 ……………………………………………………… 209

图4-50　B型青瓷碟 …………………………………………………………………… 211

图4-51　青瓷钵 ………………………………………………………………………… 213

图4-52　青瓷高足杯 …………………………………………………………………… 216

图4-53　青瓷高足杯 …………………………………………………………………… 218

图4-54　青瓷炉 ………………………………………………………………………… 222

图4-55　酱釉罐口沿21ZS采：345 …………………………………………………… 224

插表目录

表1-1　台湾海峡月平均雾日表 ······························· 4

表1-2　南海东北部历年各月偏北大风平均日数及最多日数 ······················· 5

表1-3　2013～2021年间影响厦漳地区台风次数统计 ······················· 5

表1-4　2013～2021年9年间对厦漳地区有影响的台风统计 ······················· 5

表1-5　圣杯屿周边海域潮汐特征 ······························· 6

表1-6　潮汐时间表 ······························· 6

表1-7　圣杯屿周边海域水质情况 ······················· 7

表1-8　2019～2021年漳州海事辖区交通事故分类统计表 ······················· 9

表2-1　2021年水下考古调查队人员名单 ······················· 17

表2-2　空气及高氧免减压潜水滞底时间及单瓶与双瓶携带气量对比表（ata<1.44） ······················· 23

表2-3　2021年漳州圣杯屿沉船遗址水下考古调查潜水时间表 ······················· 24

表2-4　漳州圣杯屿沉船采集木材样品含水量及密度结果 ······················· 31

表2-5　漳州圣杯屿沉船采集木材化学组分结果（wt%） ······················· 31

表2-6　漳州圣杯屿沉船采集有机元素分析结果（wt%） ······················· 32

表2-7　漳州圣杯屿沉船采集标本的种属鉴定表 ······················· 32

表2-8　漳州圣杯屿沉船2021年出水瓷器XRF数据 ······················· 33

表4-1　漳州圣杯屿沉船遗址2021年出水标本器形统计表 ······················· 45

表4-2　漳州圣杯屿沉船遗址2021年出水大盘型式、纹饰统计表 ······················· 46

表4-3　漳州圣杯屿沉船遗址2021年出水盘型式、纹饰统计表 ······················· 46

表4-4　漳州圣杯屿沉船遗址2021年出水小盘型式、纹饰统计表 ······················· 46

彩版目录

彩版4-1　　A型青瓷大碗21ZS采：43 ·· 47

彩版4-2　　A型青瓷大碗21ZS采：57 ·· 48

彩版4-3　　B型Ⅰ式青瓷大碗21ZS采：5 ·· 49

彩版4-4　　B型Ⅰ式青瓷大碗21ZS采：83 ······································· 50

彩版4-5　　B型Ⅰ式青瓷大碗21ZS采：400 ······································ 50

彩版4-6　　B型Ⅰ式青瓷大碗21ZS①：25 ······································· 52

彩版4-7　　B型Ⅰ式青瓷大碗21ZST1010②：35 ································· 52

彩版4-8　　B型Ⅰ式青瓷大碗21ZST1011②：40 ································· 53

彩版4-9　　B型Ⅰ式青瓷大碗21ZST1011②：41 ································· 53

彩版4-10　　B型Ⅰ式青瓷大碗21ZST1011②：55 ································ 55

彩版4-11　　B型Ⅰ式青瓷大碗21ZST1011②：63 ································ 55

彩版4-12　　B型Ⅰ式青瓷大碗21ZST1012②：44 ································ 56

彩版4-13　　B型Ⅰ式青瓷大碗21ZST1012②：46 ································ 57

彩版4-14　　B型Ⅰ式青瓷大碗21ZS采：267 ····································· 57

彩版4-15　　B型Ⅰ式青瓷大碗21ZST1011②：5 ································· 57

彩版4-16　　B型Ⅰ式青瓷大碗21ZST1011②：6 ································· 57

彩版4-17　　B型Ⅰ式青瓷大碗21ZST1011②：9 ································· 58

彩版4-18　　B型Ⅰ式青瓷大碗21ZST1011②：44 ································ 58

彩版4-19　　B型Ⅰ式青瓷大碗21ZST1011②：48 ································ 58

彩版4-20　　B型Ⅰ式青瓷大碗21ZST1011②：53 ································ 59

彩版4-21　　B型Ⅰ式青瓷大碗21ZST1011②：56 ································ 60

彩版4-22　　B型Ⅰ式青瓷大碗21ZST1011②：75 ································ 60

彩版4-23　　B型Ⅰ式青瓷大碗21ZST1012②：6 ································· 60

彩版4-24　　B型Ⅰ式青瓷大碗21ZST1012②：47 ································ 61

彩版4-25　　B型Ⅰ式青瓷大碗21ZST1012②：48 ································ 61

彩版4-26　　B型Ⅰ式青瓷大碗21ZST1012②：59 ································ 61

彩版4-27　　B型Ⅱ式青瓷大碗21ZS采：3 ·· 62

彩版4-28　　B型Ⅱ式青瓷大碗21ZS采：55 ······································· 63

彩版4-29　B型Ⅱ式青瓷大碗21ZS采：89 ··· 64

彩版4-30　B型Ⅱ式青瓷大碗21ZS采：175 ··· 65

彩版4-31　B型Ⅱ式青瓷大碗21ZS采：392 ··· 65

彩版4-32　B型Ⅱ式青瓷大碗21ZS采：393 ··· 65

彩版4-33　B型Ⅱ式青瓷大碗21ZS采：407 ··· 67

彩版4-34　B型Ⅱ式青瓷大碗21ZS采：412 ··· 67

彩版4-35　B型Ⅱ式青瓷大碗21ZS采：413 ··· 67

彩版4-36　B型Ⅱ式青瓷大碗21ZS采：432 ··· 69

彩版4-37　B型Ⅱ式青瓷大碗21ZS采：433 ··· 69

彩版4-38　B型Ⅱ式青瓷大碗21ZST1010②：53 ··· 70

彩版4-39　B型Ⅱ式青瓷大碗21ZST1011②：3 ··· 71

彩版4-40　B型Ⅱ式青瓷大碗21ZST1011②：4 ··· 72

彩版4-41　B型Ⅱ式青瓷大碗21ZST1011②：47 ··· 72

彩版4-42　B型Ⅱ式青瓷大碗21ZST1011②：49 ··· 74

彩版4-43　B型Ⅱ式青瓷大碗21ZST1012②：28 ··· 74

彩版4-44　B型Ⅱ式青瓷大碗21ZST1012②：40 ··· 75

彩版4-45　B型Ⅱ式青瓷大碗21ZS采：411 ··· 75

彩版4-46　B型Ⅱ式青瓷大碗21ZST1012②：58 ··· 77

彩版4-47　B型Ⅱ式青瓷大碗21ZS采：2 ··· 77

彩版4-48　B型Ⅱ式青瓷大碗21ZS采：6 ··· 77

彩版4-49　B型Ⅱ式青瓷大碗21ZS采：71 ··· 78

彩版4-50　B型Ⅱ式青瓷大碗21ZS采：78 ··· 79

彩版4-51　B型Ⅱ式青瓷大碗21ZS采：143 ··· 79

彩版4-52　B型Ⅱ式青瓷大碗21ZS采：163 ··· 79

彩版4-53　B型Ⅱ式青瓷大碗21ZS采：271 ··· 79

彩版4-54　B型Ⅱ式青瓷大碗21ZS采：396 ··· 80

彩版4-55　B型Ⅱ式青瓷大碗21ZS采：405 ··· 80

彩版4-56　B型Ⅱ式青瓷大碗21ZS采：420 ··· 80

彩版4-57　B型Ⅱ式青瓷大碗21ZS采：422 ··· 81

彩版4-58　B型Ⅱ式青瓷大碗21ZS采：425 ··· 82

彩版4-59　B型Ⅱ式青瓷大碗21ZS采：427 ··· 82

彩版4-60　B型Ⅱ式青瓷大碗21ZS采：434 ··· 82

彩版4-61　B型Ⅱ式青瓷大碗21ZST1011②：10 ··· 83

彩版4-62　B型Ⅱ式青瓷大碗21ZST1012②：34 ··· 83

彩版4-63　B型Ⅱ式青瓷大碗21ZST1010②：37 ··· 83

彩版4-64　B型Ⅱ式青瓷大碗21ZST1010②：51 ··· 84

彩版4-65　B型Ⅱ式青瓷大碗21ZST1011②：1 ··· 84

彩版4-66　B型Ⅱ式青瓷大碗21ZST1011②：2 ··· 85

彩版4-67　B型Ⅱ式青瓷大碗21ZST1011②：8 ··· 85

彩版4-68　B型Ⅱ式青瓷大碗21ZST1011②：42 ··· 85

彩版4-69　B型Ⅱ式青瓷大碗21ZST1011②：52 ··· 86

彩版4-70　B型Ⅱ式青瓷大碗21ZST1011②：54 ··· 86

彩版4-71　B型Ⅱ式青瓷大碗21ZST1011②：65 ··· 87

彩版4-72　B型Ⅱ式青瓷大碗21ZST1012②：30 ··· 87

彩版4-73　B型Ⅱ式青瓷大碗21ZST1012②：32 ··· 87

彩版4-74　B型Ⅱ式青瓷大碗21ZST1012②：33 ··· 87

彩版4-75　B型Ⅱ式青瓷大碗21ZST1012②：45 ··· 88

彩版4-76　B型Ⅱ式青瓷大碗21ZST1012②：50 ··· 88

彩版4-77　B型Ⅱ式青瓷大碗21ZST1012②：61 ··· 88

彩版4-78　A型青瓷碗21ZS采：79 ··· 89

彩版4-79　A型青瓷碗21ZS采：438 ··· 90

彩版4-80　B型Ⅰ式青瓷碗21ZS采：28 ·· 91

彩版4-81　B型Ⅰ式青瓷碗21ZS采：30 ·· 92

彩版4-82　B型Ⅰ式青瓷碗21ZS采：39 ·· 92

彩版4-83　B型Ⅰ式青瓷碗21ZS采：109 ·· 93

彩版4-84　B型Ⅰ式青瓷碗21ZS采：131 ·· 93

彩版4-85　B型Ⅰ式青瓷碗21ZS采：152 ·· 93

彩版4-86　B型Ⅰ式青瓷碗21ZS采：213 ·· 94

彩版4-87　B型Ⅰ式青瓷碗21ZS采：223 ·· 95

彩版4-88　B型Ⅰ式青瓷碗21ZS采：225 ·· 95

彩版4-89　B型Ⅰ式青瓷碗21ZS采：239 ·· 96

彩版4-90　B型Ⅰ式青瓷碗21ZS采：244 ·· 97

彩版4-91　B型Ⅰ式青瓷碗21ZS采：250 ·· 97

彩版4-92　B型Ⅰ式青瓷碗21ZS采：258 ·· 98

彩版4-93　B型Ⅰ式青瓷碗21ZS采：263 ·· 99

彩版4-94　B型Ⅰ式青瓷碗21ZS采：397 ·· 99

彩版4-95　B型Ⅰ式青瓷碗21ZS采：417 ·· 99

彩版4-96　B型Ⅰ式青瓷碗21ZS采：421 ·· 100

彩版4-97　B型Ⅰ式青瓷碗21ZST1011②：62 ·· 101

彩版4-98　B型Ⅰ式青瓷碗21ZST1011②：66 ·· 102

彩版4-99　　B型Ⅰ式青瓷碗21ZST1011②：70 ··· 102

彩版4-100　　B型Ⅰ式青瓷碗21ZS采：41 ··· 103

彩版4-101　　B型Ⅰ式青瓷碗21ZS采：149 ··· 103

彩版4-102　　B型Ⅰ式青瓷碗21ZS采：150 ··· 103

彩版4-103　　B型Ⅰ式青瓷碗21ZS采：187 ··· 104

彩版4-104　　B型Ⅰ式青瓷碗21ZS采：211 ··· 104

彩版4-105　　B型Ⅰ式青瓷碗21ZS采：229 ··· 104

彩版4-106　　B型Ⅰ式青瓷碗21ZS采：238 ··· 105

彩版4-107　　B型Ⅰ式青瓷碗21ZS采：242 ··· 105

彩版4-108　　B型Ⅰ式青瓷碗21ZS采：247 ··· 106

彩版4-109　　B型Ⅰ式青瓷碗21ZS采：297 ··· 106

彩版4-110　　B型Ⅰ式青瓷碗21ZS采：347 ··· 106

彩版4-111　　B型Ⅰ式青瓷碗21ZS采：355 ··· 107

彩版4-112　　B型Ⅰ式青瓷碗21ZS采：356 ··· 107

彩版4-113　　B型Ⅰ式青瓷碗21ZS采：383 ··· 108

彩版4-114　　B型Ⅰ式青瓷碗21ZS采：384 ··· 108

彩版4-115　　B型Ⅰ式青瓷碗21ZS采：387 ··· 108

彩版4-116　　B型Ⅰ式青瓷碗21ZS采：395 ··· 108

彩版4-117　　B型Ⅰ式青瓷碗21ZS采：431 ··· 108

彩版4-118　　B型Ⅰ式青瓷碗21ZS采：435 ··· 109

彩版4-119　　B型Ⅰ式青瓷碗21ZS①：11 ··· 109

彩版4-120　　B型Ⅰ式青瓷碗21ZST1010②：17 ··· 110

彩版4-121　　B型Ⅰ式青瓷碗21ZST1010②：18 ··· 110

彩版4-122　　B型Ⅰ式青瓷碗21ZST1010②：20 ··· 111

彩版4-123　　B型Ⅰ式青瓷碗21ZST1010②：31 ··· 111

彩版4-124　　B型Ⅰ式青瓷碗21ZST1010②：50 ··· 111

彩版4-125　　B型Ⅰ式青瓷碗21ZST1011②：16 ··· 111

彩版4-126　　B型Ⅰ式青瓷碗21ZST1011②：64 ··· 112

彩版4-127　　B型Ⅰ式青瓷碗21ZST1011②：76 ··· 112

彩版4-128　　B型Ⅱ式青瓷碗21ZS采：11 ··· 113

彩版4-129　　B型Ⅱ式青瓷碗21ZS采：29 ··· 114

彩版4-130　　B型Ⅱ式青瓷碗21ZS采：84 ··· 114

彩版4-131　　B型Ⅱ式青瓷碗21ZS采：85 ··· 116

彩版4-132　　B型Ⅱ式青瓷碗21ZS采：97 ··· 116

彩版4-133　　B型Ⅱ式青瓷碗21ZS采：133 ··· 116

彩版4-134　B型Ⅱ式青瓷碗21ZS采：170 ……………………………………………… 118

彩版4-135　B型Ⅱ式青瓷碗21ZS采：208 ……………………………………………… 118

彩版4-136　B型Ⅱ式青瓷碗21ZS采：210 ……………………………………………… 118

彩版4-137　B型Ⅱ式青瓷碗21ZS采：222 ……………………………………………… 118

彩版4-138　B型Ⅱ式青瓷碗21ZS采：224 ……………………………………………… 119

彩版4-139　B型Ⅱ式青瓷碗21ZS采：231 ……………………………………………… 120

彩版4-140　B型Ⅱ式青瓷碗21ZS采：232 ……………………………………………… 121

彩版4-141　B型Ⅱ式青瓷碗21ZS采：233 ……………………………………………… 121

彩版4-142　B型Ⅱ式青瓷碗21ZS采：246 ……………………………………………… 122

彩版4-143　B型Ⅱ式青瓷碗21ZS采：261 ……………………………………………… 122

彩版4-144　B型Ⅱ式青瓷碗21ZS采：266 ……………………………………………… 122

彩版4-145　B型Ⅱ式青瓷碗21ZS采：294 ……………………………………………… 124

彩版4-146　B型Ⅱ式青瓷碗21ZS采：295 ……………………………………………… 124

彩版4-147　B型Ⅱ式青瓷碗21ZS采：313 ……………………………………………… 124

彩版4-148　B型Ⅱ式青瓷碗21ZS采：378 ……………………………………………… 125

彩版4-149　B型Ⅱ式青瓷碗21ZS采：389 ……………………………………………… 126

彩版4-150　B型Ⅱ式青瓷碗21ZS采：401 ……………………………………………… 126

彩版4-151　B型Ⅱ式青瓷碗21ZS采：409 ……………………………………………… 127

彩版4-152　B型Ⅱ式青瓷碗21ZS①：1 ………………………………………………… 127

彩版4-153　B型Ⅱ式青瓷碗21ZS①：9 ………………………………………………… 128

彩版4-154　B型Ⅱ式青瓷碗21ZS①：20 ……………………………………………… 128

彩版4-155　B型Ⅱ式青瓷碗21ZST1010②：8 ………………………………………… 128

彩版4-156　B型Ⅱ式青瓷碗21ZST1010②：39 ……………………………………… 129

彩版4-157　B型Ⅱ式青瓷碗21ZST1011①：1 ………………………………………… 130

彩版4-158　B型Ⅱ式青瓷碗21ZST1011②：68 ……………………………………… 130

彩版4-159　B型Ⅱ式青瓷碗21ZS采：10 ……………………………………………… 131

彩版4-160　B型Ⅱ式青瓷碗21ZS采：16 ……………………………………………… 132

彩版4-161　B型Ⅱ式青瓷碗21ZS采：17 ……………………………………………… 132

彩版4-162　B型Ⅱ式青瓷碗21ZS采：19 ……………………………………………… 132

彩版4-163　B型Ⅱ式青瓷碗21ZS采：20 ……………………………………………… 132

彩版4-164　B型Ⅱ式青瓷碗21ZS采：69 ……………………………………………… 133

彩版4-165　B型Ⅱ式青瓷碗21ZS采：82 ……………………………………………… 133

彩版4-166　B型Ⅱ式青瓷碗21ZS采：88 ……………………………………………… 134

彩版4-167　B型Ⅱ式青瓷碗21ZS采：92 ……………………………………………… 134

彩版4-168　B型Ⅱ式青瓷碗21ZS采：94 ……………………………………………… 135

彩版4-169　B型Ⅱ式青瓷碗21ZS采：96 ·· 135

彩版4-170　B型Ⅱ式青瓷碗21ZS采：107 ··· 135

彩版4-171　B型Ⅱ式青瓷碗21ZS采：134 ··· 135

彩版4-172　B型Ⅱ式青瓷碗21ZS采：140 ··· 137

彩版4-173　B型Ⅱ式青瓷碗21ZS采：141 ··· 137

彩版4-174　B型Ⅱ式青瓷碗21ZS采：176 ··· 137

彩版4-175　B型Ⅱ式青瓷碗21ZS采：198 ··· 137

彩版4-176　B型Ⅱ式青瓷碗21ZS采：205 ··· 137

彩版4-177　B型Ⅱ式青瓷碗21ZS采：206 ··· 137

彩版4-178　B型Ⅱ式青瓷碗21ZS采：212 ··· 137

彩版4-179　B型Ⅱ式青瓷碗21ZS采：221 ··· 138

彩版4-180　B型Ⅱ式青瓷碗21ZS采：226 ··· 138

彩版4-181　B型Ⅱ式青瓷碗21ZS采：249 ··· 139

彩版4-182　B型Ⅱ式青瓷碗21ZS采：259 ··· 139

彩版4-183　B型Ⅱ式青瓷碗21ZS采：262 ··· 140

彩版4-184　B型Ⅱ式青瓷碗21ZS采：270 ··· 140

彩版4-185　B型Ⅱ式青瓷碗21ZS采：296 ··· 140

彩版4-186　B型Ⅱ式青瓷碗21ZS采：298 ··· 140

彩版4-187　B型Ⅱ式青瓷碗21ZS采：311 ··· 141

彩版4-188　B型Ⅱ式青瓷碗21ZS采：314 ··· 141

彩版4-189　B型Ⅱ式青瓷碗21ZS采：321 ··· 141

彩版4-190　B型Ⅱ式青瓷碗21ZS采：324 ··· 141

彩版4-191　B型Ⅱ式青瓷碗21ZS采：326 ··· 142

彩版4-192　B型Ⅱ式青瓷碗21ZS采：338 ··· 142

彩版4-193　B型Ⅱ式青瓷碗21ZS采：358 ··· 143

彩版4-194　B型Ⅱ式青瓷碗21ZS采：385 ··· 143

彩版4-195　B型Ⅱ式青瓷碗21ZS采：388 ··· 143

彩版4-196　B型Ⅱ式青瓷碗21ZS采：394 ··· 144

彩版4-197　B型Ⅱ式青瓷碗21ZS采：398 ··· 144

彩版4-198　B型Ⅱ式青瓷碗21ZS采：404 ··· 145

彩版4-199　B型Ⅱ式青瓷碗21ZS采：406 ··· 145

彩版4-200　B型Ⅱ式青瓷碗21ZS采：408 ··· 146

彩版4-201　B型Ⅱ式青瓷碗21ZS采：424 ··· 147

彩版4-202　B型Ⅱ式青瓷碗21ZS采：426 ··· 147

彩版4-203　B型Ⅱ式青瓷碗21ZS①：8 ·· 147

彩版4-204　B型Ⅱ式青瓷碗21ZS①：10 ··· 148

彩版4-205　B型Ⅱ式青瓷碗21ZS①：12 ··· 148

彩版4-206　B型Ⅱ式青瓷碗21ZS①：14 ··· 149

彩版4-207　B型Ⅱ式青瓷碗21ZS①：15 ··· 149

彩版4-208　B型Ⅱ式青瓷碗21ZS①：18 ··· 150

彩版4-209　B型Ⅱ式青瓷碗21ZS①：19 ··· 150

彩版4-210　B型Ⅱ式青瓷碗21ZST1010②：1 ·· 151

彩版4-211　B型Ⅱ式青瓷碗21ZST1010②：2 ·· 151

彩版4-212　B型Ⅱ式青瓷碗21ZST1010②：3 ·· 151

彩版4-213　B型Ⅱ式青瓷碗21ZST1010②：5 ·· 151

彩版4-214　B型Ⅱ式青瓷碗21ZST1010②：6 ·· 152

彩版4-215　B型Ⅱ式青瓷碗21ZST1010②：9 ·· 152

彩版4-216　B型Ⅱ式青瓷碗21ZST1010②：10 ·· 152

彩版4-217　B型Ⅱ式青瓷碗21ZST1010②：11 ·· 153

彩版4-218　B型Ⅱ式青瓷碗21ZST1010②：12 ·· 154

彩版4-219　B型Ⅱ式青瓷碗21ZST1010②：19 ·· 154

彩版4-220　B型Ⅱ式青瓷碗21ZST1010②：23 ·· 154

彩版4-221　B型Ⅱ式青瓷碗21ZST1010②：24 ·· 154

彩版4-222　B型Ⅱ式青瓷碗21ZST1010②：26 ·· 155

彩版4-223　B型Ⅱ式青瓷碗21ZST1010②：32 ·· 155

彩版4-224　B型Ⅱ式青瓷碗21ZST1010②：33 ·· 156

彩版4-225　B型Ⅱ式青瓷碗21ZST1010②：54 ·· 156

彩版4-226　B型Ⅱ式青瓷碗21ZST1011②：51 ·· 156

彩版4-227　B型Ⅱ式青瓷碗21ZST1012②：42 ·· 156

彩版4-228　B型Ⅱ式青瓷碗21ZST1012②：53 ·· 156

彩版4-229　A型青瓷小碗21ZS采：382 ··· 158

彩版4-230　B型青瓷小碗21ZS采：142 ··· 158

彩版4-231　C型Ⅰ式青瓷小碗21ZS采：328 ·· 159

彩版4-232　C型Ⅱ式青瓷小碗21ZS①：5 ·· 159

彩版4-233　C型Ⅱ式青瓷小碗21ZS①：6 ·· 160

彩版4-234　C型Ⅱ式青瓷小碗21ZS采：325 ·· 160

彩版4-235　C型Ⅱ式青瓷小碗21ZS①：16 ·· 161

彩版4-236　A型青瓷大盘21ZS采：436 ··· 162

彩版4-237　B型青瓷大盘21ZS采：8 ·· 163

彩版4-238　B型青瓷大盘21ZS采：26 ··· 163

彩版4-239　B型青瓷大盘21ZS采：49 ································· 164

彩版4-240　B型青瓷大盘21ZS采：65 ································· 164

彩版4-241　B型青瓷大盘21ZS采：98 ································· 164

彩版4-242　B型青瓷大盘21ZS采：390 ······························· 164

彩版4-243　B型青瓷大盘21ZS采：14 ································· 165

彩版4-244　B型青瓷大盘21ZS采：27 ································· 166

彩版4-245　B型青瓷大盘21ZS采：37 ································· 166

彩版4-246　A型青瓷盘21ZS采：348 ································· 167

彩版4-247　A型青瓷盘21ZST1011②：60 ························· 167

彩版4-248　B型青瓷盘21ZS采：18 ································· 169

彩版4-249　B型青瓷盘21ZS采：34 ································· 169

彩版4-250　B型青瓷盘21ZS采：120 ································· 170

彩版4-251　B型青瓷盘21ZS采：36 ································· 170

彩版4-252　B型青瓷盘21ZS采：72 ································· 171

彩版4-253　B型青瓷盘21ZS采：301 ································· 171

彩版4-254　B型青瓷盘21ZST1010②：62 ························· 172

彩版4-255　A型青瓷小盘21ZS采：330 ····························· 173

彩版4-256　B型青瓷小盘21ZS采：33 ······························· 174

彩版4-257　B型青瓷小盘21ZS采：278 ····························· 174

彩版4-258　B型青瓷小盘21ZS采：281 ····························· 175

彩版4-259　B型青瓷小盘21ZS采：283 ····························· 175

彩版4-260　B型青瓷小盘21ZST1012②：17 ····················· 176

彩版4-261　B型青瓷小盘21ZS采：45 ······························· 176

彩版4-262　B型青瓷小盘21ZS采：46 ······························· 176

彩版4-263　B型青瓷小盘21ZS采：75 ······························· 177

彩版4-264　B型青瓷小盘21ZS采：99 ······························· 177

彩版4-265　B型青瓷小盘21ZS采：155 ····························· 177

彩版4-266　B型青瓷小盘21ZS采：179 ····························· 178

彩版4-267　B型青瓷小盘21ZS采：183 ····························· 178

彩版4-268　B型青瓷小盘21ZS采：217 ····························· 179

彩版4-269　B型青瓷小盘21ZS采：282 ····························· 179

彩版4-270　B型青瓷小盘21ZS采：307 ····························· 179

彩版4-271　B型青瓷小盘21ZS采：335 ····························· 179

彩版4-272　B型青瓷小盘21ZST1012②：23 ····················· 180

彩版4-273　B型青瓷小盘21ZST1012②：14 ····················· 180

彩版4-274　C型青瓷小盘21ZS采：13 ……………………………………………………… 181

彩版4-275　C型青瓷小盘21ZS采：24 ……………………………………………………… 182

彩版4-276　C型青瓷小盘21ZS采：25 ……………………………………………………… 183

彩版4-277　C型青瓷小盘21ZS采：32 ……………………………………………………… 183

彩版4-278　C型青瓷小盘21ZS采：391 …………………………………………………… 184

彩版4-279　C型青瓷小盘21ZS采：31 ……………………………………………………… 184

彩版4-280　C型青瓷小盘21ZS采：47 ……………………………………………………… 185

彩版4-281　C型青瓷小盘21ZST1010②：60 ……………………………………………… 186

彩版4-282　C型青瓷小盘21ZST1010②：63 ……………………………………………… 186

彩版4-283　D型青瓷小盘21ZS采：100 …………………………………………………… 186

彩版4-284　D型青瓷小盘21ZS采：158 …………………………………………………… 186

彩版4-285　D型青瓷小盘21ZS采：159 …………………………………………………… 187

彩版4-286　D型青瓷小盘21ZS采：286 …………………………………………………… 188

彩版4-287　D型青瓷小盘21ZS采：287 …………………………………………………… 189

彩版4-288　D型青瓷小盘21ZS采：288 …………………………………………………… 189

彩版4-289　D型青瓷小盘21ZS采：304 …………………………………………………… 190

彩版4-290　D型青瓷小盘21ZST1012②：18 ……………………………………………… 190

彩版4-291　D型青瓷小盘21ZS采：7 ……………………………………………………… 191

彩版4-292　D型青瓷小盘21ZS采：44 ……………………………………………………… 191

彩版4-293　D型青瓷小盘21ZS采：125 …………………………………………………… 191

彩版4-294　D型青瓷小盘21ZS采：216 …………………………………………………… 192

彩版4-295　D型青瓷小盘21ZS采：279 …………………………………………………… 193

彩版4-296　D型青瓷小盘21ZS采：284 …………………………………………………… 193

彩版4-297　D型青瓷小盘21ZS采：289 …………………………………………………… 193

彩版4-298　D型青瓷小盘21ZS采：308 …………………………………………………… 194

彩版4-299　D型青瓷小盘21ZS采：403 …………………………………………………… 194

彩版4-300　D型青瓷小盘21ZS①：26 ……………………………………………………… 194

彩版4-301　D型青瓷小盘21ZST1012②：16 ……………………………………………… 195

彩版4-302　D型青瓷小盘21ZST1012②：24 ……………………………………………… 195

彩版4-303　D型青瓷小盘21ZST1012②：21 ……………………………………………… 195

彩版4-304　E型青瓷小盘21ZS采：12 ……………………………………………………… 196

彩版4-305　E型青瓷小盘21ZS采：368 …………………………………………………… 197

彩版4-306　E型青瓷小盘21ZST1010②：59 ……………………………………………… 198

彩版4-307　E型青瓷小盘21ZS采：332 …………………………………………………… 198

彩版4-308　E型青瓷小盘21ZS采：333 …………………………………………………… 198

彩版4-309　E型青瓷小盘21ZS采：369 ┈┈┈┈┈┈┈┈┈┈┈┈┈┈┈ 199

彩版4-310　E型青瓷小盘21ZS采：370 ┈┈┈┈┈┈┈┈┈┈┈┈┈┈┈ 199

彩版4-311　A型青瓷洗21ZS采：402 ┈┈┈┈┈┈┈┈┈┈┈┈┈┈┈ 200

彩版4-312　A型青瓷洗21ZS采：15 ┈┈┈┈┈┈┈┈┈┈┈┈┈┈┈ 200

彩版4-313　A型青瓷洗21ZS采：64 ┈┈┈┈┈┈┈┈┈┈┈┈┈┈┈ 201

彩版4-314　B型青瓷洗21ZS采：22 ┈┈┈┈┈┈┈┈┈┈┈┈┈┈┈ 201

彩版4-315　B型青瓷洗21ZST1011②：58 ┈┈┈┈┈┈┈┈┈┈┈ 202

彩版4-316　B型青瓷洗21ZS采：59 ┈┈┈┈┈┈┈┈┈┈┈┈┈┈┈ 202

彩版4-317　B型青瓷洗21ZST1011②：57 ┈┈┈┈┈┈┈┈┈┈┈ 203

彩版4-318　A型青瓷盏21ZS采：189 ┈┈┈┈┈┈┈┈┈┈┈┈┈┈┈ 204

彩版4-319　A型青瓷盏21ZS采：190 ┈┈┈┈┈┈┈┈┈┈┈┈┈┈┈ 205

彩版4-320　A型青瓷盏21ZS采：342 ┈┈┈┈┈┈┈┈┈┈┈┈┈┈┈ 205

彩版4-321　A型青瓷盏21ZS采：344 ┈┈┈┈┈┈┈┈┈┈┈┈┈┈┈ 206

彩版4-322　A型青瓷盏21ZS采：352 ┈┈┈┈┈┈┈┈┈┈┈┈┈┈┈ 206

彩版4-323　A型青瓷盏21ZS采：353 ┈┈┈┈┈┈┈┈┈┈┈┈┈┈┈ 207

彩版4-324　B型青瓷盏21ZS采：437 ┈┈┈┈┈┈┈┈┈┈┈┈┈┈┈ 208

彩版4-325　B型青瓷盏21ZST1011②：61 ┈┈┈┈┈┈┈┈┈┈┈ 208

彩版4-326　A型青瓷碟21ZS采：23 ┈┈┈┈┈┈┈┈┈┈┈┈┈┈┈ 209

彩版4-327　A型青瓷碟21ZS采：76 ┈┈┈┈┈┈┈┈┈┈┈┈┈┈┈ 210

彩版4-328　B型青瓷碟21ZS采：52 ┈┈┈┈┈┈┈┈┈┈┈┈┈┈┈ 210

彩版4-329　B型青瓷碟21ZS采：350 ┈┈┈┈┈┈┈┈┈┈┈┈┈┈┈ 211

彩版4-330　B型青瓷碟21ZS采：340 ┈┈┈┈┈┈┈┈┈┈┈┈┈┈┈ 212

彩版4-331　B型青瓷碟21ZS采：349 ┈┈┈┈┈┈┈┈┈┈┈┈┈┈┈ 212

彩版4-332　B型青瓷碟21ZS采：380 ┈┈┈┈┈┈┈┈┈┈┈┈┈┈┈ 213

彩版4-333　A型青瓷钵21ZS采：77 ┈┈┈┈┈┈┈┈┈┈┈┈┈┈┈ 214

彩版4-334　B型青瓷钵21ZS采：336 ┈┈┈┈┈┈┈┈┈┈┈┈┈┈┈ 214

彩版4-335　青瓷高足杯21ZS采：62 ┈┈┈┈┈┈┈┈┈┈┈┈┈┈┈ 215

彩版4-336　青瓷高足杯21ZS采：66 ┈┈┈┈┈┈┈┈┈┈┈┈┈┈┈ 216

彩版4-337　青瓷高足杯21ZS采：101 ┈┈┈┈┈┈┈┈┈┈┈┈┈┈┈ 217

彩版4-338　青瓷高足杯21ZS采：234 ┈┈┈┈┈┈┈┈┈┈┈┈┈┈┈ 217

彩版4-339　青瓷高足杯21ZS采：341 ┈┈┈┈┈┈┈┈┈┈┈┈┈┈┈ 219

彩版4-340　青瓷高足杯21ZS①：29 ┈┈┈┈┈┈┈┈┈┈┈┈┈┈┈ 219

彩版4-341　青瓷高足杯21ZS①：30 ┈┈┈┈┈┈┈┈┈┈┈┈┈┈┈ 220

彩版4-342　青瓷高足杯21ZS采：339 ┈┈┈┈┈┈┈┈┈┈┈┈┈┈┈ 220

彩版4-343　青瓷高足杯21ZS采：375 ┈┈┈┈┈┈┈┈┈┈┈┈┈┈┈ 220

彩版4-344　青瓷高足杯21ZS采：376 ··· 220

彩版4-345　青瓷高足杯21ZST1010②：66 ··· 220

彩版4-346　青瓷炉21ZS采：102 ··· 221

彩版4-347　青瓷炉21ZS采：228 ··· 222

彩版4-348　青瓷炉21ZS采：410 ··· 223

彩版4-349　青瓷炉21ZS采：53 ·· 223

彩版4-350　青瓷炉21ZS采：235 ··· 224

彩版4-351　酱釉罐口沿21ZS采：345 ·· 225

第一章　前言

福建漳州位于我国东南沿海，域内水系纵横，海岸线漫长曲折，出海港口众多，海上交通历史悠久，自古以来是我国古代海上交流的重要通道，有"控引番禺、襟喉岭表"之称[1]，是我国水下文化遗产资源最为丰富的区域之一。经过水下考古调查，目前发现不同时期的水下文化遗存达到 12 处，其中沉船遗址 5 处[2]，圣杯屿元代沉船遗址即是其中之一。

圣杯屿沉船遗址位于福建省漳州市古雷港经济开发区东南部的古雷半岛东侧海域，处于海底一条东北—西南向的海底冲沟东南边缘，水深 27 ～ 31 米，东北距离圣杯屿约 200 米，西距古雷半岛杏仔村沙滩约 500 米（图 1-1）。该遗址所处海域原隶属漳州市漳浦县管辖，2006 年成立漳州市古雷港经济开发区后，划归古雷港经济开发区管辖。根据考古学命名原则，同时考虑避免最小地名重复问题，将该沉船遗址命名为漳州圣杯屿沉船遗址。

图1-1　漳州圣杯屿沉船遗址位置示意图

---

[1] 上海书店出版社编：《中国地方志集成·福建府县志辑 ㉙ ·光绪漳州府志》，上海书店出版社，2012 年，第 53 页。

[2] 根据《福建沿海水下考古调查报告（1989 ～ 2010）》《漳浦圣杯屿元代沉船遗址调查收获》材料统计。见国家文物局水下文化遗产保护中心、中国国家博物馆、福建博物院、福州市文物考古工作队编著：《福建沿海水下考古调查报告（1989 ～ 2010）》，文物出版社，2017 年，第 276 页；羊泽林：《漳浦圣杯屿元代沉船遗址调查收获》，《东方博物》第五十六辑，中国书店，2015 年，第 69 ～ 78 页。

一　地理环境

（一）岛礁形势

圣杯屿，当地渔民俗称"相北岛"，位于福建省漳州市古雷半岛杏仔村东侧海域，地处南北交通要冲，东与菜屿列岛相望，中间为菜屿航门习惯航路，西与古雷半岛为邻，中间为传统习惯性小型渔船航道，东北侧的杏仔角与外南屿之间不仅有暗礁，受岛礁影响，水流紊乱，南侧约 400 米处为剑礁暗礁。经多波束测量，西侧航道北口，即圣杯屿与外南屿之间深度超过 5 米的水域不到 300 米宽，而东侧的菜屿门同深度的航道宽度也仅 1.5 千米。为了保障通航安全，1956 年圣杯屿岛上设有航标灯塔[1]（图 1-2）。

图1-2　圣杯屿航拍

圣杯屿西侧为古雷半岛，位于古雷港经济开发区最南端，隔东山湾与东山岛相望，面积 37.2 平方千米，大部分为沙质地[2]。古雷半岛得名于古雷山，旧志称："鼓雷山，山岩险绝，下瞰大江，潮音时至，声如雷鼓"[3]。古雷半岛向南伸入东山湾与浮头湾间，东望菜屿列岛和台湾海峡，西与东山岛对峙，北以林仓、新厝一线与杜浔相连，南面是太平洋，现今仍然是一处繁忙的海上航道。

[1] 《中国海岛志》编纂委员会编：《中国海岛志福建卷·第三册》，海洋出版社，2014 年，第 546 ～ 547 页。

[2] 漳浦县地方志编纂委员会编：《漳浦县志》，方志出版社，1998 年，第 112 页。

[3] 上海书店出版社编：《中国地方志集成福建府县志辑 ㉛·漳浦县志》，上海书店出版社，2000 年，第 16 页。

圣杯屿东侧为菜屿列岛，由东西向长约 8 千米范围内的 45 个海岛组成，距离大陆最近约 2.2 千米。其中沙洲岛、红屿、菜屿、巴流岛、井安岛和横屿等 6 个海岛常有渔民从事渔业生产。菜屿列岛之名称源于其主岛菜屿盛产紫菜而得名[1]。明朝末年，菜屿列岛曾被荷兰侵略者占据，并以其头目"礼氏"的名字命名为"礼氏列岛"，直到中华人民共和国成立后才得以正名[2]。

（二）地质与地貌

古雷半岛原为近岸孤岛，因泥沙淤积而成陆连岛，由燕山期花岗岩组成，最狭窄的部位只有几百米宽。古雷在漳浦县境霞美—古雷—东山断裂带，其走向与海岸一致。第四系在古雷半岛大面积分布。沿海第四系主要属全新统，包括海积层和风积层两大类。海积层由灰黑色淤泥、沙质淤泥及黏土、砂等组成。风积层分布于古雷迎风海岸，总长约 64、宽 0.5 ～ 2.5 千米，由疏松的浅黄色或白色细沙组成沙丘、沙垄，覆盖在海积层之上。从浮头湾至古雷头主要为沙质岸线，在杏仔角、外南屿附近为少量的岩石岸线。古雷半岛附近有菜屿列岛、大礁岛、小礁岛、鼠屿、丰屿、圣杯屿、半洋礁、缸礁、莲花礁等。

圣杯屿为近岸岛礁，共有 3 个岛礁组成，其中西侧岛礁称为圣杯屿，东南侧两个岛礁被分别称圣杯屿-01、圣杯屿-02[3]，或者统称为内圣杯屿。关于圣杯屿名称来源有两种说法：一是因圣杯屿近圆形，远看形状如倒扣的杯，故名[4]；二是圣杯屿-01 与圣杯屿-02 两个岛礁，俯视形如古代占卜用的茭杯，一阴一阳，故称圣杯，文献称圣筊屿[5]。

圣杯屿近圆形，直径约 83 米，东西—南北向展布，中部高四周低，面积 5520 平方米，岸线长280 米，距大陆最近点 630 米。地理坐标为北纬 23° 47.1′、东经 117° 38.6′，海拔 14.7 米，顶部部分有白色鸟粪。由肉红色中粒含黑云母花岗岩，碎裂交代花岗岩组成，地表岩石裸露，土层薄，长零星杂草。基岩海岸陡峭。

圣杯屿-01 位于圣杯屿的南部，呈东北—西南向长的椭圆形，距大陆最近点 770 米，面积 1200平方米，岸线长 150 米。基岩裸露。圣杯屿-02 紧靠圣杯屿-01 东侧，岛体分成南北两部分，礁盘连在一起，总面积 1100 平方米，岸线长 130 米。由肉红色中粒含黑云母花岗岩，碎裂交代花岗岩组成，地表基岩裸露。顶部呈白色，为鸟类栖息鸟粪所致。基岩海岸陡峭，近岸水深 2 ～ 10 米[6]。

（三）气候与水文

本区域属亚热带海洋性季风气候，大气环境优良，热量丰富，雨量充沛，日照充足。冬无严寒，夏无酷暑，冬季短，春、夏、秋三季较长。

[1]　上海书店出版社编：《中国地方志集成福建府县志辑 ㉛·乾隆铜山志》，上海书店出版社，2000 年，第 318 页。
[2]　《中国海岛志》编纂委员会编：《中国海岛志福建卷·第三册》，海洋出版社，2014 年，第 549 ～ 550 页。
[3]　《中国海岛志》编纂委员会编：《中国海岛志福建卷·第三册》，海洋出版社，2014 年，第 546 ～ 547 页。
[4]　《中国海岛志》编纂委员会编：《中国海岛志福建卷·第三册》，海洋出版社，2014 年，第 546 页。
[5]　上海书店出版社编：《中国地方志集成福建府县志辑 ㉛·乾隆铜山志》，上海书店出版社，2000 年，第 318 页。
[6]　《中国海岛志》编纂委员会编：《中国海岛志福建卷·第三册》，海洋出版社，2014 年，第 546 ～ 547 页。

1. 温度

本区域多年平均气温 21.3℃，1 月气温最冷，平均气温 13.6℃，极端最低气温 0.1℃（1999 年 12 月 23 日）；7 月气温最高，平均气温 28.4℃，极端最高气温 38.7℃（2002 年 7 月 4 日）。平均气温年较差 15.4℃，平均气温日较差 8.1℃。沿海地带年平均气温在 20℃以上，最高 28℃，最低 3℃[1]。

该区域一般水温高于气温 0.5℃～1℃。若东北风持续三天以上，水温与气温持平，若持续半月以上，水温会下降 1%[2]。

2. 霜期与降水

本区域年平均霜日 3.9 天，无霜期 353 天，最长 365 天、最短 349 天，沿海村及半岛、海岛全年无霜。

本区域一般 1～3 月多小雨；4～6 月为梅雨季，多雷阵雨，特点是强度大、雨量多、时间长，常出现大雨、暴雨；7～9 月常有台风雨，特点是强度大、时间短，常出现大雷阵雨；10～12 月少雨。年降水量变化较大，一般内地多于沿海[3]。极端年最大降雨量 2557.20 毫米（2006 年），极端年最少降雨量 1043.30 毫米（1988 年），降雨集中在每年 3～9 月，6 月为最多，年平均蒸发量 1782.60 毫米。6 月份湿度 83%，年平均相对湿度 77%。

本地区年平均雷暴日为 37 天，年最多雷暴日数为 53 天，年最少雷暴日数为 21 天，月最多雷暴日数为 15 天。

3. 雾

本区域雾多出现在下半夜至清晨。西部、北部的山区、丘陵地区雾较多，中部平原及沿海较少[4]。水下考古调查期间发现圣杯屿周边海域曾突然出现大雾天，能见度不足百米。冬季和初春雾较多，月平均 2 天以上，夏秋两季雾较少。年平均雾日 8 天，最多年份 16 天（表 1-1）。

表1-1 台湾海峡月平均雾日表 （单位：天）

月份 海区	1	2	3	4	5	6	7	8	9	10	11	12	全年
闽中	1.9	3.6	6.4	10.4	7.9	2.7	2.1	0.5	0	0	0.7	1.4	37.6
闽南	2.1	3.1	5.4	9.5	5.3	2.0	1.6	0.1	0	0	0.1	1.4	30.6

4. 风

本区域属于亚热带海洋性季风区。一般强风风向东，常风风向东南、东，频率 14%，年平均风速 2.7 米 / 秒，最大 34 米 / 秒，平均每月有大于 8 级的大风 5 天（表 1-2）。

---

[1] 漳浦县地方志编纂委员会编：《漳浦县志》，方志出版社，1998 年，第 119 页。

[2] 漳浦县地方志编纂委员会编：《漳浦县志》，方志出版社，1998 年，第 116 页。

[3] 漳浦县地方志编纂委员会编：《漳浦县志》，方志出版社，1998 年，第 117 页。

[4] 漳浦县地方志编纂委员会编：《漳浦县志》，方志出版社，1998 年，第 118 页。

表1-2　南海东北部历年各月偏北大风平均日数及最多日数　　　（单位：天）

项目（天数）		1月	2月	3月	4月	5月	6月	7月	8月	9月	10月	11月	12月
平均天数	≥6级	24.2	19.9	15.3	10.3	3.4	0.8	0.7	0.9	6.1	19.1	22.8	25.2
	≥8级	6.4	5.7	3.5	0.9	0.5	0	0.4	0.1	0.1	2.7	5.1	8.1
最多天数	≥6级	30	24	19	14	6	3	3	3	9	27	30	29
	≥8级	14	12	6	2	2	0	2	1	1	5	14	13

本区域春季多东南风，风力内陆2～3级，沿海3～4级。受冷空气影响，此时还常出现东北风，风力内陆3～4级，沿海5～6级；夏季以东南风、南风为主，风力内陆2～3级，沿海4～5级；秋季冷空气南下，常出现东北风，风力内陆与沿海多3～5级；冬季以西北风、东北风为主，风力达到6～7级；有时候会出现"小阳春"，东南风内陆2～3级，沿海3～4级。另外，夏季有时会发生强对流天气，风向会突变90°以上，风速骤增，并伴有雷阵雨。有时会有飑风，多发生在午后[1]。7～9月多台风，年平均台风影响4.3次（表1-3）。

由于该海域处于台湾海峡西侧，台湾海峡每年5～10月为台风季节，尤其以7、8、9三个月为最多。台风在登陆或影响过程中也将产生大浪和风暴潮，实际上对该海域也会产生很大影响（表1-4）。

表1-3　2013～2021年间影响厦漳地区台风次数统计

年份	2013	2014	2015	2016	2017	2018	2019	2020	2021
次数	5	3	4	3	3	2	1	1	1

表1-4　2013～2021年9年间对厦漳地区有影响的台风统计

年份	个数	影响风（级）/风速（m/s）	最大风（级）/风速（m/s）	风速＞9级数
2013	4	10/28	12/34.9	4
2014	1	9/24	14/45	1
2015	4	10/28	11/30	2
2016	5	8/18	15/50	3
2017	3	9/24	12/33	2
2018	2	9/24	10/25	1
2019	1	8/18	12/34.9	0
2020	1	7/16	12/34.9	0
2021	1	8/18	15/50	0
合计	22	/	/	15

[1]　漳浦县地方志编纂委员会编：《漳浦县志》，方志出版社，1998年，第118页。

5. 潮汐

境内各海湾都属不规则半日潮，每日夜涨落两次，每12小时一循环。境内各海湾潮汐时序相同，谚云："初一、十五，半夜中午潮满，初八、二十四早满、晚满。"[1] 水下考古调查期间发现圣杯屿海域潮汐不规则，存在转流速度快的特点，东侧菜屿航门涨、落潮流速最大为2.6节[2]（表1-5、6）。

表1-5　圣杯屿周边海域潮汐特征

分项	数据	年份
最高潮位	4.82米	1996年
平均高潮位	3.53米	1995～2005年
最低潮位	0.08米	2003年
平均低潮位	1.27米	1995～2005年
最大潮差	4.24米	
最小潮差	0.62米	2005年3月19日
平均潮差	2.38米	
平均涨潮历时	6小时38分	1995～2005年
平均落潮历时	5小时45分	1995～2005年

注：据东山海洋观测站1995～2005年潮位观测资料统计。

表1-6　潮汐时间表[3]

阴历日期	始潮（时、分）	潮满（时、分）	潮尽（时、分）
初一、十六	18：40	0：40	6：40
初二、十七	19：30	1：30	7：30
初三、十八	20：20	2：20	8：20
初四、十九	21：10	3：10	9：10
初五、二十	22：00	4：00	10：00
初六、二十一	22：40	4：40	10：40
初七、二十二	23：30	5：30	11：30
初八、二十三	0：20	6：20	12：20
初九、二十四	1：10	7：10	13：10
初十、二十五	2：00	8：00	14：00

---

[1] 漳浦县地方志编纂委员会编：《漳浦县志》，方志出版社，1998年，第115～124页。
[2] 中国人民解放军海军司令部航海保证部编制：《中国航路指南·东海海区》第二版，中国航海图书出版社，2010年，第213页。
[3] 漳浦县地方志编纂委员会编：《漳浦县志》，方志出版社，1998年，第124页。

阴历日期	始潮（时、分）	潮满（时、分）	潮尽（时、分）
十一、二十六	2：40	8：40	14：40
十二、二十七	3：30	9：30	15：30
十三、二十八	4：20	10：20	16：20
十四、二十九	5：10	11：10	17：10
十五、三十	6：00	12：00	18：00

6. 海水

本区域周边海域年平均水温 27.2℃，东侧菜屿航门 1 月水温 16℃，7 月水温 35℃。水体盐度 25‰[1]。水的比重 1.014 ～ 1.021，pH 值为 7.8 ～ 8.0。总体来说，水质净洁，污染小（表 1-7）。

表1-7　圣杯屿周边海域水质情况

站号	pH	S	溶氧量 DO/mg·L^{-1}	COD/ mg·L^{-1}	悬浮颗粒物/mg·L^{-1}	正磷酸盐 PO_4-P/ mg·L^{-1}	DIN/mg·L^{-1}			石油类/ μg·L^{-1}
							NO_3-N	NO_2-N	NH_4-N	
3	8.17	30.148	8.44	0.55	31.9	0.027	0.340	0.007	0.019	15.8
一类 二类	7.8～8.5	–	6 5	2 3	–	0.015 0.030	0.20 0.30			50

注：参考 2014 年 12 月国家海洋局第三海洋研究所 3 号站位采样分析结果（陈斯婷、王伟力、李青生：《福建浮头湾海水及其沉积物的环境质量评价》，《环境与可持续发展》2017 年第 3 期，第 156 ～ 158 页）。

7. 能见度

本区域内海域附近影响能见度的主要因素有雾、梅雨及个别区域有蒙气等，一般情况下能见度良好。能见度 ≤1000 米的日数，年平均有 17.2 天，其中 4 月最多，月平均 4.2 天；能见度 ≤4000 米的日数，年平均有 28.2 天，其中 4 月最多，月平均 4.3 天，10 月份最少，月平均有 0.7 天；能见度 ≥10000 米的日数，年平均有 309.8 天。

8. 气象谚语

气象谚语是古人常年经验的总结[2]，在预判小范围天气方面有时要比气象预报还要准确。如果缺乏气象资料，这些气象谚语对了解当地气候特点、预判突发天气等具有十分重要的参考价值。2021 年度漳州圣杯屿水下考古调查期间，渔船船长就利用这些传统知识，多次提前预判突发极端天气，避免了考古调查队的损失。

现摘录部分如下：

---

[1] 中国人民解放军海军司令部航海保证部编制：《中国航路指南·东海海区》第二版，中国航海图书出版社，2010 年，第 398 页。

[2] 漳浦县地方志编纂委员会编：《漳浦县志》，方志出版社，1998 年，第 119 ～ 120 页。

正月寒死牛，二月寒死马，三月寒死过路客。

未食五月节粽，破裘不甘放；食过中秋粿，破裘搁再卜。

九月九降风，十月天交冬，十一现初霜，十二提火笼。

冬茫风，春茫霜，夏茫日头光（方言称雾为茫）。

茫会开，曝死鬼，茫勿开，做大水。

春云走北，晴到曝大麦。

夏云走南，雨水落成潭。

六月无善北。

六月陈雷拍马走。

惊蛰陈雷，小满发水。

四月芒种雨，五月无干土，六月火烧埔。

立夏小满，雨水相赶。

西北雨，落无过林蒲。

西南乌，田园成草埔。

西北雨落无过倒亭隙。

雷损秋，潭底毕成几个洲。

十二月南风现报。

一日南风，三日封骹穿。

东虹出日头，西虹雨将到。

早日不成天。

暗昏火烧红，明日曝死人。

澹地出星，雨落勿会晴。

月围箍，曝死虎，日围箍，落大雨。

春看山头，东看海口，山头戴帽，雨就到。

旱雨随晴，暗雨泅夜。

南雷北闪，雨无半滴。

总体来说，圣杯屿周边海域周边航道狭窄，暗礁丛生，海况复杂、恶劣，且常发生极端天气，十分不利于海上航行，被认为是历史性海难多发区[1]，直至现在也是海难频发（表1-8）。随着唐五代以来海上贸易的发展，圣杯屿周边海域留下了较为丰富的水下文化遗存，仅2022年在圣杯屿东侧的沙洲岛海域就发现沉船遗址1处，水下文物点2处，根据出水文物判断，年代从北宋直至民国。此外，另有一批水下遗存线索有待核实。

---

[1] 中国人民解放军海军司令部航海保证部编制：《中国航路指南·东海海区》第二版，中国航海图书出版社，2010年，第217页。

表1-8　2019～2021年漳州海事辖区交通事故分类统计表

年份\类型	碰撞	触礁/搁浅	自沉	风灾	触碰	火灾/爆炸	其他	总计
2019	4	0	1	0	2	1	2	10
2020	2	0	0	2	0	0	3	7
2021	7	1	0	0	0	0	0	8
总计	13	1	1	2	2	1	5	25

二　历史沿革

1. 行政区划

圣杯屿沉船所在海域在历史上属于漳浦县管辖。漳浦历史悠久，早在1.3万年前就有人类在此活动[1]。周代为七闽地。秦朝统一后，漳浦归秦闽中郡管辖。汉代属于东冶县，隶属闽越南部。后汉献帝建安初，南部置侯官、建安等五县，属会稽郡管辖。侯官以一县而奄有福、兴、泉、漳四府之地。吴永安三年（260年），析侯官置建安郡。晋灭吴，分建安，立晋安，隶属扬州，绥安属焉。绥安始见此。梁武帝天监中（502～519年），析晋安，置南安郡。南陈永定初，升为闽州，领南安等三郡。光大元年（567年），复升为丰州，俱属东扬州。隋开皇九年，改为泉州。隋大业三年（607年），复改泉州为建安郡，领闽、建安、南安、龙溪四大县。此时，以绥安并入龙溪。唐高祖武德五年（622年），析南安为丰州。六年（623年），析闽县为泉州。太宗贞观初，废丰州，并入泉州。闽州隶江南道，至是改隶属广州岭南道。高宗总章二年（669年），诏玉钤卫翊府左郎将、归德将军陈政镇泉、潮间，故绥安县地，仪凤二年（677年），将军陈政卒，子元光为左郎将，讨平崖山寇及诸蛮于潮州，开屯漳水之北。中宗嗣圣三年（686年），疏请建州泉、潮间，以抗岭表。诏从之，因即屯所为州，领漳浦、怀恩二县，漳浦附州为县自此始。玄宗先天元年（712年），光子珣领州事。开元四年（716年），以地多瘴疠，从州民余恭讷等请，县随州徙于李澳川。二十二年（734年），改隶岭南经略使。二十九年（741年），省怀恩入漳浦。天宝元年（742年），改漳州为漳浦郡，还隶福建。十年（751年），又改隶岭南。肃宗乾元二年（759年），复为漳州，隶福建。德宗兴元元年（784年），刺史柳少安请徙州治于龙溪，未报。贞元二年（786年），观察使卢惎录前奏上之，乃以龙溪为漳州治。其李澳川漳浦县治如故。僖宗光启元年（885年），光州刺史王绪攻陷汀、漳二州，绪暴，众囚绪，推王潮为主。昭宗乾宁三年（896年），升为威武军，以王潮为节度使。五代梁开平三年（909年），封潮弟审知为王，领泉、漳等七州。审知传子延翰、延均，至延政为南唐所灭，以留从效为节度使，改漳州为南州。宋太祖建隆三年（962年），从效卒，泉、漳二州为其将陈洪进所夺。乾德二年（964年），以洪进为节度使，领泉、漳二州。太宗太平兴国三

---

[1]　漳浦县地方志编纂委员会编：《漳浦县志》，方志出版社，1998年，第2页。

年（978年），洪进纳土，复为威武军，浦至是始属宋。元至治中（1321～1323年），析浦地，合龙溪、龙岩二县地，置南胜县，为漳州路。明太祖洪武元年（1368年），汤和、廖永忠等兵次延平，执陈友定归京师，漳、泉郡县相继降附，而浦始属明[1]。

清朝顺治三年（1646年）平定福建，漳浦隶漳州。同年（1646年）12月，郑成功占领古雷等滨海地区。康熙十九年（1680年），郑经退往台湾，漳浦沿海全部"复界"，属漳州府。1912年，漳州仍属福建省漳州府。翌年（1913年），废除府州制度，福建设东、南、西、北4路，漳浦属南路。1914年，改设闽海（闽东）、厦门（闽南）、汀漳（闽西）、建安（闽北）四道，漳浦属汀漳道。1933年11月发生"福建事变"，成立中华共和国人民革命政府，12月，将福建划为闽海、延津、兴泉、龙汀4省，漳浦属龙汀省。1934年7月废道，设10个行政督察区，漳浦属第六行政督察区。翌年（1935年）10月，全省改划为7个行政督察区，漳浦改属第五行政督察区（当时专员公署设在漳浦）。1949年9月25日，漳浦县解放，属福建省第六行政专区。1950年4月，属漳州行政督察区。1950年10月属福建省龙溪地区。1955年3月属龙溪专区。1968年5月属龙溪地区。1985年6月后属漳州市[2]。

2006年4月，经福建省政府批准设立福建漳州古雷港经济开发区，同年9月被国务院确认为省级开发区；2019年5月，漳州市委、市政府将周边古雷、杜浔、霞美、沙西四个镇成建制委托古雷开发区管理[3]。

2. 航路变迁

漳浦地处沿海，素有"苍山万寻、涨海千谷""处八闽之极地，为漳潮之要冲""控引番禺、襟喉岭表"之称[4]。古代陆路交通不便，对外货物流通的主要渠道是依靠海运。

早在唐嗣圣年间（684年1月23日～2月26日）就有一位叫康没遮的外国商人来漳浦[5]。五代时，三佛齐镇国李将军携带香料到漳州贸易。可见漳州在宋代之前，海运就得到初步发展[6]。自宋、元以来，全境主要形成了南、北、东3条海洋航线。其中南线通汕头、香港、广州；北线通厦门、福州、温州、宁波、上海、天津；东线通台湾、澎湖。

明末清初，由于海禁和倭患影响，海上贸易受到打击而出现衰落。康熙二十三年（1684年）解除海禁后，海上贸易逐步恢复和发展。从古雷半岛、旧镇港、佛昙港启航的帆船，仅靠风力行驶，就可到达台湾。其渡台航线一般是北溯至定台头（现龙海县镇海），然后转向东面航行，并以澎湖列岛为矫正航线的中途站，这条航线沿用到机动船问世后，才有所变化。1932年前后，漳浦引进机动船，海上航线的货运业迅速发展，从旧镇驶往汕头的轮船，每月平均航行5次；驶往厦门的轮船，

[1]　上海书店出版社编：《中国地方志集成福建府县志辑 ㉛·漳浦县志》，上海书店出版社，2000年，第13页。
[2]　漳浦县地方志编纂委员会编：《漳浦县志》，方志出版社，1998年，第14页。
[3]　参照 http://glg.zhangzhou.gov.cn/cms/html/zzglkfq/zjgl/index.html，古雷港经济开发区官网。
[4]　上海书店出版社编：《中国地方志集成福建府县志辑 ㉛·漳浦县志》，上海书店出版社，2000年，第5页。
[5]　漳浦县地方志编纂委员会编：《漳浦县志》，方志出版社，1998年，第10页。
[6]　林海南：《海上贸易与宋元时期漳州外销瓷业》，《大众考古》2021年第8期，第40～45页。

每月平均航行 3 次；也有通往台湾及其他港口的航线。1938 年因抗日需要，在旧镇港坠石填海，筑起海上封锁线后，加上海运不安全，海洋各线航运暂停。抗战结束后，拆除部分封锁线，海洋航运曾一度迅速发展[1]。

三　以往工作简述

1. 2014 年调查与发现

2011 年 7 月，漳州市文物部门与边防公安联合破获了一起水下沉船盗捞案件，缴获文物 722 件，全部为完整器，其中三级文物达到 112 件。2013 年 2 月下旬至 3 月中旬，福建博物院文物考古研究所组织人员对这批出水文物进行了整理[2]。

2014 年 9 月上旬至 10 月中旬，福建博物院文物考古研究所与漳州市文物保护管理所，组织开展漳州海域水下文化遗产调查工作，主要调查区域为半洋礁海域、将军屿海域和圣杯屿海域。本次调查物探扫测面积 120 万平方米，先后确认半洋礁二号和漳州圣杯屿两处沉船遗址（图 1-3）。

本次调查发现圣杯屿沉船遗址位于漳浦县圣杯屿西南面约 200 米，离古雷杏仔村直线距离约 500 米左右。遗物主要散落在坑的底部，分布面积约 1200 平方米。遗址表面露出部分船体残骸，方向

图1-3　水下考古调查队员出水

[1]　漳浦县地方志编纂委员会编：《漳浦县志》，方志出版社，1998 年，第 391～392 页。

[2]　福建博物院、漳浦县博物馆：《漳浦县莱屿列岛沉船遗址出水文物整理简报》，《福建文博》2013 年第 3 期，第 2～8 页。

图1-4　水下的船体残骸

约300°，出露部分最高0.15米，长9米，其余部分均埋藏于泥沙中。共发现6道隔舱板，进深为1～2米，其中最长的一道宽约4米，厚8～10厘米。船板厚10厘米（图1-4）。采集标本以青瓷碗、盘为主，还有少量洗、碟、高足杯等，均为元代龙泉窑产品[1]（图1-5）。

2. 2016年调查与发现

2016年8月8日～9月8日，国家文物局水下文化遗产保护中心联合漳州市文物保护管理所、厦门市博物馆，调集北京、天津、河北、山东、江苏、浙江、福建、广东、海南等省的水下考古队员，组成厦漳海域水下考古调查工作队，对古雷开发区圣杯屿周边海域以及厦门大嶝岛、小嶝岛周边海域进行了专项水下文化遗产调查，其中重点调查了漳州圣杯屿沉船遗址。

在以往调查搜集线索的基础上，水下考古调查队特邀国家海洋局第三研究所先对重点区域和周边区域开展专项水下物探调查工作。利用我国海洋调查领域先进的物探设备进行全方位扫测，通过探测和信息分析确定水下文化遗产的位置和范围（图1-6、7）。最后派遣专业的水下考古队员在目标区域进行水下探摸确认，对水下文化遗产开展详细调查和相关测绘工作，采集相关器物标本，确定文物点分布的中心区域、范围和水下文物的保存现状（图1-8）。

受工作时间及水下能见度影响，本次调查未发现沉船船体，仅在水下南、北两个区域内发现散落的瓷器文物（图1-9）。经调查，中南区约1200平方米，北区约为400平方米，总面积约为1600平方米左右。南、北区间隔约70米左右，两区之间有50米左右未发现器物散落。本次共采集出水

---

[1]　羊泽林：《漳浦圣杯屿元代沉船遗址调查收获》，《东方博物》第五十六辑，中国书店，2015年，第69～78页。

图1-5　水下队员采集出水文物

图1-6　水下考古物探调查及数据实时监测

图1-7　水下考古物探调查及数据实时监测、记录

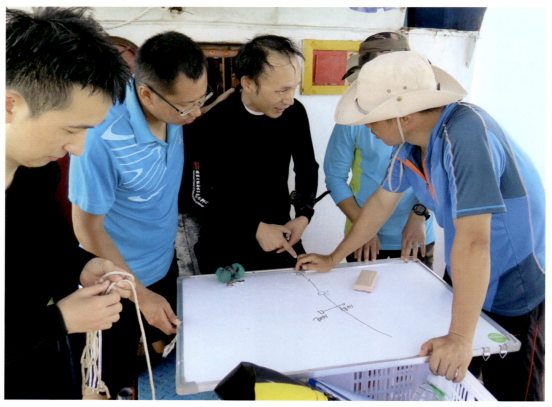

图1-8　水下队员商讨水下调查方案

文物 58 件，主要为碗、盘、碟、高足杯等习见器物（图 1-10）。根据已有研究，此批器物为元代晚期龙泉窑产品。从出水遗物看，南区与北区所见器形基本相似，年代相同，但北区出水瓷器的品质似又更加精致。因开展工作十分有限，具体性质还无法判别。

图1-9　水下发现的散落瓷器

图1-10　水下队员整理出水文物

第二章 2021年水下考古调查

一 工作概况

2020 年 11 月 23 日，漳州海警在古雷新港城、漳浦刑侦大队在漳浦六鳌码头分别破获了两起水下盗捞案件，共追缴水下文物 922 件，其中三级文物为 77 件，除 2 件标本外皆为完整器。

沉船遗址的安全问题再次引起国家文物局、福建省文物局和漳州市文物部门的重视。为进一步了解沉船遗址保存状况和盗捞情况，为下一步的沉船遗址保护提供基础材料，同时试行《水下考古工作规程》，推动水下考古行业标准化和科学化，结合 2021 年度全国水下考古专业人员进阶培训班提供实习，在国家文物局、福建省文物局和漳州市文化和旅游局的领导、监督和管理下，在漳州市博物馆、古雷开发区文教体旅局等单位和部门支持、配合下，2021 年 6 月 11 日至 7 月 18 日，国家文物局考古研究中心联合福建省考古研究院、漳州市文物保护中心，并以 2021 年度全国水下考古专业人员进阶培训班学员和培训实习教师为主组建调查队，对漳州圣杯屿沉船遗址进行了重点调查。

参加本次调查的人员分别来自北京、辽宁、河北、山东、湖北、福建、广东以及大连、青岛、日照、济宁、扬州、舟山、宁波、漳州和北海等省、市文博机构（表 2-1）。此外，著名水下摄影师吴立新给予了指导。

本次调查先后出海作业 43 天，完成沉船遗址周边约 2 平方千米的物探扫测，潜水 738 人次，潜水总时长 392 小时，完成水下人工调查约 3500 平方米和水下发掘面积 4 平方米，提取文物 696 件（套），对沉船遗址水下文物分布范围、保存状况、船体及船体埋藏状况有了较为深入地了解，并获取了一定的影像和测绘数据，为未来沉船遗址的保护和研究工作奠定了基础。

7 月 19 日下午，由国家文物局考古研究中心、福建省考古研究院主办，漳州市文化和旅游局承办的"2021 年福建漳州圣杯屿元代沉船遗址专项研讨会"在福建省漳州市漳州宾馆召开。国家文物局副局长宋新潮、国家文物局文物保护与考古司司长闫亚林、国家文物局考古研究中心主任唐炜、福建省文物局局长傅柒生、漳州市人民政府副市长吴卫红，特邀文博考古专家，以及福建省文物局、福建省考古研究院、漳州市相关文博单位领导和圣杯屿元代沉船水下调查队队员出席研讨会（图 2-1、2）。专家一致认为，圣杯屿元代沉船遗址考古调查成果丰硕，对探索海上丝绸之路，研究海外交通史、贸易陶瓷史、造船技术史等，提供了大量的科学依据和实物资料，希望下一步能对遗址进行全面的水下考古发掘，更好地保护和利用遗址和文物。会上，国家文物局副局长宋新潮给培训班学员颁发了结业证书。

表2-1　2021年水下考古调查队人员名单

序号	姓名	单位	工作安排
1	梁国庆	国家文物局考古研究中心	指导老师、项目负责人
2	羊泽林	福建省考古研究院	指导老师、副领队
3	陈浩	福建省考古研究院	指导老师、潜水长、水下摄影
4	冯雷	辽宁省文物考古研究所	指导老师、潜水长
5	尹锋超	青岛市文物考古研究所	指导老师、潜水长
6	金涛	宁波市文化遗产管理研究院	指导老师、出水文物保护
7	阮永好	漳州市文物保护中心	指导老师、副领队
8	黎飞艳	广东省文物考古研究所	指导老师、水下摄影
9	朱世乾	湖北省水下文化遗产保护中心	指导老师、海洋探测
10	王昊	国家文物局考古研究中心	出水文物保护
11	万鑫	国家文物局考古研究中心北海基地	出水文物保护
12	臧力龙	国家文物局考古研究中心北海基地	海洋探测
13	辛光灿	国家文物局考古研究中心	学员
14	于海明	大连市文物考古研究所	学员
15	佟宇喆	河北省文物研究院	学员
16	孟杰	山东省水下考古研究中心	学员
17	薛广平	青岛市文物考古研究所	学员
18	袁启飞	日照市文物考古研究所	学员
19	张敏	扬州市文物考古研究所	学员
20	李泽琛	宁波市文物考古研究院	学员
21	周兴	舟山市文物保护考古所	学员
22	胡思源	广东省文物考古研究所	学员
23	杨荣佳	广东省文物考古研究所	学员
24	肖达顺	广东省文物考古研究所	学员
25	陈启流	北海市文物考古研究院	学员
26	张骥	济宁市文物保护中心	助教
27	杨政	山东省水下考古研究中心	技工
28	刘春健		技工
29	周莹水		技工
30	张颖馨		实习学生

图2-1　漳州圣杯屿元代沉船遗址专项研讨会现场

图2-2　漳州圣杯屿元代沉船遗址专项研讨会合影

前排左起：崔勇、栗建安、杨勇琦、陈方昌、顿贺、傅柒生、宋新潮、闫亚林、唐炜、林菁、孙键、林国聪、刘淼

二 调查经过

1. 水下搜索与定位

为了保障工作的顺利实施，考古调查队提前安排人员于 6 月 3 日即抵达漳州市古雷港经济开发区驻地，并在漳州市文物保护中心的支持下积极走访，获取沉船遗址相关线索，尽量缩小搜索范围（图 2-3）。

为了进一步寻找沉船遗址，同时收集该海域海底地形、地貌信息，为未来沉船遗址的研究提供基础资料，6 月 10 日考古调查队首先对遗址所在海域进行物探扫测，主要是使用多波束声呐、旁侧声呐、浅地层剖面仪及磁力计等多种手段进行海底扫测，并针对扫测图像进行处理分析（图 2-4）。

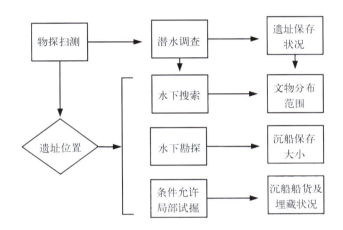

图2-3 水下考古调查技术路线图

图2-4 物探组在开展圣杯屿海域的物探扫测

　　根据漳州市文物保护中心提供的沉船坐标，6月10日物探组进行了定位，并投放入水砣。物探结束后，首先安排了一组水下考古队员进行圆周搜索，水深26.2米，水下能见度较好，海床表面为碎石和少量的沙，发现零星的青瓷碗。第二组在砣点的西南十余米处发现相对比较集中的瓷器散落，但是，水下考古队员并没有发现船体。经讨论和查阅日记，该处与2014年水下考古调查时沉船遗址的地形、水深存在较大区别。随后漳州市文物保护中心阮永好找到2011年渔民提供的线索，考古调查队根据这一坐标重新定位。经过几天潜水搜索，6月15日水下考古调查队顺利找到了沉船遗址，并重新利用GPS设备进行了高精度定位。

2. 遗址表层清理

　　6月15日发现船体后，考古调查队先是沿船体方向在船体西侧布设了一条长15米的基线，编号为1号基线，方向约310°，并沿基线设置了三个永久基点，作为漳州圣杯屿沉船遗址测绘的基础。随后沿暴露的船板对沉船船体进行清理，寻找船体的轮廓边缘，另外，海床表面散落大量的瓷器，考古调查队沿1号基线进行圆周搜索，确定海床表面文物散落的范围。考古调查队水下搜索期间，发现遗址表层散落的瓷器有人工翻动的痕迹，并在遗址核心区（即船体位置）发现了不法分子盗捞用的沙袋、绳索和小耙子，这些应该都是遗址被盗捞留下的痕迹（图2-5）。

　　在水下搜索和表层文物清理的过程中，随时安排水下考古队员进行水下摄影、摄像，记录沉船遗址发现时的原始状态和信息。由于在船体中部发现残存的船体桅座，考古调查队将桅座紧靠的隔

图2-5　圣杯屿遗址表层散落文物原始状态

图2-6　圣杯屿0号隔舱板及桅座

舱板编号为 0 号隔舱板（图 2-6），以方向加数字的方式对隔舱板及船舱进行编号，例如 0 号隔舱板北侧第一块隔舱板编号为北 1 号隔舱板，0 号隔舱板与北 1 号隔舱板之间的舱，编号为北 1 号舱。同时，依托 1 号基线设置多个虚拟探方，以便于记录船体外侧散落文物的位置。在做好考古绘图、摄影和记录等工作后，考古调查队对遗址表层散落代表性文物进行了采集。通过遗址表层文物的调查、清理和采集，进一步了解了该遗址遗物分布范围和遗存保存状况。

3. 水下考古试掘

为了进一步了解船体埋藏状况，尤其是船舱内船货的保存状况，7 月 9 日，考古调查队对南 1 舱进行了试掘，也将此作为培训班的实习科目之一。布设硬探方 3 个，规格为 2 米 ×2 米，编号分别为 T1010、T1011、T1012，后因时间不足，仅完成 T1012 发掘（图 2-7）。水下队员根据地层包含物及时区分不同层位，自上而下逐层发掘，船体部分按自内而外的顺序进行清理，并逐层提取文物，注重对层位、船货、船舱内船货组合方式、包装方式、船体构件的位置、结构、尺寸、叠压关系、连接方式、保存状况等情况进行详细文字描述和记录，绘制了探方平剖面图、层位图等，并与影像资料相互补充（图 2-8、9）。

发掘过程中，因探方与船舱尺寸无法匹配，T1012 发掘区内包括了北 1 舱、南 1 舱的一部分以及船体东侧的区域，发掘出水的文物既需要记录探方位置，也需要记录所在船舱的位置，同时还需要注意文物之间的相对关系，这给文物编号和归属造成很大困难，因此，考古调查队认为船体部分按船舱作为发掘单位更加合理、科学。

图2-7　制作探方架

图2-8　水下测绘

0　　　　　　　　　　　　　1米

图2-9　水下探方及第二层堆积的正射影像（左侧为T1011，右侧为T1012）

三　技术与方法

1. 技术与装备的选择

水下考古工作需要根据遗址所在位置的深度、海况等因素选择潜水技术和装备。漳州圣杯屿沉船遗址所在海域潮汐紊乱不规则、转流速度快、水深达到30米，整体来说海况十分复杂。根据遗址所在海域的特点，本次调查选用了双瓶、高氧潜水技术，这有利于延长水下作业时间、提高水下工作效率和提升水下安全系数（表2-2；图2-10）。该潜水技术也是本次培训班的主要学习内容之一，通过本次水下考古调查实习，锻炼了学员的实际工作能力（表2-3）。

表2-2　空气及高氧免减压潜水滞底时间及单瓶与双瓶携带气量对比表（ata<1.44）

水深 滞底时间 氧含量	26米	27米	28米	30米	一般携带气量	
					单瓶	双瓶
21%	25分钟	22分钟	19分钟	17分钟	2200升	4400升
32%	39分钟	34分钟	30分钟	29分钟	2200升	4400升
36%	49分钟	41分钟	39分钟	34分钟	2200升	4400升

表2-3　2021年漳州圣杯屿沉船遗址水下考古调查潜水时间表

序号	姓名	潜水总天数	单日两潜天数	潜水总次数	潜水总时长	空气潜水天数	空气潜水次数	空气潜水时长	高氧潜水天数	高氧潜水次数	高氧潜水时长
1	梁国庆	38	10	48	24：49′	12	14	7：7′	26	34	17：42′
2	阮永好	38	12	50	25：40′	12	14	6：48′	26	36	18：52′
3	朱世乾	34	5	39	12：23′	10	11	4：48′	24	28	7：35′
4	辛光灿	22	5	27	11：4′	8	9	4：13′	14	18	6：51′
5	袁启飞	29	10	39	24：38′	8	10	5：48′	21	29	18：50′
6	陈启流	35	12	47	26：17′	8	10	4：43′	27	37	21：34′
7	孟杰	35	13	48	24：9′	8	10	4：34′	27	38	19：35′
8	于海明	35	12	47	24：19′	8	10	4：48′	27	37	19：31′
9	张敏	31	9	40	20：20′	8	10	5：25′	23	30	14：55′
10	周兴	35	11	46	24：0′	8	10	5：23′	27	36	18：37′
11	冯雷	22	5	27	12：21′	8	9	4：17′	14	18	8：4′
12	黄定国	22	5	27	18：6′	8	10	6：12′	14	17	11：54′
13	陈来发	9	1	10	5：5′	8	9	4：34′	1	1	0：31′
14	薛广平	31	11	42	20：58′	4	5	2：28′	27	37	18：30′
15	金涛	12	2	14	5：30′				12	14	5：30′
16	李泽琛	13	3	16	7：15′				13	16	7：15′
17	陈浩	39	11	50	27：27′	12	14	7：27′	27	36	20：0′
18	吴立新	9	3	12	9：55′				9	12	9：55′
19	羊泽林	11	3	14	8：38′	1	1	0：48′	10	13	7：50′
20	王志杰	12	7	19	12：30′				12	19	12：30′
21	黎飞艳	12	7	19	12：50′				12	19	12：50′
22	杨荣佳	12	4	16	9：42′				12	16	9：42′
23	肖达顺	12	7	19	12：2′				12	19	12：2′
24	胡思源	12	3	15	7：17′				12	15	7：17′
25	崔勇	1		1	0：40′				1	1	0：40′
26	金潇	4	2	6	3：48′				4	6	3：48′
合计	26人	39	13	738	391：43′	12	156	79：23′	27	582	312：20′

图2-10 高氧配气

为进一步保证水下考古调查安全，水下考古队还使用了水下考古实时定位监测系统。该系统是国家文物局考古研究中心与交通运输部天津水运工程科学研究院共同研发的一种针对水下考古队员定位及水流监测的实时系统，2019 年曾在舟山海域青浜东北沉船遗址调查首次使用。其原理是通过使用"声学多普勒流速剖面仪（ADCP）"，建立起对整个遗址海流剖面的实时监控，实时获取遗址海域 2 米级水流方向及流速数据，为科学选择水下作业时间窗口提供了依据，同时，采用"超短基线＋海底多波束声呐底图"的方式，实现实时定位水下考古队员的位置和动态，从而提升水下考古作业的安全水平。

2. 水下考古设备的改进

传统水下考古的抽泥设备和水炮设备需要配备大型的螺杆式空压机和水泵，因而相对复杂，对水面的作业平台以及海况要求都很高。首先，本次调查对抽沙设备进行了小型化、便携式改造。考古调查队采用 3 寸、4 寸这种比较细的钢丝管作为抽沙管，将抽头上的气管更换为带阀门的气管转接头，可以直接连接气瓶，这样抽沙管变细，便于水下考古队员的操作，另外，抽沙管所需气体不用再从水面平台供给，减少了对平台的依赖，水下考古队员可以携带双瓶直接在水下抽泥抽沙，这样不仅便于操作，也更加安全（图 2-11）。其次，使用小型推进器作为吹泥设备，不仅便携，效率也很高（图 2-12）。另外，为了实现对水下遗迹的精细发掘，改造完成了小型气枪，可以直接安装在气瓶之上，实现了对水下遗迹"手术刀式"的发掘（图 2-13）。

图2-11　改良后的水下抽泥设备

图2-12　小型推进器用于水下考古调查期间的表层清理

图2-13　使用小型气枪对水下遗迹进行精细清理

3. 低能见度下的水下摄影拼接

我国沿海水下能见度普遍较差，很多水下沉船遗址水下能见度在 0 ～ 1 米之间，这给水下考古作业，尤其是水下摄影、摄像工作带来了很大困难。本次调查邀请了水下摄影师吴立新给培训班学员讲授水下摄影课程。培训班学员综合运用摄影拼接和多视角三维拼接技术，对沉船遗址表层原生埋藏情况进行摄影拼接，取得很好的效果（图 2-14）。这应该是我国首次在低能见度水域、水下 30 米水深完成遗址表层埋藏状况的全景成像，不仅让学界直观地看到沉船遗址的原生保存情况，更有利于沉船遗址埋藏环境研究。

4. 出水文物整体提取

本次水下考古试掘过程中，发现船舱内存在成摞瓷器破碎严重的现象。为了最大限度提取这些文物，同时考虑到后期文物拼接修复问题，水下考古调查队采用 PVC 管作为承载体，整体提取成摞破碎文物，效果较好（图 2-15）。

图2-14　漳州圣杯屿沉船遗址表层全景影像

图2-15　整体提取成摞破碎瓷器

四　科技考古与出水文物现场保护

1. 出水文物现场保护

本次调查配备出水文物保护专业人员，并编制了《出水文物现场保护方案》。出水文物现场的保护工作主要以抢救性保护为主，在保证文物安全的前提下，进行文物信息提取、文物资料收集、文物保存环境监控、文物保存状况记录、文物病害整理分类等工作，尽可能多地为实验室保护及考古研究提供全面的实物及文字信息资料。现场文物保护过程，包括前期准备、文物提取（表面清洗、初步加固、微环境控制等）、临时保护（现场清洗、简单粘接、初步处理、现场储藏）、包装运输（保湿、缓冲、避震等）等环节。

出水文物现场保护档案记录工作在现场随时进行并贯穿现场保护的始终，不仅要记录文物出水位置、编号、属性等考古内容，还要记录文物出水时的保存状况、现场保护方法、储存条件、包装运输方法及取样部位和方法等一系列内容。重点是将在任何地方采取的任何形式的保护处理，都详细、精确地记录下来，不仅包括文字描述，还配有相应的照片或图表资料。具体如下：（1）埋藏阶段：记录文物的材质，大致的器形、埋藏情况、相对位置、保存概况、叠压情况等；（2）文物提取：记录提取手段、方式等；（3）现场处理：记录保护方法、处理步骤、所用保护材料、取样信息等；（4）资料收集整理：器物登记编号、拍照、绘图、文物记录等；（5）文物现场存放：存放场地、储存方式、存放环境定期检测数据等；（6）文物包装运输：打包方式、运输手段、转移过程，以及

图2-16　出水文物现场保护

转移过程的环境数据等。

　　漳州圣杯屿沉船遗址调查出水文物主要为龙泉瓷器，常见的病害类型有残缺、破碎、污损、高盐分和海生物附着等。出水后的瓷器，首先初步清洗表面附着物，通体淡水浸泡存放。对于破碎的器物，出水后进行拼接，随后器物本体与其碎片装在尼龙网兜中一同淡水浸泡，以防遗失或混淆。定期监测并换水。圣杯屿沉船出水木板由于年代久远，处于严重糟朽饱水状态，物理力学强度很低。为更好保存其原始状态信息，使用淡水做初步清理后，使用聚乙烯膜进行包裹塑形，浸泡于水槽内做保湿处理。采集出水的竹片和缆绳等脆弱有机质文物，进行简单物理清理后，低温保存（图2-16）。工作结束后，转实验室进一步保护。

2. 出水文物分析检测

　　本次调查先后采集检测标本28份，包括11个船材木样标本，2个包装瓷器的竹片标本，1个麻绳标本、8个瓷器标本、2个凝结物标本、1个海底水样标本、3个海底（含船体内外）泥柱标本，结合科技部国家重点研发计划重点专项——海洋出水木质文物保护关键技术研发，为下一步沉船的保护和研究提供了多学科材料。

　　（1）船材木样标本保存状况检测

　　含水率及密度进行检测。根据 GB/T 1931—2009《木材含水率测定方法》测定样品的含水率 -W%。用电子天平称量处理前的样品的质量 m_1；烘干后，记录绝干样品的质量为 m_0，那么试样含水率（W%）为：

$$W\% = (m_1 - m_0) / m_0 \times 100\% \tag{1}$$

密度测试方法的原理是按照 $\rho = m/v$ 进行的，其中 v 是根据排水法得到，即烘干后的样品使用保鲜膜包裹严实后用排水法得到。检测结果如表2-4。

表2-4 漳州圣杯屿沉船采集木材样品含水量及密度结果

样品编号	密度（g/cm³）	含水率（%）
1	5.513	472.549
2	1.561	649.495
3	1.225	122.782
4	3.727	487.554
5	2.568	121.282
6	2.375	365.432
7	1.160	874.419

木材组分进行检测。木材中木质素、综纤维素、灰分成分含量，分别根据国家标准GB/T 2677.8-94（造纸原料酸不溶木素含量的测量）、国家标准GB/T 2677.10-1995（造纸原料综纤维素含量的测定）、国家标准GB/T2677.3-1993（造纸原料灰分含量测定）中规定的方法进行测定。测试结果如表2-5。

表2-5 漳州圣杯屿沉船采集木材化学组分结果（wt%）

样品编号	木质素	综纤维素	灰分
1	46.38	43.11	2.95
2	52.96	13.67	22.3
3	77.88	14.41	7.09
4	57.7	11.11	7.55
5	71.36	9.25	2.33
6	56.29	5.04	3.69
7	73.76	2.6	3.76

含盐量进行检测。主要检测难溶盐。

利用有机元素分析仪分析木船构件样品C、N、S等有机元素含量的标准流程。具体操作流程如下：选取木材样品—烘箱烘干—研磨成200目以下粉末—称量—使用有机元素分析仪进行测量。

本次测试所用仪器为IsoPrime100元素分析仪联机（IRMS-Vario EA）；测试分析模式为C、N、S模式；分析过程为：固体样品，可以使用vario PYRO cube元素分析仪连接到ISOPRIME-100进行 ^{13}C、^{15}N、^{34}S 同位素分析。样品在1120℃下在填充有 WO_3 的氧化管中氧化物烧。燃烧后形成的气体在填有还原铜的管内还原为 N_2（850℃）。N_2、CO_2、SO_2 经过吸附与解吸附柱分离，然后再进入同位素质谱仪（IRMS）进行分析；使用不同种类的国际标准物质对仪器进行校准。测试前，先利用磺胺标样（Sulfanilamide）对元素 C、N 含量进行校正，再利用 Caffeine（IAEA-600，δ 13C：-27.771 ± 0.043‰，δ 15N：1.0 ± 0.2‰）、Sucrose（IAEA-cH-6，δ 13C：-10.45 ± 0.07‰）和 $(NH_4)_2SO_4$（IAEA-N-2，δ 15N：20.3.0 ± 0.2‰）等标准物质对 CO_2 和 N_2 参考气体进行双标准线性校正；在分析过程中，每 10 个样品穿插一个磺胺标样（Sul）和一个实验室标样（CAAS，δ 13C：-14.7 ± 0.1‰，δ 15N：7.0 ± 0.1‰）实时监控和校正。C、N、S 均是以国际标准为基准的校正结果，氮是以空气为标准的校正结果，碳是以国际标准的 V-PDB 为基准的校正结果。测试结果见表 2-6。

表2-6　漳州圣杯屿沉船采集有机元素分析结果（wt%）

样品编号	N	C	S
1	0.59	47.21	2.50
2	0.48	37.26	0.49
3	0.17	42.98	5.14
4	0.18	17.73	0.49
5	0.52	48.69	2.30
6	0.28	27.80	22.03
7	0.68	48.31	3.88

（2）种属鉴定

采集船体不同部位的船材，进行树种鉴定。鉴定方式采取将样品切片处理后进行显微观察的方式，根据国家标准 GB/T 29894-2013《木材鉴别方法通则》、国家标准 GB/T 16734-1997《中国主要木材名称》、国家标准 GB/T 18513-2001《中国主要进口木材名称》等对木材样品进行种属鉴定。鉴定结果如表 2-7。

表2-7　漳州圣杯屿沉船采集标本的种属鉴定表

采样号	构件类型	类别	取样位置	检测结果
1	桅座	木	桅座	香樟木
3	不明	木	0号隔舱板南边（后部）板形船体构件	杉木
6	不明	木	南2号隔舱板西北部（左前部）柱形船体构件	香樟木
7	隔舱板	木	北2号隔舱板	香樟木
8	疑似抱梁肋骨	木	北2号隔舱板西南侧（左后侧）抱梁肋骨	香樟木
9	船壳板	木	北1~2号隔舱板之间最外（西，左）列，内层船壳板	杉木
10	船壳板	木	北1~2号隔舱板之间最外（西，左）列，外层船壳板	杉木
13	竹片	竹	T1011竹片遗迹	散生竹

（3）测年

委托 Beta 实验室对 2 件船材木样标本进行碳 -14 测年，经校正后，1 件标本测年结果为公元 1296 ～ 1400 年，另 1 件测年结果为公元 1298 ～ 1404 年，测年结果基本一致（图 2-17 ～ 20）。

（4）瓷器釉层和胎体成分进行检测

从出水瓷器中挑选了 20 件标本，使用便携式 X 射线荧光光谱仪对瓷器釉层和胎体成分进行检测，结果见表 2-8。此外还选取了部分陶瓷残片，进行 Sr 同位素测试和分析、成分组成、烧成温度等方面的检测，目前相关数据尚未出结果。

表2-8　漳州圣杯屿沉船2021年出水瓷器XRF数据

序号	编号	类型	位置	SiO_2	CaO	Al_2O_3	K_2O	BaO	Fe_2O_3	Sb_2O_3	MgO	P_2O_5	MnO	TiO_2	SO_3	PbO
1	2021ZS采-39	青瓷碗	釉	53.1	10.2	10.8	4.1	0.7	1.2	1.2	0.9	0.7	0.5	—	0.2	—
			胎	38.4	—	14.4	3.4	3.2	2.1	—	—	0.3	—	0.3	0.4	2.2
2	2021ZS采-30	青瓷碗	釉	45.3	10.6	9	4.6	1.2	1.7	1.1	1	1.1	0.3	0.1	—	—
			胎	41.3	0.5	11.2	3.9	2.9	1.8	—	—	0.4	—	0.3	0.1	1.9
3	2021ZS采-09	青瓷碗	釉	52.9	5.8	10.5	4.2	1.6	1.2	0.7	—	0.4	0.4	—	0.1	0.3
			胎	32.8	—	7.4	2.4	3.4	1.6	—	—	0.4	—	0.3	0.1	1.5
4	2021ZS采-06	青瓷碗	釉	42.8	10	8	5.1	1.5	1.2	1.1	1	0.9	0.4	0.1	0.1	—
			胎	30.6	—	7.6	5.3	3.1	1.2	0.2	0.3	0.5	0.2	0.1	0.1	0.8
5	2021ZS采-44	青瓷碟	釉	35.6	8.9	6.6	4.5	2.1	0.8	0.8	0.9	1.1	0.4	—	0.1	—
			胎	19.7	4	3.8	2.9	3	0.4	0.3	—	0.8	0.2	—	0.1	0.3
6	2021ZS采-33	青瓷碟	釉	48.8	9.1	8.9	3.5	1.3	1.2	1.1	1	0.9	0.5	0.1	0.1	—
			胎	37.7	4.4	13.4	4.5	2.6	2.1	0.1	0.4	0.5	—	0.3	0.2	0.9
7	2021ZS采-59	青瓷碟	釉	48	9.4	9.8	3.6	1.2	1.7	1.2	1	1	0.4	0.1	0.1	—
			胎	37.8	0.2	13.9	4.6	3.4	2.2	—	—	0.4	—	0.4	0.1	2
8	2021ZS采-37	青瓷盘	釉	51.3	9.1	9.7	5.4	1.1	1.5	0.9	1.3	0.7	0.3	0.1	0.1	—
			胎	35.8	0.2	13.2	6	3	1.3	—	—	0.4	—	0.1	0.1	1.8
9	2021ZS采-25	青瓷盘	釉	52.4	10	10.2	3.9	0.9	1.1	1.2	1.4	0.8	0.5	—	0.1	—
			胎	33.7	0.5	9.7	2.9	3.3	1.6	—	—	0.4	—	0.3	0.1	1.7

序号	编号	类型	位置	SiO$_2$	CaO	Al$_2$O$_3$	K$_2$O	BaO	Fe$_2$O$_3$	Sb$_2$O$_3$	MgO	P$_2$O$_5$	MnO	TiO$_2$	SO$_3$	PbO
10	2021ZS采-53	青瓷香炉	釉	48.5	6.5	7.3	4	1.7	1.2	0.9	0.8	0.8	0.4	0.1	0.1	0.2
			胎	26.2	0.2	13.5	4	3.4	1.6	–	–	0.4	–	0.1	0.1	–
11	2021ZS采-63	青瓷盏	釉	46.7	7.7	9	5.4	1.6	1.1	0.8	0.8	0.8	0.4	0.1	–	
			胎	48.9	2.5	13.8	6.7	2.3	1.8	0.2	0.5	0.5	0.1	0.2	0.1	1.3
12	2021ZS采-121	青瓷碟	釉	47.5	10.3	8.6	4.4	1.1	1.2	0.5	0.9	0.8	0.2	–	0.1	
			胎	38.6	–	16.6	4.3	3.1	2.1	–	0.2	0.3	–	0.2	0.2	2
13	2021ZS采-230	青瓷碗	釉	51.9	12	10.6	4.7	0.5	1.6	1.3	1.5	1.1	0.4	0.1	0.1	
			胎	41.2	0.2	14.2	3.9	3	1.8	–	0.4	0.4	–	0.3	0.2	2.1
14	2021ZS采-131	青瓷碗	釉	43.4	6.9	7.4	4.2	2	1.5	0.9	0.9	0.7	0.3	–	0.1	
			胎	39.3	3	11.5	4.3	2.9	2.4	0.2	0.4	0.5	–	0.2	0.1	1.1
15	2021ZS采-223	青瓷碗	釉	46.2	8.6	8.8	4.3	1.5	1	0.7	0.8	0.8	0.3	0.1	0.1	
			胎	38.1	0.8	14.7	3.6	3.3	2.6	0.1	–	0.4	–	0.3	0.1	2.1
16	2021ZS采-291	青瓷碟	釉	39.2	7.2	7	3.2	2.2	1	0.7	0.8	0.8	0.4	0.1	0.1	
			胎	34.3	0.2	11.3	4.6	3.5	2	–	–	0.4	–	0.3	0.1	2
17	2021ZS采-158	青瓷碟	釉	25.8	3.2	4.1	3.4	3.2	0.5	–	–	0.5	0.2	–	0.1	0.5
			胎	10.8	0.6	2.7	1.7	3.1	0.4	–	–	0.3	–	0.1	0.1	0.6
18	2021ZS采-289	青瓷碟	釉	54	7.8	10.6	4.4	1	1.3	0.8	1.2	0.6	0.4	–	0.1	
			胎	27.1	2.7	7.3	3.6	3.2	1.2	0.1	0.3	0.5	–	0.1	0.1	0.8
19	2021ZS采-278	青瓷碟	釉	43.6	8.5	8.4	3.3	1.8	1.6	1	1.3	1	0.3	0.1	0.1	
			胎	44.5	0.7	16.7	4.7	3	2.5	0.1	0.2	0.4	–	0.3	0.1	1.9
20	2021ZS采-287	青瓷碟	釉	27.2	5.3	4.8	3.5	2.8	0.9	0.4	0.4	0.7	0.3	–	0.1	0.2
			胎	15.4	–	5.4	2.7	3.8	1.2	–	–	0.3	–	0.2	0.1	1.1

Beta Analytic, Inc.
4985 SW 74th Court
Miami, FL 33155 USA
Tel: 305-667-5167
Fax: 305-663-0964
info@betalabservices.com

ISO/IEC 17025:2017-Accredited Testing Laboratory

REPORT OF RADIOCARBON DATING ANALYSES

Xin Wan   Report Date: August 26, 2021

Archaeological Research Center of National Cultural Heritage Administrat   Material Received: August 16, 2021

Laboratory Number	Sample Code Number	Conventional Radiocarbon Age (BP) or Percent Modern Carbon (pMC) & Stable Isotopes	
Beta - 600465	ZS04	620 +/- 30 BP	IRMS δ13C: -29.0 o/oo

(95.4%)   1296 - 1400 cal AD   (654 - 550 cal BP)

Submitter Material: Woody Material
Pretreatment: (wood) acid/alkali/acid
Analyzed Material: Wood
Analysis Service: AMS-Standard delivery
Percent Modern Carbon: 92.57 +/- 0.35 pMC
Fraction Modern Carbon: 0.9257 +/- 0.0035
D14C: -74.28 +/- 3.46 o/oo
Δ14C: -82.20 +/- 3.46 o/oo (1950:2021)
Measured Radiocarbon Age: (without d13C correction): 690 +/- 30 BP
Calibration: BetaCal4.20: HPD method: INTCAL20

Results are ISO/IEC-17025:2017 accredited. No sub-contracting or student labor was used in the analyses. All work was done at Beta in 4 in-house NEC accelerator mass spectrometers and 4 Thermo IRMSs. The "Conventional Radiocarbon Age" was calculated using the Libby half-life (5568 years), is corrected for total isotopic fraction and was used for calendar calibration where applicable. The Age is rounded to the nearest 10 years and is reported as radiocarbon years before present (BP), "present" = AD 1950. Results greater than the modern reference are reported as percent modern carbon (pMC). The modern reference standard was 95% the 14C signature of NIST SRM-4990C (oxalic acid). Quoted errors are 1 sigma counting statistics. Calculated sigmas less than 30 BP on the Conventional Radiocarbon Age are conservatively rounded up to 30. d13C values are on the material itself (not the AMS d13C). d13C and d15N values are relative to VPDB-1. References for calendar calibrations are cited at the bottom of calibration graph pages.

Page 2 of 5

图2-17 圣杯屿沉船船体木材样品测年报告

Beta Analytic, Inc.
4985 SW 74th Court
Miami, FL 33155 USA
Tel: 305-667-5167
Fax: 305-663-0964
info@betalabservices.com

ISO/IEC 17025:2017-Accredited Testing Laboratory

REPORT OF RADIOCARBON DATING ANALYSES

Xin Wan

Archaeological Research Center of National Cultural Heritage Administrat

Report Date: August 26, 2021

Material Received: August 16, 2021

Laboratory Number	Sample Code Number	Conventional Radiocarbon Age (BP) or Percent Modern Carbon (pMC) & Stable Isotopes
Beta - 600466	T1011	610 +/- 30 BP IRMS δ13C: -29.5 o/oo

(95.4%) 1298 - 1404 cal AD (652 - 546 cal BP)

Submitter Material: Plant
Pretreatment: (plant material) acid/alkali/acid
Analyzed Material: Plant material
Analysis Service: AMS-Standard delivery
Percent Modern Carbon: 92.69 +/- 0.35 pMC
Fraction Modern Carbon: 0.9269 +/- 0.0035
D14C: -73.13 +/- 3.46 o/oo
Δ14C: -81.05 +/- 3.46 o/oo (1950:2021)
Measured Radiocarbon Age: (without d13C correction): 680 +/- 30 BP
Calibration: BetaCal4.20: HPD method: INTCAL20

图2-18　圣杯屿沉船船体木材样品测年报告

BetaCal 4.20

Calibration of Radiocarbon Age to Calendar Years

(High Probability Density Range Method (HPD): INTCAL20)

(Variables: d13C = -29.0 o/oo)

Laboratory number　　Beta-600465

Conventional radiocarbon age　　620 ± 30 BP

95.4% probability

(95.4%)　1296 - 1400 cal AD　　(654 - 550 cal BP)

68.2% probability

(29.3%)　1302 - 1328 cal AD　　(648 - 622 cal BP)
(21.1%)　1348 - 1368 cal AD　　(602 - 582 cal BP)
(17.8%)　1378 - 1395 cal AD　　(572 - 555 cal BP)

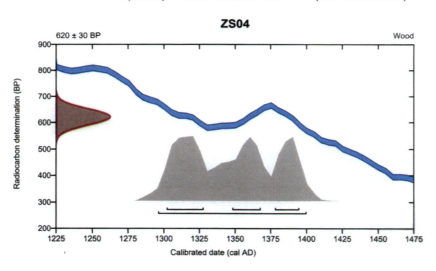

Database used
INTCAL20

References
References to Probability Method
Bronk Ramsey, C. (2009). Bayesian analysis of radiocarbon dates. Radiocarbon, 51(1), 337-360.
References to Database INTCAL20
Reimer, et al., 2020, Radiocarbon 62(4):725-757.

Beta Analytic Radiocarbon Dating Laboratory
4985 S.W. 74th Court, Miami, Florida 33155 • Tel: (305)667-5167 • Fax: (305)663-0964 • Email: beta@radiocarbon.com
Page 4 of 5

图2-19　圣杯屿沉船船体木材样品测年报告

BetaCal 4.20

Calibration of Radiocarbon Age to Calendar Years

(High Probability Density Range Method (HPD): INTCAL20)

(Variables: d13C = -29.5 o/oo)

Laboratory number　　**Beta-600466**

Conventional radiocarbon age　　**610 ± 30 BP**

95.4% probability

(95.4%)　1298 - 1404 cal AD　　(652 - 546 cal BP)

68.2% probability

(29.4%)　1336 - 1364 cal AD　　(614 - 586 cal BP)
(25.2%)　1306 - 1329 cal AD　　(644 - 621 cal BP)
(13.6%)　1384 - 1396 cal AD　　(566 - 554 cal BP)

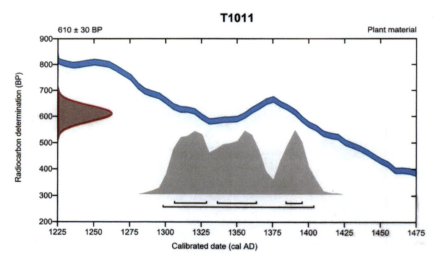

Database used
　INTCAL20

References
　References to Probability Method
　　Bronk Ramsey, C. (2009). Bayesian analysis of radiocarbon dates. Radiocarbon, 51(1), 337-360.
　References to Database INTCAL20
　　Reimer, et al., 2020, Radiocarbon 62(4):725-757.

Beta Analytic Radiocarbon Dating Laboratory

4985 S.W. 74th Court, Miami, Florida 33155 • Tel: (305)667-5167 • Fax: (305)663-0964 • Email: beta@radiocarbon.com

Page 5 of 5

图2-20　圣杯屿沉船船体木材样品测年报告

五　沉船遗址保护性回填

在完成上述工作后，立即对遗址表面，尤其是船体部分进行原址保护性回填，采用土工布对沉船船体进行覆盖，然后使用沙袋压顶和细沙填缝，基本实现遗址保存环境的稳定。

第三章　地层及遗址概况

一　地层

为了解沉船遗址的埋藏情况、掌握船体保存状况和船舱内船货堆积情况，考古调查队在南 1 号舱垂直船体方向布设 3 个硬探方，对南 1 号舱进行了部分试掘。

布设探方规格为 2 米 ×2 米，编号分别为 T1010、T1011、T1012，后因时间不足，仅完成 T1012 发掘（图 3-1）。现根据 T1012 探方剖面介绍遗址地层。

1. 船舱地层

第①层：0 ~ 0.2 米，浅灰色，含沙、贝壳、蚌屑和碎石块，呈松散状，碎石块多棱角分明，地层中有大量扰动的瓷片和完整瓷器。

第②层：表层 0.05 米，深灰色或紫灰色，含细泥和少量生物碎屑及沙，覆盖在成摞码放的瓷器之上，也有的填充至成摞码放的瓷器之间以及瓷器与船体之间。

第③层：0.25 ~ 0.7 米，船体堆积，含成摞码放的瓷器以及叠压的船板。

第④层：0.7 米以下，厚度不详，深灰色，含细泥，生物碎屑及沙的含量略高于第②层。

2. 船外地层

第①层：0 ~ 0.3 米，浅灰色，含沙、贝壳、生物碎屑和碎石块，呈松散状，碎石块多棱角分明，地层中有少量扰动的瓷片和完整瓷器。

第②层：0.3 米以下，深度超过 0.5 米，为深灰色细泥层，含泥、生物碎屑及沙。

3. 遗址外围地层

遗址外围地层主要依据福建省地质调查院 2022 年在圣杯屿沉船遗址南侧海域（坐标为北纬 123° 45′ 08.085″、东经 117° 38′ 55.24″）工程地质钻孔成果。

第①层：0 ~ 0.4 米，含生物碎屑和砾砂，浅灰色，无味，松散状分选良，砂约占 75%，粒度以中细粒为主，粉砂约占 15%，生物碎屑约占 5%，砾石约占 5%，大小一般为 2 ~ 5 毫米，呈次磨圆—磨圆状，见较多的贝壳、螺类等生物碎屑，无黏土性，不可塑造。

第②层：0.4 ~ 3.1 米，粉砂质砂，浅灰色，无味，半松散状，分选良，磨圆较好，含极少量的

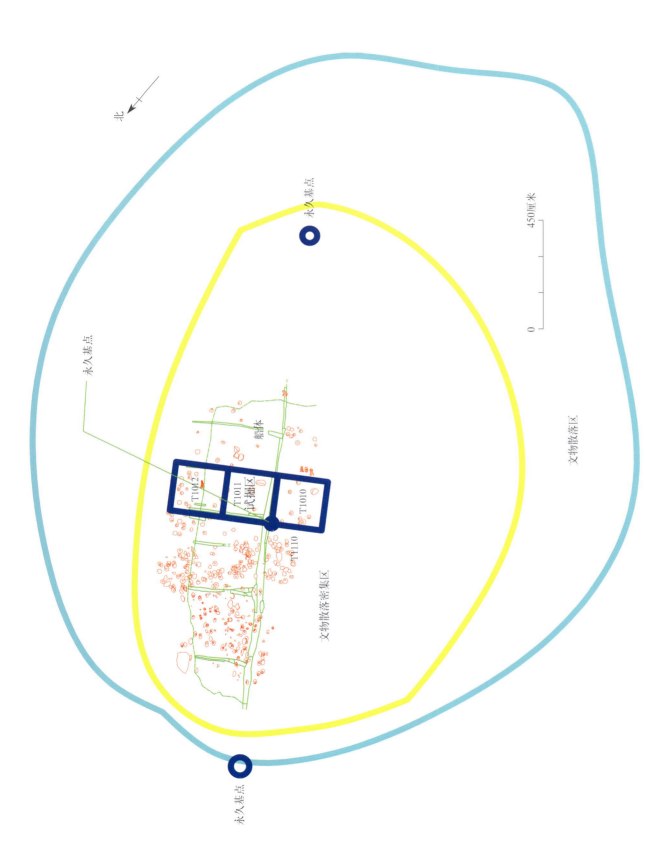

图3-1　圣杯屿沉船遗址文物分布及试掘探方位置

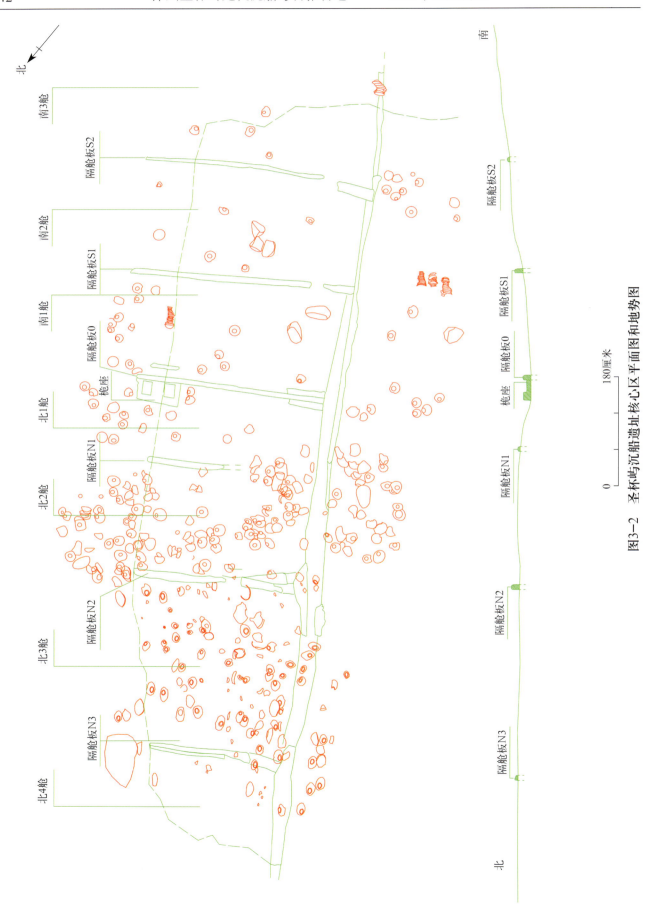

北

南3舱　隔舱板S2　南2舱　隔舱板S1　南1舱　隔舱板0　桅座　北1舱　隔舱板N1　北2舱　隔舱板N2　北3舱　隔舱板N3　北4舱

南

隔舱板S2　隔舱板S1　隔舱板0　桅座　隔舱板N1　隔舱板N2　隔舱板N3

北

0　　　　　　180厘米

图3-2　圣杯屿沉船遗址核心区平面图和地势图

贝壳碎屑，砂质含量约 69%，粒度以中细粒为主，粉砂量约 23%，黏土含量约 8%，粉砂含黏土性，弱塑性。底部黏土质含量升高，总体呈半松散状。

第③层：3.1 ~ 5.15 米，花斑状粉砂，灰黄色、黄褐色，无味，略固结的，未见贝壳碎屑，主要成分为粉砂约占 69%，黏土约占 30%，砂含量约 1%，弱黏土性，弱塑性。

二　遗址堆积

1. 遗址表层现状

沉船遗址位于古雷半岛与圣杯屿之间南侧一条东北—西南向海底冲沟东南边缘的一个凹坑处，低平潮水深 26 ~ 27 米，高平潮 29 ~ 31 米。海底冲沟底部地形高低不平，东北部较深，最深超过 40 米，中间多个凸起横梁，西南水深较浅，约 24 米左右。沟底海床以泥沙与石块为主，沟的北部有大片礁石，余皆多泥沙，夹杂有小块石头。该沉船遗址 2020 年曾被盗捞，发现时遗址表层散落大量瓷器类遗物，很可能与不法分子盗捞扰动有关。船体西侧船板和桅座已经暴露在海床表面，另外有6 道隔舱板也部分暴露出海床之上。

目前发现的水下堆积主要为瓷器和船体，尚未见凝结物。遗址所在海域周边散落较多瓷器，文物散落面积约为 800 平方米，其中沉船船体东侧 5 ~ 10、西侧 10 ~ 20 米范围内为文物密集区，面积不低于 300 平方米（图 3-1）。

2. 沉船船体状况

沉船遗址发现有木质船体。艏西北艉东南，约 310°，残长 13.07 米，最宽 3.7 米，单层板结构，船壳板厚度约 6 厘米，发现桅座 1 个，残存隔舱板 6 道，推测至少残存有 7 个舱，桅座北侧 4 个，南侧 3 个，隔舱板厚度约 6 ~ 10 厘米，舱宽一般 1.5 ~ 1.7 米，最宽的北 3 舱宽度达 2.6 米（怀疑该舱为 2 个舱）。桅座已残，东西残长约 0.7 米，桅座孔尚存，长 24、宽 15、深 5 ~ 6 厘米。船体埋深西北浅、东南深，西侧最浅部分船体暴露，堆积埋藏 0.3 ~ 0.7 米，中间区域埋深在 0.25 ~ 0.45 米，东南部分船体尚被掩埋，埋深超过 1 米（图 3-2）。

图3-3　发掘清理出捆扎瓷器的竹片

3. 船货装载方式

根据水下考古试掘，发现南 1 号船舱内密集码放成摞瓷器，每摞瓷器数量不等，经统计，少的有 31 件，多的达 66 件。瓷器破损比较严重。

另外，成摞瓷器摆放方向并不一致，少数靠近隔舱板，并与隔舱板方向一致，多数与隔舱板方向垂直。每摞瓷器之间发现残存有捆扎瓷器的竹片（图 3-3）。

第四章　出水遗物

圣杯屿元代沉船遗址 2021 年采集出水文物 696 件，主要为瓷器，另有陶器口沿 1 件和铁器残片、凝结物、船板等其他遗物。此外，沉船遗址内还发现缆绳、包装瓷器的竹片等有机质文物。

出水瓷器皆为龙泉青瓷，依器类及大小特征可分为大碗、碗、小碗等碗类器、大盘、盘、小盘等盘类器及盏、碟、高足杯、洗、钵等。从器类占比来看，碗类最多，共占全部器物的 74.1%，其中，大碗占 19.8%、中碗占 52.7%、小型碗占 1.1%；盘类次之，共占 18.1%；其余器类整体占比较少，盏、碟、高足杯、洗、钵、炉约占 7.8%（图 4-1；表 4-1）。

这些青瓷器器类相对单一，多成批集中出现，大部分的碗、盘均有不同程度的变形，存在生烧现象。器胎整体较为粗糙，系轮坯成型，器胎内外壁多见有轮旋痕。各类器物的足端多斜削，但修足极其草率，部分足端仅削一半，外内底常见有不规整的修坯痕迹。器剖面所见胎体淘洗不甚精细，偶见颗粒状杂质，胎色总体泛灰或灰白，生烧或温度不佳者胎色常泛灰黄或灰红。器施青釉，釉色依烧成温度变化，泛青灰或青黄者居多，内腹及内底多施满釉，内底涩圈或刮釉器少见，外施釉多

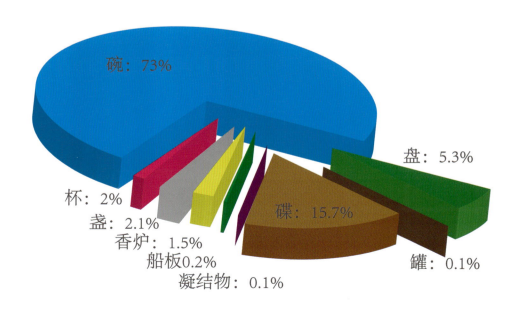

图4-1　出水文物类型比例图

至足部，外底多露胎，部分器物外底内涩圈或零星施釉，釉面下多开有大小不一的冰裂开片。装饰技法以模印居多，次为刻划，少见贴塑，常见有单面刻划、双面刻划加内底模印、单内底模印等几种装饰方式。刻划技法常见弦纹、莲瓣、卷草、变体回纹、荷花、篦线等纹饰，模印纹饰以折枝花卉、单枝菊花、牡丹、茶花及双枝菊花最具代表，大盘、碟类器物上还见有龙纹及双鱼纹等（表4-2～4）。以下分类介绍。

表4-1　漳州圣杯屿沉船遗址2021年出水标本器形统计表

名称		型	式	数量/件
青瓷	大碗	A型		2
		B型	I式	43
			II式	90
	碗	A型		2
		B型	I式	113
			II式	244
	小碗	A型		1
		B型		1
		C型	I式	1
			II式	5
	大盘	A型		1
		B型		10
	盘	A型		2
		B型		8
	小盘	A型		1
		B型		35
		C型		13
		D型		46
		E型		7
	盏	A型		5
		B型		9
	碟	A型		2
		B型		6
	钵	A型		1
		B型		1
	洗	A型		4
		B型		4
	高足杯			14
	炉			8
	陶罐			1
合计				680

表4-2　漳州圣杯屿沉船遗址2021年出水大盘型式、纹饰统计表

纹饰＼分型	A型	B型	合计
刻花卉		4	4
印花卉	1	4	5
印龙纹		2	2
合计	1	10	11

表4-3　漳州圣杯屿沉船遗址2021年出水盘型式、纹饰统计表

纹饰＼分型	A型	B型	合计
素面	1	1	2
刻划莲花		1	1
刻花卉	1	2	3
刻菊花		4	4
合计	2	8	10

表4-4　漳州圣杯屿沉船遗址2021年出水小盘型式、纹饰统计表

纹饰＼分型	A型	B型	C型	D型	E型	总计
素面	1	35		20		56
刻花卉				6		6
印花卉			13	19	2	34
弦纹				1	5	6
合计	1	35	13	46	7	102

一　青釉瓷

　　碗类器共502件，发现最多。根据器形大小分为大碗、碗和小碗三类。碗类器物造型以侈口居多，还有少量的敞口和花口。胎色泛灰、灰白或灰黄，有生烧或火候不均的现象。釉色多泛青白、青灰或青黄，内壁多施满釉。素面较少，常见刻划、模印技法，部分器物刻划与模印技法并用。刻划常见纹饰有卷草、篦线、莲瓣、变体回纹等，模印常见纹饰有折枝菊花、茶花、牡丹、莲花、八宝纹等。

1. 青瓷大碗

135 件。根据口部特征分两型。

A 型　2 件，敞口，斜弧腹，圈足。

21ZS 采：43，可复原。敞口，深斜弧腹，圈足，内底内凹，外底中心有乳突。灰胎，胎质较致密。器施青釉，釉色泛青灰。内施满釉，外施釉至足，外底露胎，釉面有冰裂纹。内中腹刻划卷草纹，内底刻一周弦纹，外上腹刻变体回纹，外中腹刻划双线莲瓣纹，下接两道弦纹，外下腹刻两道弦纹。口径 19.2、足径 5、高 8.3 厘米（图 4-2，1；彩版 4-1）。

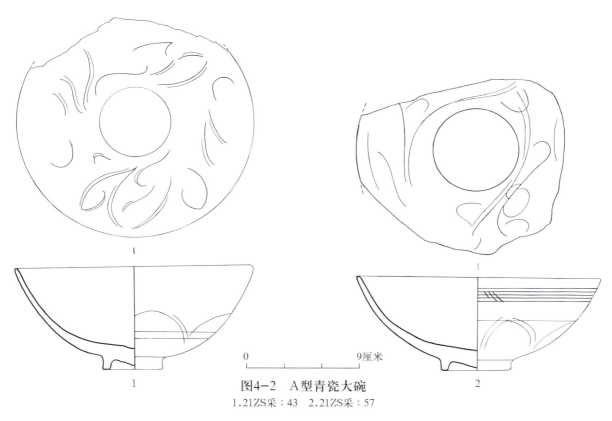

0　　　　　　9 厘米

图4-2　A型青瓷大碗

1.21ZS采：43　2.21ZS采：57

彩版4-1　A型青瓷大碗21ZS采：43

21ZS 采：57，可复原。敞口，深斜弧腹，圈足，外足端斜削一周，内底中心内凹，外底中心有乳突。灰白胎，胎质较致密。器施青釉，釉色泛青灰。内施满釉，外施釉至足，内底露胎，部分流釉至圈足内，釉面有开片。内口与内底各刻一周弦纹，内腹刻划卷草纹，外上腹刻变体回纹，外中腹刻一周弦纹，外下腹刻双线莲瓣纹。口径 18.5、足径 5.5、高 7.7 厘米（图 4-2，2；彩版 4-2）。

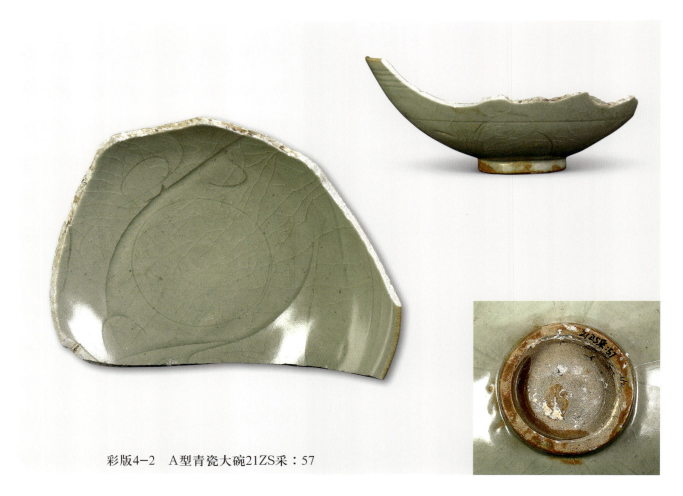

彩版4-2　A型青瓷大碗21ZS采：57

B 型　133 件。侈口，依腹部特征分为两式。

Ⅰ式　43 件。斜弧腹，圈足。

21ZS 采：5，可复原，略生烧。侈口，深斜弧腹，圈足，足端斜削。灰白胎，胎质较致密。器施青釉，釉色泛青黄或青绿。内施满釉，外施釉至足，外底露胎，部分釉面有冰裂纹。内中腹刻划卷草纹，内底刻一周弦纹，弦纹内模印折枝花卉。外上腹刻变体回纹，外中腹刻两周弦纹，外下腹刻划双线莲瓣纹。口径 19.2、足径 7.3、高 8.0 厘米（图 4-3，1；彩版 4-3）。

21ZS 采：83，完整。侈口，深斜弧腹，圈足，足端斜削。灰白胎，胎质较疏松。器施青釉，釉色泛青灰。内壁满釉，外施釉至足，外底露胎，有缩釉现象。内底刻一周弦纹。内底修坯痕迹明显，外底粘有海生物残渣。口径 19.8、足径 7.5、高 7.6 厘米（图 4-3，2；彩版 4-4）。

21ZS 采：400，可复原。侈口，深斜弧腹，圈足，足端斜削。灰白胎，胎质较致密。器施青釉。

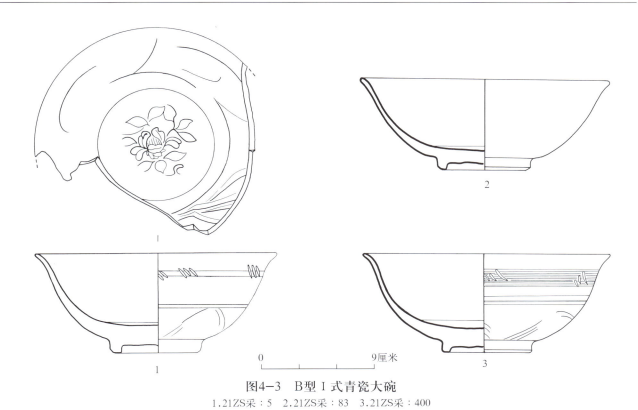

图4-3 B型 I 式青瓷大碗
1.21ZS采：5 2.21ZS采：83 3.21ZS采：400

彩版4-3 B型 I 式青瓷大碗21ZS采：5

彩版4-4　B型Ⅰ式青瓷大碗21ZS采：83

彩版4-5　B型Ⅰ式青瓷大碗21ZS采：400

内壁满釉，外施釉至足，外底露胎，部分流釉至圈足内，釉面有冰裂纹。内底刻一周弦纹，线纹内模印花卉，图案模糊不清，外上腹刻变体回纹，外中腹部刻三道弦纹，外下腹部刻划三线莲瓣纹。器身有海生物附着。口径20、足径7.3、高8.2厘米（图4-3，3；彩版4-5）。

21ZS①：25，可复原。侈口，深斜弧腹，圈足，足端斜削，内底中心内凹，外底中心有乳突。灰白胎，胎质较疏松。器施青釉，釉色泛青黄。内壁满釉，外施釉至足，外底露胎，釉面有冰裂纹。内中腹刻划卷草纹，内底刻一周弦纹，外上腹刻变体回纹，外中腹刻三道弦纹。内外壁及外底粘有海生物残渣。口径19.5、足径6.6、高7.8厘米（图4-4，1；彩版4-6）。

21ZST1010②：35，可复原。侈口，深斜弧腹，圈足，足端斜削，内底中心内凹，外底中心有乳突。灰白胎，胎质较为疏松。器施青釉，釉色泛青绿或青黄。内施满釉，外施釉至足，外底露胎，器内外腹釉面有冰裂纹。内上腹及内底各刻一周弦纹。外腹胎壁轮旋痕明显，圈足及外底粘有海生物残渣。口径19.5、足径7.3、高7.8厘米（图4-4，2；彩版4-7）。

21ZST1011②：40，可复原。侈口，深斜弧腹，圈足，足端斜削。内底心微凸。灰白胎，胎质致密。器施青釉，釉色泛青白。内满釉，外施釉至足。内壁刻卷草纹，内底心刻一周弦纹。外上腹刻变体回纹，外下腹刻双线莲瓣纹。口径18.6、足径6.9、高7.6厘米（彩版4-8）。

21ZST1011②：41，可复原。侈口，深斜弧腹，圈足，足端斜削。灰白胎，胎质较疏松。器施青釉，釉色泛青灰。内施满釉，外施釉至足，外底露胎，部分流釉至圈足内，釉面有开片。内上腹、

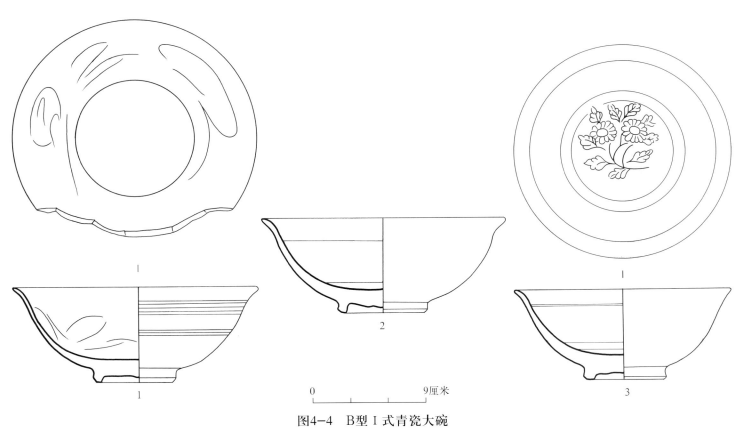

0　　　　　　　　　　　9厘米

图4-4　B型Ⅰ式青瓷大碗

1.21ZS①：25　2.21ZST1010②：35　3.21ZST1011②：41

彩版4-6　B型Ⅰ式青瓷大碗21ZS①：25

彩版4-7　B型Ⅰ式青瓷大碗21ZST1010②：35

彩版4-8　B型Ⅰ式青瓷大碗21ZST1011②：40

内下腹及内底各刻一周弦纹，内底模印折枝
菊，外上腹刻两道弦纹。外腹胎壁轮旋痕明
显，外底修坯痕迹较为明显，外底粘有海生
物残渣。口径17.4、足径6.6、高7.5厘米（图
4-4，3；彩版4-9）。

　　21ZST1011②：55，完整。侈口，深斜
弧腹，圈足，足端斜削。灰白胎，胎体厚重。
器施青釉，釉色泛青黄。内壁满釉，外施釉
至足，外底露胎，釉面有冰裂纹。内上腹部
刻一周弦纹，内底刻两道弦纹，弦纹内模印
折枝菊，外上腹刻三道弦纹。外腹胎壁轮旋
痕较为明显。口径19.3、足径7.8、高8.5厘
米（图4-5，1；彩版4-10）。

彩版4-9　B型Ⅰ式青瓷大碗21ZST1011②：41

　　21ZST1011②：63，完整，微变形。侈口，深斜弧腹，圈足，足端斜削。灰白胎，胎质致密。器施青釉，釉色泛黄，内满釉，外施釉至足，外底零星施釉。内底刻一周弦纹，内底心印折枝双菊花纹。外腹胎壁轮旋痕迹明显，釉面粘有海砂。口径19.2、足径6.9、高7.2厘米（图4-5，2；彩版4-11）。

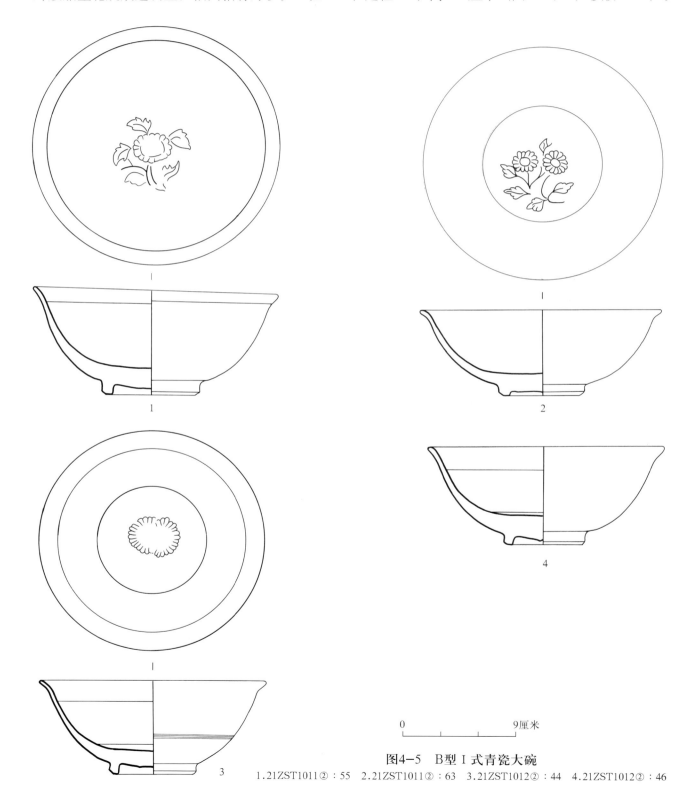

0 ——————————— 9厘米

图4-5　B型Ⅰ式青瓷大碗

1.21ZST1011②：55　2.21ZST1011②：63　3.21ZST1012②：44　4.21ZST1012②：46

彩版4-10　B型Ⅰ式青瓷大碗21ZST1011②：55

彩版4-11　B型Ⅰ式青瓷大碗21ZST1011②：63

21ZST1012②：44，完整。侈口，深斜弧腹，圈足，足端斜削，内底微凹，外底中心有乳突。灰白胎，胎质较致密。器施青釉，釉色泛青黄。内壁满釉，外施釉至足端，内底露胎，部分流釉至圈足内，釉面有冰裂纹。内上腹与底部各刻一周弦纹，内底模印菊花。外腹胎壁轮旋痕较为明显。口径18、足径6.5、高7.8厘米（图4-5，3；彩版4-12）。

21ZST1012②：46，可复原。侈口，深斜弧腹，圈足，足端斜削，内底微凹，外底有乳突。灰白胎，胎质较致密。器施青釉。内壁满釉，外施釉至足，外底露胎，釉面有开片。内上腹与内底刻一周弦纹，内底模印菊花，外中腹刻两道弦纹。外腹胎壁轮旋痕较为明显。口径18.9、足径6.3、高8.1厘米（图4-5，4；彩版4-13）。

21ZS采：267，可复原。侈口，深斜弧腹，圈足，足端斜削。灰白胎，胎体较疏松。器施青釉，釉色泛青灰。内施满釉，外施釉至足，外底露胎，釉面有冰裂纹。内上腹与内底各刻一周弦纹，内底弦纹内模印菊花，外上腹刻数道弦纹，外下腹刻一周弦纹。内外壁粘有海生物残渣。口径19、足径7.4、高7.6厘米（彩版4-14）。

彩版4-12　B型Ⅰ式青瓷大碗21ZST1012②：44

21ZST1011②：5，可复原，略生烧。侈口，深斜弧腹，圈足，足端斜削。灰白胎，胎质较致密。器施青釉，釉色泛青白。内施满釉，外施釉至足，外底露胎，部分流釉至圈足内。内口部刻一周弦纹，腹部刻划卷草纹，内底模印折枝花卉，图案模糊不清，外上腹刻数道弦纹，下腹刻划双线莲瓣纹，其上接一道弦纹，莲瓣纹中部有两道弦纹。器内壁部分有火烧痕。口径18.8、足径7.3、高7.8厘米（彩版4-15）。

21ZST1011②：6，可复原。侈口，深斜弧腹，圈足，足端斜削。灰白胎，胎体疏松。器施青釉，釉色泛青灰。内施满釉，外施釉至足，外底露胎，部分流釉至圈足内，釉面有冰裂纹，有缩釉现象。内腹壁刻划卷草纹，内底刻划折枝花卉，图案模糊不清，外上腹刻变体回纹，外下腹刻划三线莲瓣纹，上接一道弦纹。口径19.2、足径7.3、高7.8厘米（彩版4-16）。

彩版4-13　B型Ⅰ式青瓷大碗21ZST1012②：46　　　　彩版4-14　B型Ⅰ式青瓷大碗21ZS采：267

彩版4-15　B型Ⅰ式青瓷大碗21ZST1011②：5　　　　彩版4-16　B型Ⅰ式青瓷大碗21ZST1011②：6

21ZST1011②：9，可复原。侈口，浅斜弧腹，圈足，足端斜削。灰白胎，胎体较疏松。器施青釉，釉色泛青黄或青白。内施满釉，外施釉至足，外底露胎，部分流釉至圈足内，釉面有缩釉现象。内腹壁刻划莲花和卷草纹，内底模印折枝花卉，图案模糊不清，外上腹刻变体回纹，下腹部刻划三线莲瓣纹，上接一道弦纹。口径 21.2、足径 6.8、高 7.6 厘米（彩版 4-17）。

21ZST1011②：44，可复原。侈口，深斜弧腹，圈足，足端斜削。灰白胎，胎体较疏松。器施青釉，釉色泛青黄。内施满釉，外施釉至足，外底露胎，部分流釉至圈足内。素面。外腹胎壁轮旋痕较为明显。口径 20.4、足径 7.3、高 8.6 厘米（彩版 4-18）。

21ZST1011②：48，完整，略生烧。侈口，深斜弧腹，圈足，足端斜削。灰白胎，胎体厚重。器施青釉，釉色泛青黄或青灰。内施满釉，外施釉至足，外底露胎，有流釉现象，部分釉面有冰裂纹。内上腹刻一周弦纹，内底模印折枝花卉，图案模糊不清，外上腹刻三道弦纹。口部微变形。口径 20.3、足径 8.4、高 8.5 厘米（彩版 4-19）。

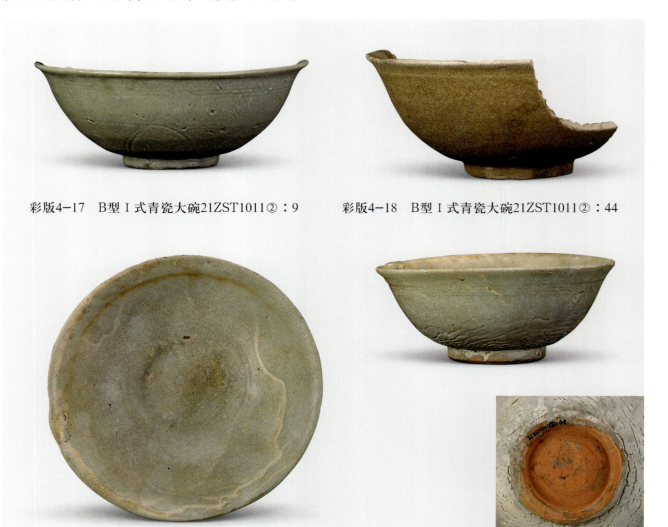

彩版4-17　B型Ⅰ式青瓷大碗21ZST1011②：9　　　彩版4-18　B型Ⅰ式青瓷大碗21ZST1011②：44

彩版4-19　B型Ⅰ式青瓷大碗21ZST1011②：48

彩版4-20　B型Ⅰ式青瓷大碗21ZST1011②：53

　　21ZST1011②：53，完整。侈口，深斜弧腹，圈足，足端斜削。灰白胎，胎体厚重。器施青釉，釉色泛青黄或青灰。内施满釉，外施釉至足，外底露胎，釉面有冰裂纹。内上腹与内底各刻一周弦纹，内底弦纹内模印折枝菊，外上腹刻三道弦纹，外中腹刻两道弦纹，外下腹刻一周弦纹。外腹胎壁轮旋痕较为明显。口径19.4、足径7.5、高8.3厘米（彩版4-20）。

　　21ZST1011②：56，完整，略生烧。侈口，深斜弧腹，圈足，足端斜削。灰白胎，胎体厚重。器施青釉，釉色泛青黄。内壁满釉，外施釉至足端，内底露胎，流釉现象明显。内上腹与内底各刻一周弦纹，内底弦纹内模印折枝花卉，图案较模糊，外上腹刻三道弦纹，外下腹刻一周弦纹。口径19.6、足径7.7、高8.3厘米（彩版4-21）。

　　21ZST1011②：75，可复原。侈口，深斜弧腹，圈足，足端斜削，内底中心内凹。灰白胎，胎质较疏松。器施青釉，釉色泛青黄。内壁满釉，外施釉至足，外底露胎，部分有缩釉现象。内上腹与内底各刻一周弦纹。口径18.0、足径7.1、高7.8厘米（彩版4-22）。

　　21ZST1012②：6，可复原。侈口，深斜弧腹，圈足，足端斜削。灰白胎，胎质较疏松。器施青釉，釉色泛青白。内施满釉，外施釉至足，外底露胎，釉面有冰裂纹。内底刻一周弦纹，外上腹刻数道弦纹。内底有修坯痕较为明显，外腹胎壁轮旋痕明显。口径18.8、足径6.8、高7.5厘米（彩版4-23）。

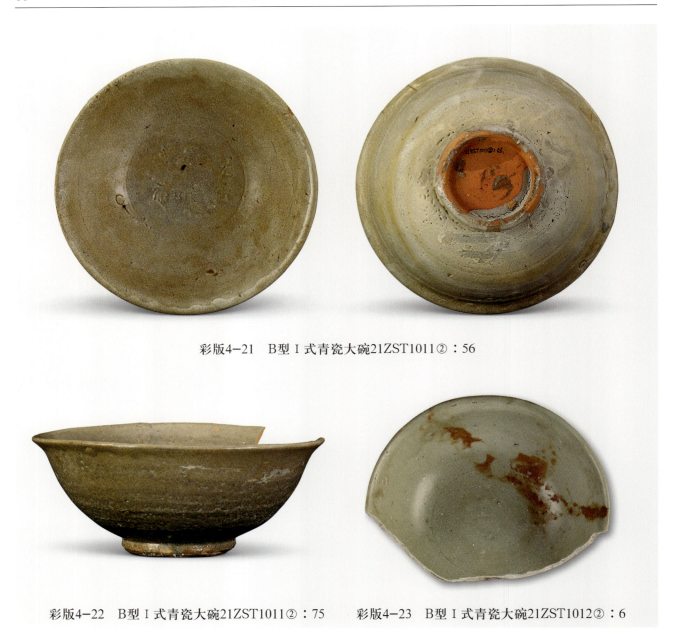

彩版4-21　B型Ⅰ式青瓷大碗21ZST1011②：56

彩版4-22　B型Ⅰ式青瓷大碗21ZST1011②：75　　　彩版4-23　B型Ⅰ式青瓷大碗21ZST1012②：6

　　21ZST1012②：47，可复原。侈口，深斜弧腹，圈足，足端斜削，内底中心内凹，外底中心有乳突。灰白胎，胎体较疏松。器施青釉，釉色泛青黄。内壁满釉，外施釉至足，外底露胎，釉面有冰裂纹。内上腹及内底各刻一周弦纹，内底弦纹内模印菊花。外腹胎壁轮旋痕明显。口径19、足径6.8、高7.2厘米（彩版4-24）。

　　21ZST1012②：48，可复原。侈口，深斜弧腹，圈足，足端斜削，内底中心内凹，外底中心有乳突。灰白胎，胎体较疏松。器施青釉，釉色泛青黄。内壁满釉，外施釉至足，外底露胎，釉面有冰裂纹。内上腹与内底各刻一周弦纹，内底弦纹内模印菊花，外下腹刻一周弦纹。外腹胎壁轮旋痕明显。口径19.2、足径6.9、高7.7厘米（彩版4-25）。

　　21ZST1012②：59，可复原。侈口，深斜弧腹，圈足，足端斜削，内底中心内凹，外底中心有乳突。灰白胎，胎质较疏松。器施青釉，釉色泛青黄。内壁满釉，外施釉至足，外底露胎，釉面有冰裂纹。内上腹与内底各刻一周弦纹，内底弦纹内模印菊花。外腹胎壁轮旋痕较明显。口径18.9、足径6.9、高7.6厘米（彩版4-26）。

彩版4-24　B型Ⅰ式青瓷大碗21ZST1012②：47

彩版4-25　B型Ⅰ式青瓷大碗21ZST1012②：48　　　彩版4-26　B型Ⅰ式青瓷大碗21ZST1012②：59

Ⅱ式　90件。中、下腹略鼓收，圈足。

21ZS 采：3，可复原。侈口，弧腹，下腹坦收，圈足，足端斜削。灰胎，胎质疏松。器施青釉，釉色泛青灰。内施满釉，外施釉至足，外底露胎，釉面暗沉。内腹刻划卷草纹，下腹刻一周弦纹，弦纹内模印山茶花，外上腹刻变体回纹，中腹刻双圈弦纹，下腹刻双线莲瓣纹，莲瓣纹中部穿过一周弦纹。口径 20.5、足径 7.6、高 7.9 厘米（图 4-6，1；彩版 4-27）。

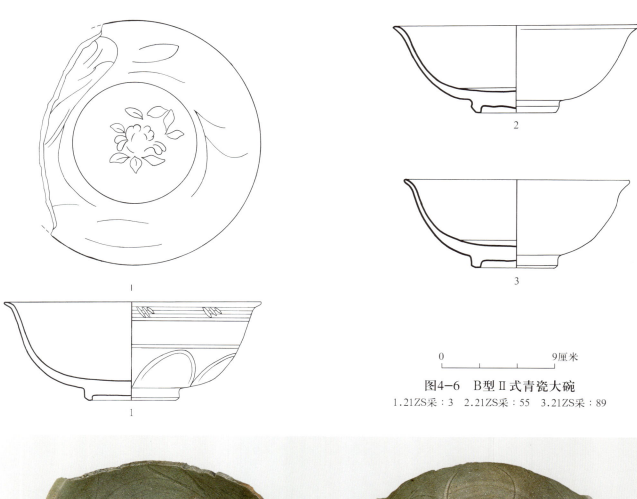

0　　　　　　　　9厘米

图4-6　B型Ⅱ式青瓷大碗

1.21ZS采：3　2.21ZS采：55　3.21ZS采：89

彩版4-27　B型Ⅱ式青瓷大碗21ZS采：3

　　21ZS 采：55，完整。侈口，弧腹，下腹坦收，圈足，足端斜削，内底中心微凹，外底中心有乳突。灰胎，胎体厚重。器施青釉，釉色泛青白。内施满釉，外施釉至足，外底露胎，釉面有冰裂纹，部分有缩釉现象。内上腹及内底各刻一周弦纹，外上腹刻一周弦纹。内底与外腹胎壁轮旋痕较明显。口径 19.8、足径 7、高 7.3 厘米（图 4-6，2；彩版 4-28）。

　　21ZS 采：89，完整。侈口，弧腹，下腹坦收，圈足，足端斜削。灰白胎，胎质疏松，胎体厚重。器施青釉，釉色泛青灰，内施满釉，外施釉至足，外底露胎，釉面有冰裂纹，部分有缩釉现象。内底修坯痕明显，外腹胎壁轮旋痕明显。口径 18、足径 6.9、高 7.1 厘米（图 4-6，3；彩版 4-29）。

　　21ZS 采：175，可复原。侈口，弧腹，下腹坦收，圈足，足端斜削，内底中心内凹，外底中心有乳突。灰白胎，胎质较疏松。器施青釉，釉色泛青灰。内施满釉，外施釉至足端，外底露胎，釉面有冰裂纹。内上腹与内底各刻一周弦纹，外腹刻竖条纹。外腹胎壁轮旋痕较为明显，器外壁粘有海生物残渣。口径 18.9、足径 7、高 7.3 厘米（图 4-7，1；彩版 4-30）。

　　21ZS 采：392，可复原。侈口，弧腹，中腹坦收，圈足，足端斜削。灰白胎，胎质较致密。器施青釉，内施满釉，外施釉至足，外底露胎，釉面有开片。内腹刻划卷草纹，内底刻弦纹一周，弦纹内模印荷花，外上腹刻变形回纹，上腹刻两道弦纹，下腹刻划三线莲瓣纹，下接三圈弦纹。口径 19.7、足径 7.1、高 7.7 厘米（图 4-7，2；彩版 4-31）。

彩版4-28　B型Ⅱ式青瓷大碗21ZS采：55

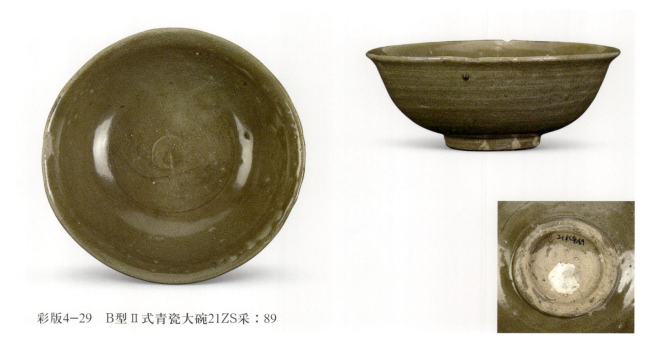

彩版4-29　B型Ⅱ式青瓷大碗21ZS采：89

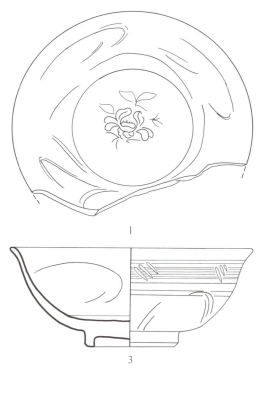

0 　　　　　　　9厘米

图4-7　B型Ⅱ式青瓷大碗
1.21ZS采：175　2.21ZS采：392　3.21ZS采：393

彩版4-30 B型Ⅱ式青瓷大碗21ZS采：175

彩版4-31 B型Ⅱ式青瓷大碗21ZS采：392

彩版4-32 B型Ⅱ式青瓷大碗21ZS采：393

　　21ZS采：393，可复原。侈口，弧腹，中腹坦收，圈足，足端斜削，外底中心有乳突。灰白胎，胎体厚重，胎质较疏松。器施青釉，釉色泛青白。内施满釉，外施釉至足，外底露胎，釉面暗沉。内腹刻划卷草纹，内底刻一周弦纹，弦纹内模印山茶花，外上腹刻变体回纹，外下腹刻划双线莲瓣纹，莲瓣纹上接双圈弦纹。口径19.3、足径7.3、高8.1厘米（图4-7，3；彩版4-32）。

　　21ZS采：407，完整。侈口，弧腹，下腹坦收，圈足，足端斜削。灰白胎，胎质较疏松。器施青釉，釉色泛青黄。内施满釉，外施釉至足，外底露胎，釉面有冰裂纹。内腹刻划卷草纹，内底模印折枝花卉，图案模糊不清。外腹胎壁轮旋痕明显。口径20.1、足径7、高8.3厘米（图4-8，1；彩版4-33）。

　　21ZS采：412，可复原。侈口，弧腹，下腹坦收，圈足，足端斜削。灰胎，胎体厚重，胎质较疏松。器施青釉，釉色泛青黄，内施满釉，外施釉至足，外底露胎，釉面有冰裂纹。内腹刻划莲花，内底刻一周弦纹，弦纹内刻一小同心圆，外上腹刻变体回纹，外中腹与外下腹各刻双圈弦纹。外腹胎壁轮旋痕较明显，外壁粘有海生物残渣。口径20.4、足径7、高7.7厘米（图4-8，2；彩版4-34）。

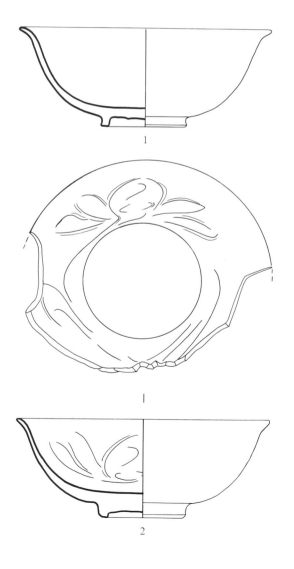

0　　　　　　　　　　9厘米

图4-8　B型Ⅱ式青瓷大碗

1.21ZS采：407　2.21ZS采：412　3.21ZS采：413

彩版4-33　B型Ⅱ式青瓷大碗21ZS采：407

彩版4-34　B型Ⅱ式青瓷大碗21ZS采：412　　　　彩版4-35　B型Ⅱ式青瓷大碗21ZS采：413

21ZS 采：413，可复原，略变形。侈口，弧腹，下腹坦收，圈足，足端斜削。灰白胎，胎质较疏松。器施青釉，釉色泛青白。内施满釉，外施釉至足，部分流釉至圈足内，釉面较暗淡。内腹刻划卷草纹，内下腹刻一周弦纹，内底模印荷花，外口刻变形回纹，中腹刻一周弦纹。器身粘有海生物残渣。口径20.1、足径6.8、高7.5厘米（图4-8，3；彩版4-35）。

21ZS 采：432，可复原。侈口，弧腹，下腹坦收，圈足，足端斜削，内底微凹，外底中心有乳突。灰白胎，胎体厚重，胎质较疏松。器施青釉，釉色泛青黄，内施满釉，外施釉至足，部分流釉至圈足内，釉面有冰裂纹。内腹刻划莲花，内底刻一周弦纹，外上腹刻变形回纹，外下腹刻划三线莲瓣纹，莲瓣纹上接三圈弦纹。口径20.4、足径7.9、高7.3厘米（图4-9，1；彩版4-36）。

21ZS 采：433，完整，略变形。侈口，弧腹，中腹坦收，圈足，足端斜削，内底中心微凸。灰白胎，胎体厚重，胎质较疏松。器施青釉，釉色泛青灰，内施满釉，外施釉至足，外底露胎。内上腹与内底各刻一周弦纹，内底弦纹内模印荷花，外上腹及上腹刻六道弦纹。内底及外腹胎壁轮旋痕较明显。口径19.6、足径6.7、高7.8厘米（图4-9，2；彩版4-37）。

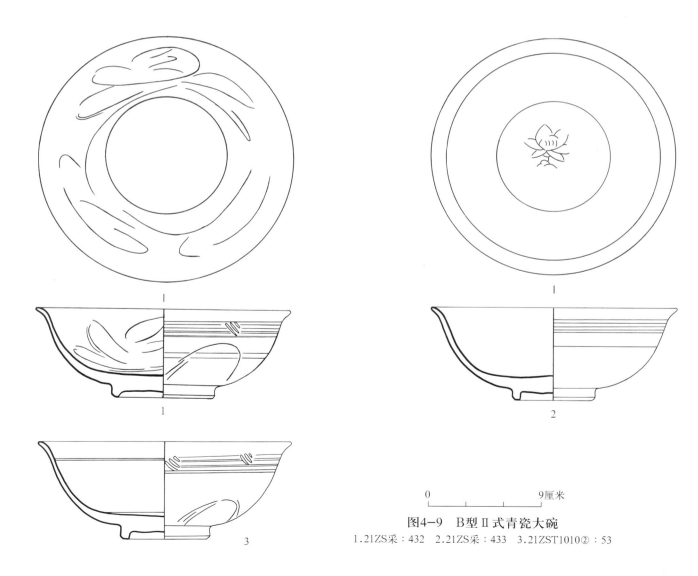

图4-9　B型Ⅱ式青瓷大碗
1.21ZS采：432　2.21ZS采：433　3.21ZST1010②：53

彩版4-36　B型Ⅱ式青瓷大碗21ZS采：432

彩版4-37　B型Ⅱ式青瓷大碗21ZS采：433

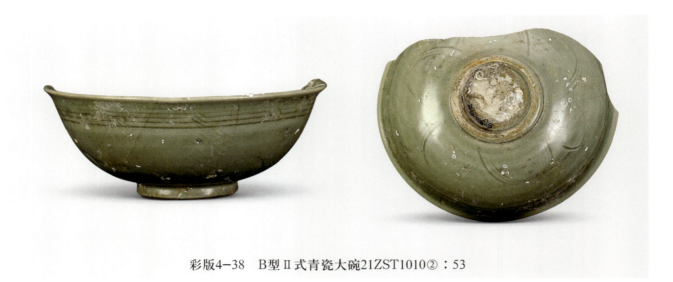

彩版4-38　B型Ⅱ式青瓷大碗21ZST1010②：53

21ZST1010②：53，可复原。侈口，弧腹，下腹坦收，圈足，足端斜削。灰白胎，胎质较疏松。器施青釉，釉色泛青灰，内施满釉，外施釉至足，外底露胎，部分流釉至圈足内，釉面有开片。上腹及内底各刻一周弦纹，内底弦纹内模印折枝菊，外口刻变形回纹，下腹刻划三线莲瓣纹。内底及外腹胎壁轮旋痕明显，器身粘有海生物残渣。口径20、足径7.1、高7.7厘米（图4-9，3；彩版4-38）。

21ZST1011②：3，完整。侈口，弧腹，下腹坦收，圈足，足端斜削，内底中心微凹，外底中心有乳突。灰胎，胎体厚重。器施青釉，釉色泛青黄。内施满釉，外施釉至足，外底露胎，部分流釉至圈足内，釉面有冰裂纹。内上腹与内底各刻一周弦纹，内底弦纹内模印折枝菊，外上腹刻四道弦纹。外腹胎壁轮旋痕明显。口径20.1、足径7.5、高7.7厘米（图4-10，1；彩版4-39）。

21ZST1011②：4，完整。侈口，弧腹，下腹坦收，圈足，足端斜削。灰胎，胎体厚重。器施青釉，釉色泛青灰。内施满釉，外施釉至足，外底露胎，釉面有冰裂纹。内上腹及内底各刻一周弦纹，内底弦纹内模印折枝菊，外口刻几道弦纹，外下腹刻一周弦纹。外腹胎壁轮旋痕较明显。口径20.3、足径7.7、高8.1厘米（图4-10，2；彩版4-40）。

21ZST1011②：47，可复原。侈口，弧腹，中腹坦收，圈足，足端斜削。灰胎，胎体厚重，胎质疏松。器施青釉，釉色泛青灰。内施满釉，外施釉至足，外底露胎，釉面有冰裂纹，部分有流釉现象。内上腹与内底各刻一周弦纹，内底弦纹内模印折枝花卉，图案模糊不清，外口刻三道弦纹。外腹胎壁轮旋痕明显，外底修足痕明显。口径20.1、足径7.4、高8.3厘米（图4-10，3；彩版4-41）。

21ZST1011②：49，完整。侈口，弧腹，下腹坦收，圈足，足端斜削。灰胎，胎体厚重，胎质较疏松。器施青釉，釉色泛青黄，内施满釉，外施釉至足，外底露胎，釉面有开片。内上腹刻划双圈弦纹，内底刻划一周弦纹，弦纹内模印折枝菊，外上腹刻三道弦纹，腹部刻两道弦纹。内底与外腹胎壁轮旋痕明显，外底有修坯痕。口径19.5、足径7.7、高8.7厘米（图4-11，1；彩版4-42）。

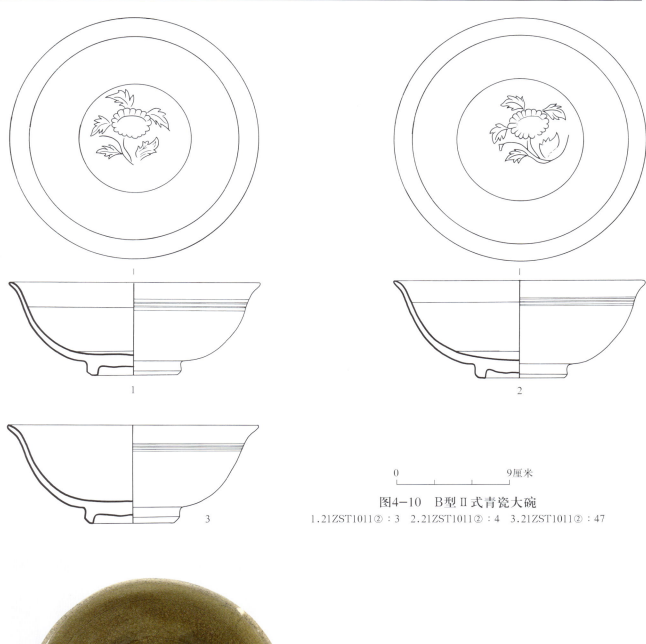

0 ⊢―――――⊣ 9厘米

图4-10　B型Ⅱ式青瓷大碗
1.21ZST1011②：3　2.21ZST1011②：4　3.21ZST1011②：47

彩版4-39　B型Ⅱ式青瓷大碗21ZST1011②：3

彩版4-40　B型Ⅱ式青瓷大碗21ZST1011②：4

彩版4-41　B型Ⅱ式青瓷大碗21ZST1011②：47

　　21ZST1012②：28，完整。侈口，弧腹，下腹坦收，圈足，足端斜削。灰胎，胎质疏松。器施青釉，釉色泛青黄或青灰。内施满釉，外施釉至足，外底露胎，釉面有冰裂纹。内腹刻划卷草纹，内底刻一周弦纹，弦纹内模印折枝菊。器内壁粘有窑砂，外腹胎壁轮旋痕明显。口径18.3、足径6.6、高7.2厘米（图4-11，2；彩版4-43）。

　　21ZST1012②：40，完整。侈口，弧腹，下腹坦收，圈足，足端斜削。灰白胎，胎质疏松。器施青釉，釉色泛青黄，内施满釉，外施釉至足，外底露胎，釉面有冰裂纹。内腹刻划卷草纹，间刻篦线纹，内底刻一周弦纹，弦纹内模印折枝菊。外腹胎壁轮旋痕明显。口径18.3、足径6.5、高7.4

厘米（图4-11，3；彩版4-44）。

　　21ZS采：411，可复原。侈口，弧腹，下腹坦收，圈足，足端斜削。灰白胎，胎质疏松。器施青釉，釉色泛青白或青黄。内施满釉，外施釉至足，外底露胎，釉面有缩釉现象。内底刻一周弦纹，弦纹内模印折枝菊。外腹胎壁轮旋痕明显。口径17.7、足径6.9、高8.1厘米（图4-12，1；彩版4-45）。

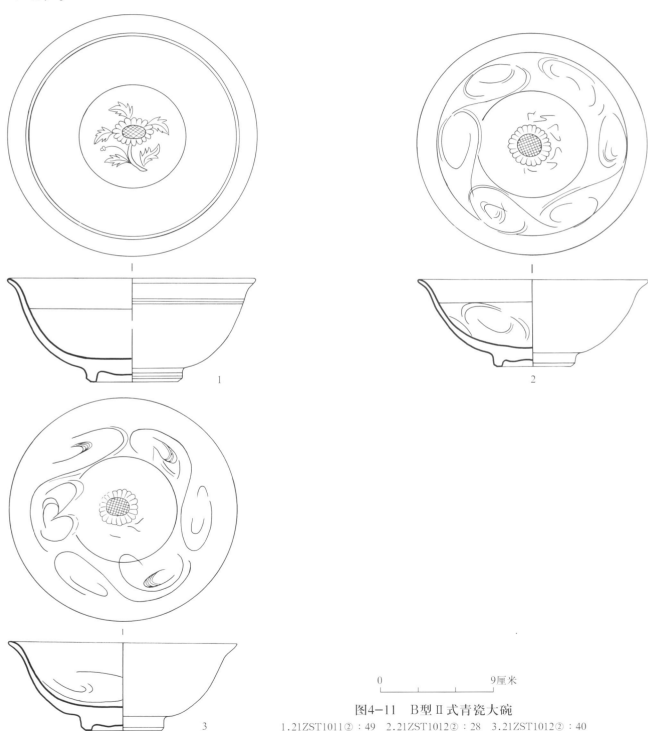

0　　　　　　　　　　9厘米

图4-11　B型Ⅱ式青瓷大碗

1.21ZST1011②：49　2.21ZST1012②：28　3.21ZST1012②：40

彩版4-42　B型Ⅱ式青瓷大碗21ZST1011②：49

彩版4-43　B型Ⅱ式青瓷大碗21ZST1012②：28

彩版4-44　B型Ⅱ式青瓷大碗21ZST1012②：40

彩版4-45　B型Ⅱ式青瓷大碗21ZS采：411

　　21ZST1012②：58，可复原。侈口，弧腹，下腹坦收，圈足，足端斜削。灰胎，胎质疏松。器施青釉，釉色泛青黄。内施满釉，外施釉至足，外底露胎，釉面有冰裂纹。内上腹及内底刻一周弦纹，内底弦纹内模印菊花，外口刻一周弦纹。内腹胎壁有火烧痕，外腹胎壁轮旋痕明显。口径20.1、足径6.9、高7.1厘米（图4-12，2；彩版4-46）。

　　21ZS采：2，可复原。侈口，深斜弧腹，下腹坦收，圈足，足端斜削。灰白胎，胎质较致密。器施青釉，釉面多泛青灰色，内满釉，外施釉至足，外底内零星施釉。内腹刻卷草纹，内底心印折枝花卉纹，外上腹刻五周弦纹，中腹刻两周弦纹，下接双线莲瓣纹。口径19.4、足径7、高7.9厘米（图4-12，3；彩版4-47）。

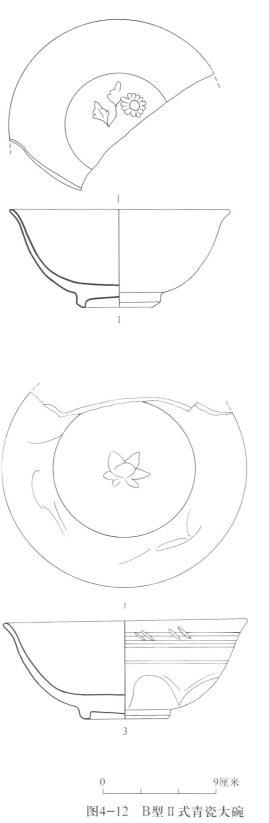

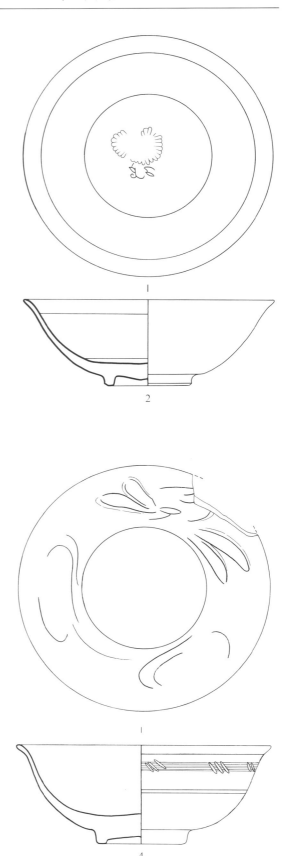

0　　　　　　　　9厘米

图4-12　B型Ⅱ式青瓷大碗

1.21ZS采：411　2.21ZST1012②：58　3.21ZS采：2　4.21ZS采：6

彩版4-46　B型Ⅱ式青瓷大碗21ZST1012②：58　　　彩版4-47　B型Ⅱ式青瓷大碗21ZS采：2

彩版4-48　B型Ⅱ式青瓷大碗21ZS采：6

　　21ZS采：6，可复原，微变形。侈口，深斜弧腹，下腹坦收，圈足，足端斜削。灰白胎，胎质较致密。器施青釉，釉色泛青灰，釉面较暗沉。内满釉，外施釉至足，外底露胎。内腹刻卷草纹，内下腹刻一周弦纹，外上腹刻变体回纹，外中腹刻双圈弦纹。口径20.5、足径7.2、高8.1厘米（图4-12，4；彩版4-48）。

　　21ZS采：71，可复原，微变形。侈口，深斜弧腹，下腹坦收，圈足，足端斜削。灰白胎，胎质较致密。器施青釉，釉色泛灰，釉面较暗沉。内满釉，外施釉至足，外底部分露胎。内口部、下腹部各刻一周弦纹，内腹刻卷草纹，内底心印折枝花卉纹，外上腹刻变体回纹，外中腹刻一周弦纹，下接双线莲瓣纹。口径19.7、足径7.0、高7.8厘米（彩版4-49）。

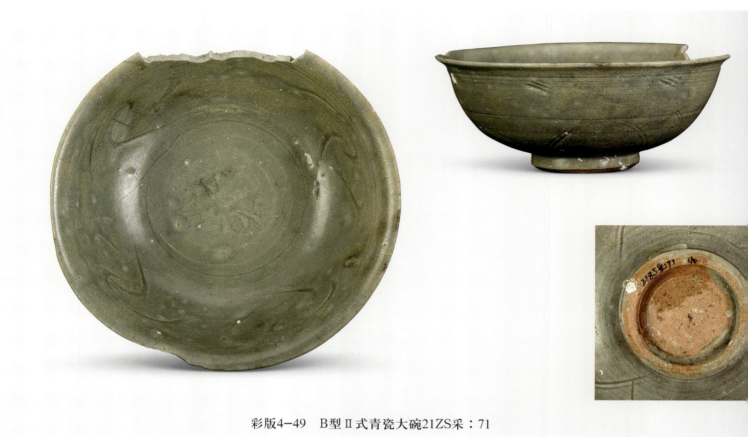

彩版4-49　B型Ⅱ式青瓷大碗21ZS采：71

21ZS采：78，可复原，略生烧、变形。侈口，深斜弧腹，下腹坦收，圈足，足端斜削。灰白胎，胎质较疏松。器施青釉，釉面生烧不显，内满釉，外施釉至足。内腹粘有海生物残存。口径18.7、足径7、高8.1厘米（彩版4-50）。

21ZS采：143，可复原，略变形。侈口，深斜弧腹，下腹坦收，圈足，足端斜削。灰白胎，胎质较致密。器施青釉，釉色泛白，内满釉，外施釉至圈足内，外底部分露胎。内腹刻卷草纹，外下腹刻双线莲瓣纹。外腹壁轮旋痕明显。口径18.8、足径6.8、高7.6厘米（彩版4-51）。

21ZS采：163，可复原。侈口，深斜弧腹，下腹坦收，圈足，足端斜削。灰白胎，胎质较致密。器施青釉，釉面多泛青灰色，内满釉，外施釉至足，外底内部零星施釉。内外腹粘有较多海生物残存，外腹胎壁轮旋痕明显。口径19.9、足径7.4、高8.7厘米（彩版4-52）。

21ZS采：271，可复原。侈口，深斜弧腹，下腹坦收，圈足，足端斜削。灰白胎，胎质较疏松。器施青釉，釉色泛黄，内满釉，外施釉至足内，外底部分露胎，釉下开冰裂纹。内下腹刻一周弦纹，外上腹刻三周弦纹。口径16.8、足径6.0、高7.0厘米（彩版4-53）。

21ZS采：396，可复原。侈口，深斜弧腹，下腹坦收，圈足，足端斜削。灰白胎，胎质较致密。器施青釉，釉色泛青灰，内满釉，外施釉至足，外底零星施釉，釉下开大片冰裂纹。内下腹刻一周弦纹，内底印折枝双菊花纹，外上腹刻变体回纹，外下腹刻双线莲瓣纹，内底粘有窑渣。口径19.3、

彩版4-50　B型Ⅱ式青瓷大碗21ZS采：78　　　彩版4-51　B型Ⅱ式青瓷大碗21ZS采：143

彩版4-52　B型Ⅱ式青瓷大碗21ZS采：163　　　彩版4-53　B型Ⅱ式青瓷大碗21ZS采：271

足径 7.2、高 7.1 厘米（彩版 4-54）。

21ZS 采：405，可复原，略变形。侈口，深斜弧腹，下腹坦收，圈足，足端斜削。灰白胎，胎质较疏松。器施青釉，釉色泛黄，内满釉，外施釉至足内，外底中部露胎，釉下开冰裂纹。内腹刻莲花纹，内下腹刻一周弦纹，内底心印折枝花卉纹，外上腹刻五周弦纹，外中腹刻三周弦纹，下接三线莲瓣纹。口径 20.6、足径 7.1、高 8.9 厘米（彩版 4-55）。

21ZS 采：420，完整，略变形。侈口，深斜弧腹，下腹坦收，圈足，足端斜削。灰白胎，胎质较致密。器施青釉，釉面多泛白色，内满釉，外施釉至足。内壁刻卷草纹，内底心印花卉纹，模糊不清。外上腹及上腹各刻四周、三周弦纹。内外腹壁粘有较多海生物遗存。口径 19、足径 7.3、高7.7 厘米（彩版 4-56）。

21ZS 采：422，完整，略变形。侈口，深斜弧腹，下腹坦收，圈足，足端斜削。灰白胎，胎质较致密。器施青釉，釉面泛白色，内满釉，外施釉至足，釉下开细密开片，口沿缩釉现象明显。内下腹刻一周弦纹。内外腹壁粘有海生物残存。口径 18.1、足径 7.1、高 7.4 厘米（彩版 4-57）。

彩版4-54　B型Ⅱ式青瓷大碗21ZS采：396

彩版4-56　B型Ⅱ式青瓷大碗21ZS采：420　　　彩版4-55　B型Ⅱ式青瓷大碗21ZS采：405

21ZS 采：425，完整，略变形。侈口，深斜弧腹，下腹坦收，圈足，足端斜削。灰白胎，胎质较致密。器施青釉，釉面泛灰色，内满釉，外施釉至圈足内，外底部分露胎，釉下开细密开片。内中腹刻莲花纹，内底心印折枝花卉纹，外上腹刻变体回纹，中腹刻双圈弦纹，下接单线莲瓣纹。口径 19.2、足径 7.2、高 8.2 厘米（彩版 4—58）。

21ZS 采：427，可复原，略生烧。侈口，深斜弧腹，下腹坦收，圈足，足端斜削。灰白胎，胎质较致密。器施青釉，釉色略泛白，釉面较暗沉无光。内满釉，外施釉至足，外底零星施釉。口径 19.6、足径 6.9、高 7.9 厘米（彩版 4—59）。

21ZS 采：434，完整，略变形。侈口，深斜弧腹，下腹坦收，圈足，足端斜削。灰白胎，胎质致密。器施青釉，釉色泛青白，内满釉，外施釉至足，釉下开细密开片。内中腹及下腹刻一周弦纹，内底心印折枝花卉纹，外上腹刻四周弦纹，外中腹刻一周弦纹。口径 19.4、足径 6.8、高 7.7 厘米（彩版 4—60）。

21ZST1011 ②：10，可复原，略变形。侈口，深斜弧腹，下腹坦收，圈足，足端斜削。灰白胎，胎质较致密。器施青釉，釉色泛黄，内满釉，外施釉至足，釉下开大片冰裂纹。内中腹、下腹各刻一周弦纹，内底心印折枝菊花纹，外上腹刻四周弦纹，外下腹刻一周弦纹。口径 19.9、足径 7.8、高 8.0 厘米（彩版 4—61）。

彩版4—57　B型Ⅱ式青瓷大碗21ZS采：422

彩版4-58　B型Ⅱ式青瓷大碗21ZS采：425

彩版4-59　B型Ⅱ式青瓷大碗21ZS采：427

彩版4-60　B型Ⅱ式青瓷大碗21ZS采：434

21ZST1012②：34，可复原，略变形。侈口，深斜弧腹，下腹坦收，圈足，足端斜削。灰白胎，胎质较致密。器施青釉，釉色泛灰，内满釉，外施釉至足，器身缩釉现象明显。内下腹刻一周弦纹，外腹壁胎体轮旋痕明显。内壁釉面遭侵蚀呈黑色。口径 17.5、足径 7.0、高 7.3 厘米（彩版 4-62）。

21ZST1010②：37，可复原，略变形。侈口，深斜弧腹，下腹坦收，圈足，足端斜削。灰白胎，胎质较致密。器施青釉，内满釉，外施釉至足，外底部分露胎。器身粘有较多海生物残存。口径 20.3、足径 7.3、高 8.0 厘米（彩版 4-63）。

21ZST1010②：51，可复原，略变形。侈口，深斜弧腹，下腹坦收，圈足，足端斜削。灰胎，胎质较致密。器施青釉，釉色泛白，内满釉，外施釉至足，器身缩釉现象明显。内腹粘有较多海生物遗存。口径 19、足径 6.8、高 7.4 厘米（彩版 4-64）。

彩版4-61　B型Ⅱ式青瓷大碗21ZST1011②：10

彩版4-62　B型Ⅱ式青瓷大碗21ZST1012②：34

彩版4-63　B型Ⅱ式青瓷大碗21ZST1010②：37

彩版4-64　B型Ⅱ式青瓷大碗21ZST1010②：51

彩版4-65　B型Ⅱ式青瓷大碗21ZST1011②：1

　　21ZST1011②：1，完整，略变形。侈口，深斜弧腹，下腹坦收，圈足，足端斜削。灰白胎，胎质致密。器施青釉，釉色泛灰，内满釉，外施釉至足。内下腹刻一周弦纹，内底心印折枝菊花纹，外上腹刻数周弦纹，外上腹刻数道竖条线条。外腹胎壁轮旋痕明显。口径19.3、足径7.5、高8.0厘米（彩版4-65）。

　　21ZST1011②：2，完整，略变形。侈口，深斜弧腹，下腹坦收，圈足，足端斜削。灰白胎，胎质致密。器施青釉，釉色泛灰，内满釉，外施釉至足。内上腹及下腹刻一周弦纹，内底心印折枝团花纹，外上腹刻三周弦纹。口径18.8、足径7.0、高8.0厘米（彩版4-66）。

　　21ZST1011②：8，完整，略变形。侈口，深斜弧腹，下腹坦收，圈足，足端斜削。灰胎，胎质较致密。器施青釉，釉色泛灰，内满釉，外施釉至足，外底露胎。内上腹及下腹各刻双周、单周弦纹，内底心印折枝菊花纹。外腹胎壁轮旋痕明显。口径19.3、足径7.7、高7.7厘米（彩版4-67）。

　　21ZST1011②：42，可复原，略变形。侈口，深斜弧腹，下腹坦收，圈足，足端斜削。灰白胎，胎质较疏松。器施青釉，釉色泛青灰或青黄，内满釉，外施釉至足，釉下开大片冰裂纹。内上腹及下腹各刻一周弦纹，内底心印折枝菊花纹。外上腹部刻划数周弦纹。口径20、足径7.3、高7.8厘米（彩版4-68）。

　　21ZST1011②：52，可复原，略变形。侈口，深斜弧腹，下腹坦收，圈足，足端斜削。灰白胎，

彩版4-66　B型Ⅱ式青瓷大碗21ZST1011②：2

彩版4-67　B型Ⅱ式青瓷大碗21ZST1011②：8　　　彩版4-68　B型Ⅱ式青瓷大碗21ZST1011②：42

胎质较疏松，胎体厚重。器施青釉，釉色泛青黄，内满釉，外施釉至足，釉下布有细密开片。内上腹及下腹刻一周弦纹，内底心印折枝菊花纹，外上腹刻三周弦纹。口径19.5、足径7.7、高8.1厘米（彩版4-69）。

21ZST1011②：54，完整，略变形。侈口，深斜弧腹，下腹坦收，圈足，足端斜削。灰白胎，胎质较疏松，胎体厚重。器施青釉，釉色泛灰，内满釉，外施釉至足，釉下布有细密开片。内上腹、下腹刻一周弦纹，内底心印折枝花卉纹，外上腹刻数周弦纹，外中腹、下腹各刻两周弦纹。口径18.9、足径7.5、高8.1厘米（彩版4-70）。

21ZST1011②：65，完整，微变形。侈口，斜弧腹，下腹坦收，圈足，足端斜削。灰胎，胎质较致密。器施青釉，釉色泛青灰，内满釉，外施釉至足，器身缩釉现象明显。外腹轮旋痕明显。口径18.1、足径7.2、高8.0厘米（彩版4-71）。

21ZST1012②：30，完整，微变形。侈口，斜弧腹，下腹坦收，圈足，足端斜削。灰胎，胎质较致密。器施青釉，釉色泛灰，内满釉，外施釉至足，外底内部零星施釉，釉下布有细密冰裂纹。内上腹及下腹刻一周弦纹，内底心印折枝菊花纹。外腹胎壁轮旋痕迹明显。口径18、足径6.7、高7.1厘米（彩版4-72）。

彩版4-69　B型Ⅱ式青瓷大碗21ZST1011②：52　　　彩版4-70　B型Ⅱ式青瓷大碗21ZST1011②：54

21ZST1012②：32，完整，微变形。侈口，斜弧腹，下腹坦收，圈足，足端斜削。灰胎，胎质较致密。器施青釉，釉色泛黄，内满釉，外施釉至足，釉下布有细密冰裂纹。内上腹及下腹刻一周弦纹，内底心印折枝菊花纹。外腹胎壁轮旋痕迹明显。口径 17.8、足径 6.5、高 7.3 厘米（彩版4-73）。

21ZST1012②：33，完整，微变形。侈口，斜弧腹，下腹坦收，圈足，足端斜削。灰胎，胎质较致密。器施青釉，釉色泛酱黄，内满釉，外施釉至足，釉下布有细密冰裂纹。内上腹及下腹刻一周弦纹，内底心印折枝菊花纹。外腹胎壁轮旋痕迹明显。口径 17.4、足径 6.7、高 7.3 厘米（彩版4-74）。

21ZST1012②：45，完整，微变形。侈口，深斜弧腹，下腹坦收，圈足，足端斜削。外底乳突，灰白胎，胎质较致密。器施青釉，釉色泛黄，内满釉，外施釉至足，釉下布有细密冰裂纹。内上腹及下腹刻一周弦纹，内底心印折枝菊花纹，外上腹刻数周弦纹。外腹胎壁轮旋痕迹明显。口径 18.5、足径 6.8、高 7.6 厘米（彩版4-75）。

彩版4-71　B型Ⅱ式青瓷大碗21ZST1011②：65

彩版4-72　B型Ⅱ式青瓷大碗21ZST1012②：30

彩版4-73　B型Ⅱ式青瓷大碗21ZST1012②：32

彩版4-74　B型Ⅱ式青瓷大碗21ZST1012②：33

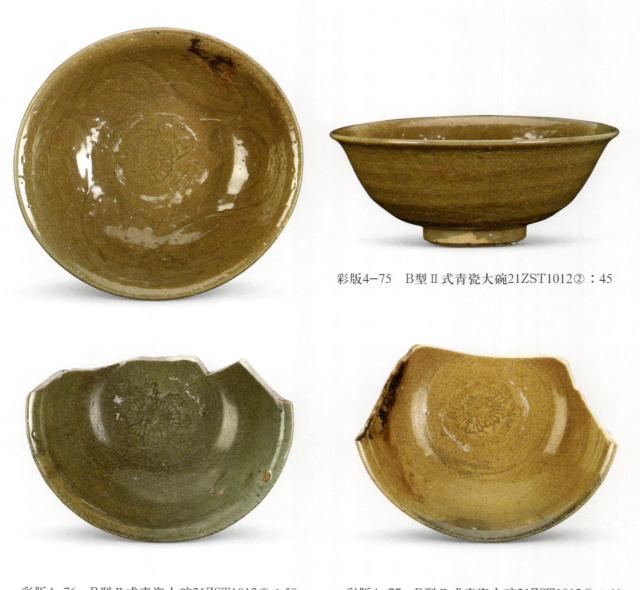

彩版4-75　B型Ⅱ式青瓷大碗21ZST1012②：45

彩版4-76　B型Ⅱ式青瓷大碗21ZST1012②：50　　　　　　彩版4-77　B型Ⅱ式青瓷大碗21ZST1012②：61

21ZST1012②：50，可复原。侈口，深斜弧腹，下腹坦收，圈足，足端斜削。灰白胎，胎质较致密。器施青釉，釉色因烧成温度不均呈青色或青黄色，内满釉，外施釉至足，釉下开细密冰裂纹。内上腹、下腹各刻一周弦纹，内底心印折枝菊花纹。外腹胎壁轮旋痕明显。口径19.6、足径7.2、高7.2厘米（彩版4-76）。

21ZST1012②：61，可复原。侈口，深斜弧腹，下腹坦收，圈足，足端斜削。灰白胎，胎质较致密。器施青釉，釉色泛灰黄，内满釉，外施釉至足，釉下开细密冰裂纹。内上腹、下腹各刻一周弦纹，内底心印折枝菊花纹。外腹胎壁轮旋痕明显。口径18.8、足径6.9、高7.6厘米（彩版4-77）。

2. 青瓷碗

359 件。根据口部特征分两型。

A 型 2 件。花口，斜弧腹，圈足。

21ZS 采：79，可复原。花口外侈，下腹弧收，圈足，足端斜削。灰白胎，胎质较致密。器施青釉，釉色泛青白。内施满釉，外施釉至足，外底露胎，部分流釉至圈足内。内腹部模印缠枝牡丹，其上接一圈草叶纹，内底模印荷花，外上腹刻四道弦纹，其下刻划菊瓣纹。外腹胎壁轮旋痕较为明显。口径 16.2、足径 5.9、高 6.3 厘米（图 4-13，1；彩版 4-78）。

21ZS 采：438，可复原。花口外侈，下腹弧收，圈足，足端斜削。灰白胎，胎质较疏松。器施青釉，釉色泛青白。内施满釉，外施釉至足，外底露胎，部分釉面有开片。内腹部模印缠枝牡丹，其上接一圈草叶纹，内底模印花卉，外上腹刻五道弦纹。外腹胎壁轮旋痕明显。口径 16.2、足径 6.2、高 6.3 厘米（图 4-13，2；彩版 4-79）。

0   9厘米

1   2

图4-13 A型青瓷碗
1.21ZS采：79 2.21ZS采：438

彩版4-78 A型青瓷碗21ZS采：79

彩版4-79　A型青瓷碗21ZS采：438

B 型　357 件。侈口，根据腹部特征分为两式。

Ⅰ 式　113 件。斜弧腹，圈足。

21ZS 采：28，可复原。侈口，斜弧腹，圈足，足端斜削。灰白胎，胎质较致密。器施青釉，釉色泛青白，内满釉，外施釉至足。内上腹及下腹刻一周弦纹，内底心印折枝牡丹纹，外上腹刻三周弦纹。口径 16.3、足径 6.5、高 6 厘米（图 4-14，1；彩版 4-80）。

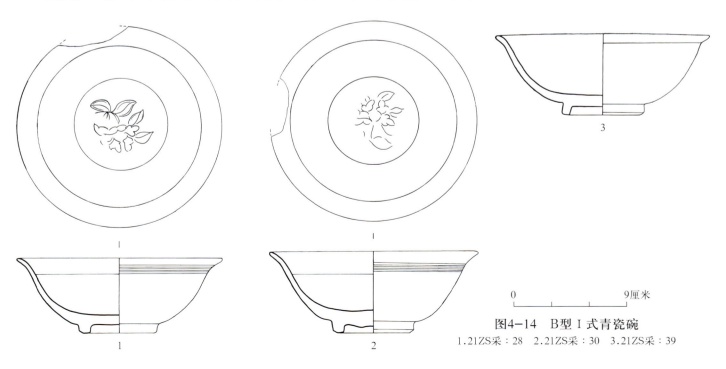

0　　　　　　9厘米

图4-14　B型Ⅰ式青瓷碗
1.21ZS采：28　2.21ZS采：30　3.21ZS采：39

彩版4-80 B型Ⅰ式青瓷碗21ZS采：28

21ZS采：30，可复原。侈口，斜弧腹，圈足，足端斜削。灰白胎，胎质较致密。器施青釉，釉色泛青绿，内满釉，外施釉至足，外底露胎，釉下开细密冰裂纹。内上腹、各刻一周弦纹，内底心印折枝花卉纹，外上腹饰三周弦纹。外腹胎壁轮旋痕迹明显。口径16.3、足径6.5、高6.5厘米（图4-14，2；彩版4-81）。

21ZS采：39，可复原。侈口，斜腹较圆弧，圈足，足端斜削。灰白胎，胎质致密。器施青釉，釉色泛青白，内满釉，外施釉至足，外底露胎，釉下开细密冰裂纹。外腹釉面留有褐红色火烧痕。口径17.1、足径6.4、高6.6厘米（图4-14，3；彩版4-82）。

21ZS采：109，可复原。侈口，浅斜弧腹，圈足，足端斜削。灰白胎，胎质疏松。器施青釉，釉色泛青灰。内施满釉，外施釉至足端，外底露胎，釉面有冰裂纹。素面。口径15、足径5.7、高6.3厘米（图4-15，1；彩版4-83）。

21ZS采：131，可复原。侈口，斜弧腹，圈足，足端斜削。灰白胎，胎质较致密。器施青釉，釉色泛青灰，内满釉，外施釉至足，外底露胎。内底心印折枝花卉纹。外腹胎壁轮旋痕明显。口径16.2、足径6.5、高6.8厘米（图4-15，3；彩版4-84）。

21ZS采：152，可复原。侈口，斜弧腹，圈足，足端斜削。内外底心略内凹。灰白胎，胎质较致密。器施青釉，釉色泛青灰，内满釉，外施釉至足，外底露胎，釉下开细密冰裂纹。内上腹、底

彩版4-81　B型Ⅰ式青瓷碗21ZS采：30

彩版4-82　B型Ⅰ式青瓷碗21ZS采：39

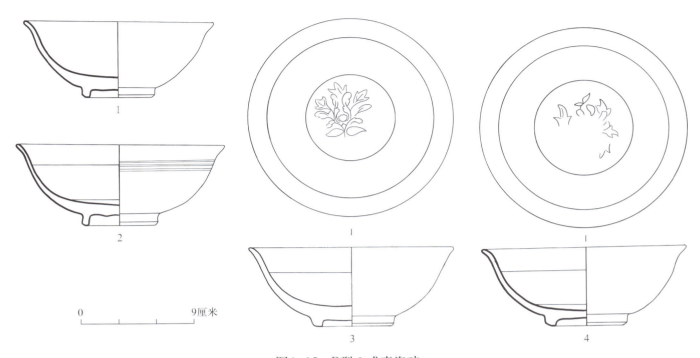

图4-15　B型Ⅰ式青瓷碗
1.21ZS采：109　2.21ZS采：152　3.21ZS采：131　4.21ZS采：213

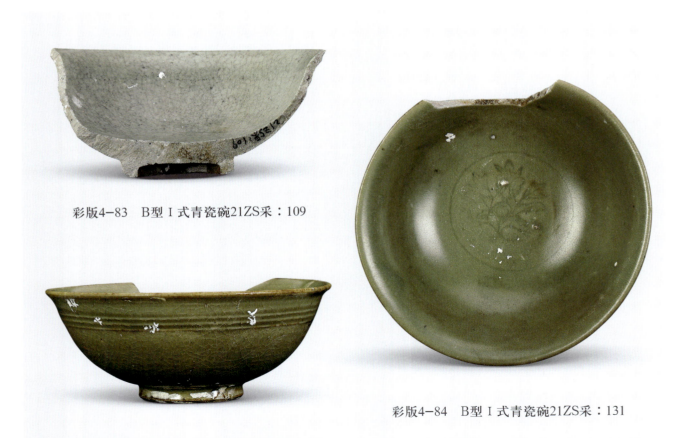

彩版4-83　B型Ⅰ式青瓷碗21ZS采：109

彩版4-84　B型Ⅰ式青瓷碗21ZS采：131

彩版4-85　B型Ⅰ式青瓷碗21ZS采：152

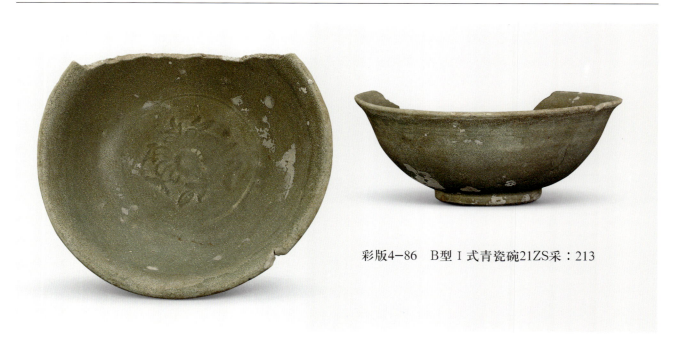

彩版4-86 B型Ⅰ式青瓷碗21ZS采：213

部刻一周弦纹，外上腹刻三周弦纹。口径 16.6、足径 6.2、高 6.7 厘米（图 4-15，2；彩版 4-85）。

21ZS 采：213，可复原。侈口，斜弧腹，圈足，足端斜削。灰白胎，胎质较致密。器施青釉，釉色泛青灰，内满釉，外施釉至足，外底露胎，釉面暗沉。内下腹刻弦纹，内底心印折枝花卉纹，外上腹刻三周弦纹。内外腹部粘有海生物残存。口径 16.2、足径 6.5、高 6.4 厘米（图 4-15，4；彩版 4-86）。

21ZS 采：223，完整。侈口，斜弧腹，圈足，足端斜削。灰白胎，胎质较致密。器施青釉，釉色泛青黄。内满釉，外施釉至足，外底露胎。内底刻划一周弦纹，内底心印花卉纹，外上腹刻三周弦纹。口径 16.8、足径 6.3、高 7.1 厘米（图 4-16，1；彩版 4-87）。

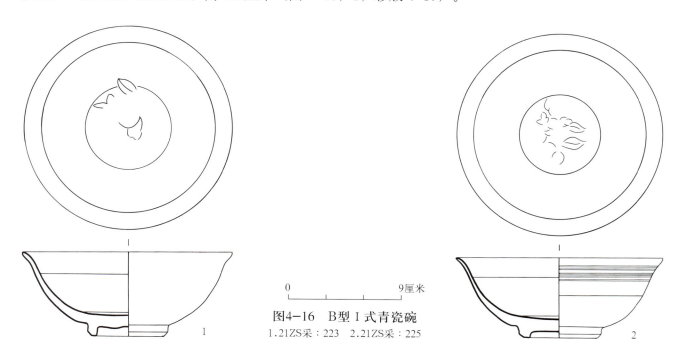

0　　　　　　　　9厘米

图4-16 B型Ⅰ式青瓷碗
1.21ZS采：223　2.21ZS采：225

彩版4-87　B型Ⅰ式青瓷碗21ZS采：223

彩版4-88　B型Ⅰ式青瓷碗21ZS采：225

21ZS 采：225，完整。侈口，斜弧腹，圈足，足端斜削。灰白胎，胎质较致密。器施青釉，釉色泛青灰，内满釉，外施釉至足，外底内部零星有釉，釉下开细密冰裂纹。内上腹、底部各刻划一周弦纹，内底心印折枝花卉纹，外上腹刻划数周弦纹。口径 16.5、足径 6.5、高 6.7 厘米（图4-16，2；彩版4-88）。

21ZS 采：239，可复原。侈口，斜弧腹，圈足，足端斜削。灰白胎，胎质较致密。器施青釉，釉色泛青灰，内满釉，外施釉至足，外底内部零星有釉，缩釉现象明显。内底部刻划弦纹，内底心印折枝双菊纹。外腹胎壁轮旋痕迹明显。口径 17、足径 6.1、高 6.3 厘米（彩版4-89）。

彩版4-89　B型Ⅰ式青瓷碗21ZS采：239

21ZS 采：244，完整。侈口，斜弧腹，圈足，足端斜削。灰白胎，胎质较致密。器施青釉，釉色泛青白，内满釉，外施釉至足。内上腹及底部刻一周弦纹，内底心印折枝花卉纹，外上腹刻一周弦纹。口径 16.7、足径 6.5、高 6.6 厘米（图4-17，1；彩版4-90）。

21ZS 采：250，可复原。侈口，斜弧腹，圈足，足端斜削。灰白胎，胎质较疏松。器施青釉，釉色泛青黄，内满釉，外施釉至足，外底露胎。内腹刻划莲瓣纹，内底刻一周弦纹，外上腹刻变体回纹。外腹胎壁轮旋痕迹明显。口径 16.9、足径 6.3、高 7.2 厘米（图4-17，2；彩版4-91）。

0 ⊢————⊣ 9厘米

图4-17　B型Ⅰ式青瓷碗
1.21ZS采：244　2.21ZS采：250　3.21ZS采：258

彩版4-90　B型Ⅰ式青瓷碗21ZS采：244

彩版4-91　B型Ⅰ式青瓷碗21ZS采：250

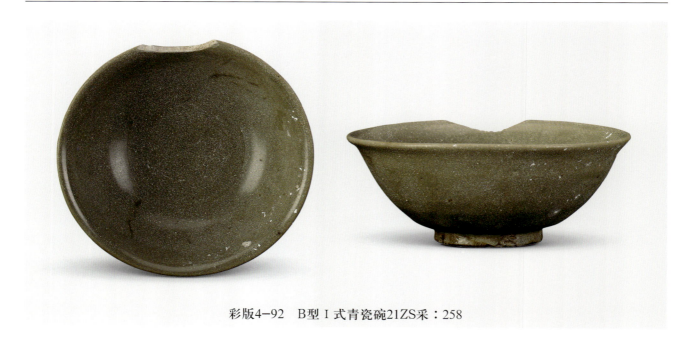

彩版4-92　B型 I 式青瓷碗21ZS采：258

　　21ZS 采：258，可复原。侈口，斜弧腹，圈足，足端斜削。灰白胎，胎质较疏松。器施青釉，釉色泛青黄，内满釉，外施釉至足，外底露胎。内上腹及底部刻一周弦纹。口径16.1、足径6.5、高6.3厘米（图4-17，3；彩版4-92）。

　　21ZS 采：263，可复原。侈口，斜弧腹，圈足，足端斜削。内底心微凹。灰白胎，胎质较致密。器施青釉，釉色泛青绿。内满釉，外施釉至足，外底内部零星施釉，釉下开细密开片。内上腹及内底刻一周弦纹，外上腹刻变体回纹，内腹刻双线莲瓣纹，下接双圈弦纹。内外腹部粘有海生物残存。口径16.4、足径6.3、高6.4厘米（图4-18，1；彩版4-93）。

　　21ZS 采：397，可复原。侈口，斜弧腹，圈足，足端斜削。灰白胎，胎质较致密。器施青釉，釉色泛青黄，内满釉，外施釉至足，外底露胎，釉下开冰裂纹。内腹釉面遭侵蚀严重。口径16.5、足径6.2、高6.7厘米（图4-18，2；彩版4-94）。

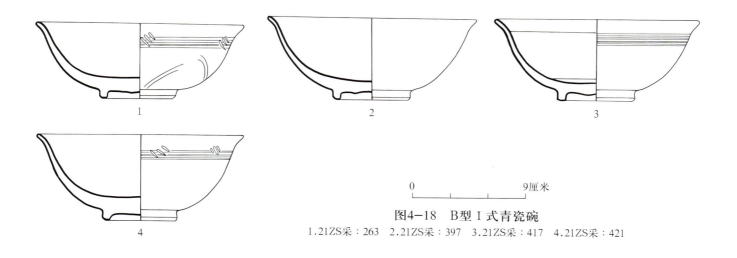

0　　　　　　　　9厘米

图4-18　B型 I 式青瓷碗
1.21ZS采：263　2.21ZS采：397　3.21ZS采：417　4.21ZS采：421

彩版4-93　B型Ⅰ式青瓷碗21ZS采：263

彩版4-94　B型Ⅰ式青瓷碗21ZS采：397

彩版4-95　B型Ⅰ式青瓷碗21ZS采：417

　　21ZS 采：417，完整。侈口，斜弧腹，圈足，足端斜削。灰白胎，胎质较致密。器施青釉，釉色泛青绿，内满釉，外施釉至足，外底露胎，釉下开冰裂纹。内底刻一周弦纹，外上腹、中腹各刻三周、一周弦纹，纹饰草率、不甚规整。器身釉面粘有零星的海生物残存。口径 16.3、足径 6.4、高 6.9 厘米（图 4-18，3；彩版 4-95）。

彩版4-96　B型Ⅰ式青瓷碗21ZS采：421

21ZS采：421，完整。侈口，斜弧腹，圈足，足端斜削。灰白胎，胎质较致密。器施青釉，釉色泛青灰，内满釉，外施釉至足，外底露胎。外上腹刻三周弦纹。器身粘有零星的海生物残存。口径16.5、足径5.9、高7.1厘米（图4-18，4；彩版4-96）。

21ZST1011②：62，完整。侈口，深斜弧腹，圈足，足端斜削，内外底心微凹。灰白胎，胎质较致密。器施青釉，釉色泛黄，内满釉，外施釉至足。内底粘有窑渣，外腹胎壁轮旋痕迹明显。口径17.7、足径7.3、高7.7厘米（图4-19，1；彩版4-97）。

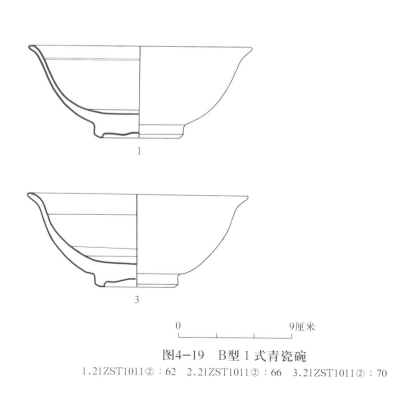

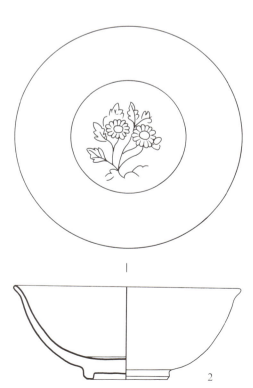

0　　　　　　9厘米

图4-19　B型Ⅰ式青瓷碗

1.21ZST1011②：62　2.21ZST1011②：66　3.21ZST1011②：70

彩版4-97　B型Ⅰ式青瓷碗21ZST1011②：62

　　21ZST1011 ②：66，完整，略变形。侈口，深斜弧腹，圈足，足端斜削，器施青釉，釉色泛灰，内满釉，外施釉至足，外底零星施釉。内底刻一周弦纹，内底心印折枝双菊花纹。外腹胎壁轮旋痕迹明显。口径18、足径6.7、高7.5厘米（图4-19，2；彩版4-98）。

　　21ZST1011 ②：70，可复原。侈口，深斜弧腹，圈足，足端斜削。灰白胎，胎质较致密。器施青釉，釉色泛青灰，内满釉，外施釉至足，釉下开细密冰裂纹。内口及底部刻一周弦纹，内底心印折枝花卉纹，外上腹刻数道弦纹。外腹胎壁轮旋痕明显。口径17.5、足径6.6、高7.7厘米（图4-19，3；彩版4-99）。

　　21ZS 采：41，可复原。侈口，深斜弧腹，圈足，足端斜削，内底微凹。灰白胎，胎质疏松。器施青釉，釉色泛青黄。内施满釉，外施釉至足，外底露胎，部分流釉至圈足内，釉面有冰裂纹。内上腹及内底各刻一周弦纹，内底弦纹内模印折枝花卉，外上腹刻数道弦纹。外底修足痕明显。口径16.9、足径6.5、高6.5厘米（彩版4-100）。

　　21ZS 采：149，完整。侈口，深斜弧腹，圈足，足端斜削，内底中心内凹，外底中心有乳突。灰白胎，胎质疏松。器施青釉，釉色泛青灰，内施满釉，外施釉至足，外底露胎，部分流釉至圈足内。内上腹刻一周弦纹，外上腹刻四道弦纹。口径16.8、足径6.8、高6.2厘米（彩版4-101）。

　　21ZS 采：150，完整，略生烧。侈口，深斜弧腹，圈足，足端斜削。灰白胎。器施青釉，釉色泛青灰。内施满釉，外施釉至足，外底露胎。内底刻一周弦纹，弦纹内模印折枝花卉，图案模糊不清，外上腹刻两道弦纹。器身粘有海生物残渣，外底修足痕明显。口径16.1、足径6.3、高6.2厘米（彩版4-102）。

彩版4-98　B型Ⅰ式青瓷碗21ZST1011②：66

彩版4-99　B型Ⅰ式青瓷碗21ZST1011②：70

彩版4-100　B型Ⅰ式青瓷碗21ZS采：41　　　　彩版4-102　B型Ⅰ式青瓷碗21ZS采：150

彩版4-101　B型Ⅰ式青瓷碗21ZS采：149

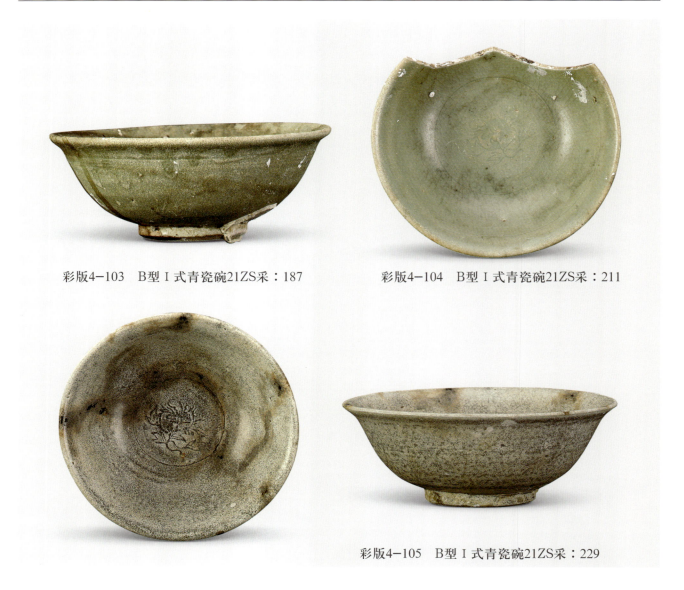

彩版4-103　B型Ⅰ式青瓷碗21ZS采：187　　　　　彩版4-104　B型Ⅰ式青瓷碗21ZS采：211

彩版4-105　B型Ⅰ式青瓷碗21ZS采：229

　　21ZS采：187，完整，略生烧。侈口，深斜弧腹，圈足，足端斜削。灰白胎，胎质较疏松。器施青釉，釉色泛青灰。内施满釉，外施釉至足，外底露胎。内底刻一周弦纹，弦纹内模印折枝花卉，图案模糊不清，外上腹刻数道弦纹。器内外粘有海生物残渣，外腹胎壁轮旋痕明显，外底修坯痕较为明显。口径16.3、足径6.5、高6.3厘米（彩版4-103）。

　　21ZS采：211，可复原。侈口，斜弧腹，腹部较浅，圈足，足端斜削。灰白胎，胎质致密。器施青釉，釉色泛青白。内施满釉，外施釉至足，外底露胎，釉面有冰裂纹。内上腹及内底各刻一周弦纹，内底弦纹内模印折枝花卉。外腹胎壁轮旋痕明显。口径15.9、足径6.2、高6厘米（彩版4-104）。

　　21ZS采：229，完整，生烧。侈口，深斜弧腹，圈足，足端斜削。灰白胎，胎质疏松。器施青釉，釉面不显。内施满釉，外施釉至足，外底露胎。内底刻一周弦纹，弦纹内模印折枝花卉。器内壁有火烧痕。口径16.1、足径6.3、高6.5厘米（彩版4-105）。

21ZS 采：238，可复原。侈口，斜弧腹，腹部较浅，外底心内凹。灰白胎，胎质较致密，胎体厚重。器施青釉，釉色泛青灰。内施满釉，外施釉至足，外底露胎。内上腹与内底各刻一周弦纹，内底弦纹内模印折枝菊，外上腹刻四道弦纹。外腹胎壁轮旋痕明显。口径 18.4、足径 7.5、高 7 厘米（彩版 4-106）。

21ZS 采：242，可复原。侈口，深斜弧腹，圈足，足端斜削。灰白胎，胎质较致密。器施青釉，釉色泛青灰。内施满釉，外施釉至足端，外底露胎，部分流釉至圈足内。内腹刻划卷草纹，外上腹刻变形回纹，外下腹刻划双线莲瓣纹。外底粘有海生物残渣。口径 16.6、足径 6.9、高 6.3 厘米（彩版 4-107）。

21ZS 采：247，可复原。侈口，深斜弧腹，圈足，足端斜削，外底外缘斜削一周。灰白胎，胎质较疏松。器施青釉，釉色泛青灰。内施满釉，外施釉至足，外底露胎，釉面有冰裂纹。内上腹与内底各刻一周弦纹，内底模印图案模糊，外上腹刻三道弦纹。外腹胎壁轮旋痕较明显。口径 16.3、足径 6.5、高 6.2 厘米（彩版 4-108）。

21ZS 采：297，可复原。侈口，深斜弧腹，圈足，足端斜削，内底微凸。灰胎，胎质较致密，胎体厚重。器施青釉，釉色泛青灰。内施满釉，外施釉至足，外底露胎。内上腹与内底各刻一周弦纹，外上腹刻五道弦纹。外腹胎壁轮旋痕明显，外壁粘有海生物残渣。口径 16.3、足径 6.6、高 6.1 厘米（彩版 4-109）。

21ZS 采：347，完整，生烧。侈口，深斜弧腹，圈足，足端斜削。灰白胎，胎质疏松。器施青釉，釉面不显。内施满釉，外施釉至足，外底露胎，釉面有缩釉现象。内上腹、内中腹及内底各刻一周弦纹，内底弦纹内模印折枝花卉，外上腹、外中腹及外下腹各刻两道弦纹。器外壁有火烧痕。口径 16.2、足径 6.7、高 6.2 厘米（彩版 4-110）。

彩版4-106　B型Ⅰ式青瓷碗21ZS采：238

彩版4-107　B型Ⅰ式青瓷碗21ZS采：242

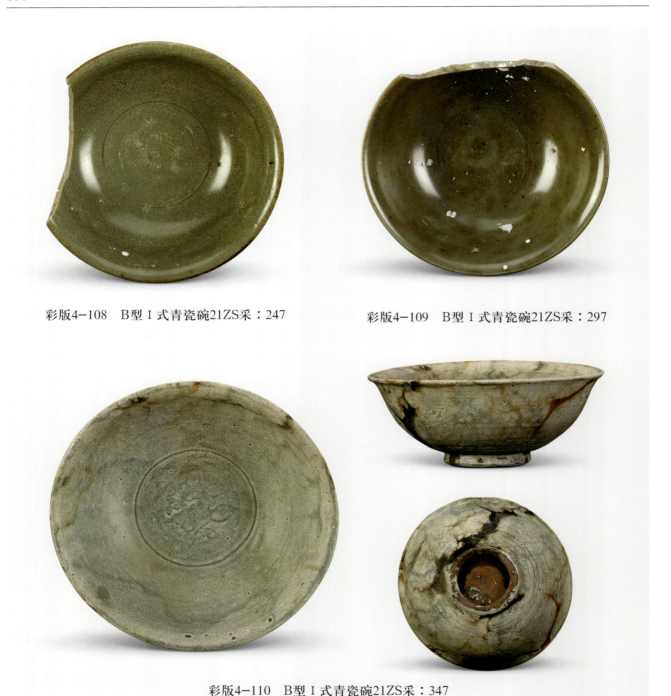

彩版4-108　B型Ⅰ式青瓷碗21ZS采：247　　　　　彩版4-109　B型Ⅰ式青瓷碗21ZS采：297

彩版4-110　B型Ⅰ式青瓷碗21ZS采：347

　　21ZS采：355，完整，略生烧。侈口，深斜弧腹，圈足，足端斜削，内底中心内凹，外底中心有乳突。灰白胎，胎质疏松。器施青釉，釉色泛青灰。内施满釉，外施釉至足端，外底露胎。内上腹刻一周弦纹，内底模印折枝菊。外腹壁有火烧痕。口径15.7、足径6.6、高5.7厘米（彩版4-111）。

　　21ZS采：356，完整。侈口，深斜弧腹，圈足，足端斜削。灰白胎，胎体厚重。器施青釉，釉色泛青黄。内施满釉，外施釉至足，外底露胎，釉面有冰裂纹。素面。外腹胎壁轮旋痕明显，外底修坯痕较为明显。口径16.7、足径6.6、高6.3厘米（彩版4-112）。

21ZS采：383，可复原。侈口，深斜弧腹，圈足，足端斜削。灰白胎，胎质疏松。器施青釉，釉色泛青灰。内施满釉，外施釉至足，外底露胎。内口部及内底各刻一周弦纹，外上腹刻几道弦纹。外腹胎壁轮旋痕明显，外底修坯痕较明显。口径16.3、足径6.6、高6.3厘米（彩版4-113）。

21ZS采：384，可复原。侈口，斜弧腹，腹部较浅，圈足，足端斜削。灰白胎，胎质较疏松。器施青釉，釉色泛青灰。内施满釉，外施釉至足，外底露胎，部分流釉至圈足，釉面有开片。内上腹与内底各刻一周弦纹，外上腹刻数道弦纹。内腹及内底粘有窑砂与海砂，外腹胎壁轮旋痕明显。口径16.2、足径6.4、高6.2厘米（彩版4-114）。

21ZS采：387，完整。侈口，深斜弧腹，圈足，足端斜削，外底外缘斜削一周。灰白胎，胎质较疏松。器施青釉，釉色泛青白。内施满釉，外施釉至足，外底露胎，釉面有冰裂纹。内上腹及内底各刻一周弦纹，内底弦纹内模印牡丹，外上腹刻三道弦纹，外下腹刻一周弦纹。外腹胎壁轮旋痕明显。口径16.3、足径6.8、高6.4厘米（彩版4-115）。

21ZS采：395，可复原。侈口，深斜弧腹，圈足，足端斜削。灰白胎，胎质疏松。器施青釉，

彩版4-111　B型Ⅰ式青瓷碗21ZS采：355　　　　彩版4-112　B型Ⅰ式青瓷碗21ZS采：356

彩版4-113　　B型Ⅰ式青瓷碗21ZS采：383

彩版4-114　　B型Ⅰ式青瓷碗21ZS采：384

彩版4-115　　B型Ⅰ式青瓷碗21ZS采：387

彩版4-116　　B型Ⅰ式青瓷碗21ZS采：395

彩版4-117　　B型Ⅰ式青瓷碗21ZS采：431

釉色泛青灰。内施满釉，外施釉至足，外底露胎，釉面有冰裂纹。内上腹与内底各刻一周弦纹，内底弦纹内模印折枝花卉。内壁粘有海生物残渣，外腹胎壁轮旋痕明显，外底修足痕明显。口径16、足径6.9、高6.8厘米（彩版4-116）。

21ZS采：431，可复原，生烧。侈口，深斜弧腹，圈足，足端斜削。灰白胎，胎质疏松。器施青釉，釉面不显。内施满釉，外施釉至足端，外底露胎，釉面有流釉现象。内上腹与内底各刻一周弦纹，内底弦纹内模印折枝花卉，图案模糊不清，外上腹刻四道弦纹。器内壁有火烧痕。口径17、足径7.2、高6.6厘米（彩版4-117）。

21ZS采：435，可复原。侈口，深斜弧腹，圈足，足端斜削。灰白胎，胎质疏松。器施青釉，釉色泛青灰。内施满釉，外施釉至足，外底露胎，釉面有冰裂纹。内上腹与内底各刻一周弦纹，内底弦纹内模印折枝花卉，外上腹刻数道弦纹，外中腹及外下腹各刻两道弦纹。器外壁有火烧痕，外底修足痕明显。口径16.5、足径7.0、高6.7厘米（彩版4-118）。

21ZS①：11，完整，略变形。侈口，深斜弧腹，圈足，足端斜削。灰白胎，胎质疏松。器施青釉，釉色泛青黄。内施满釉，外施釉至足，外底露胎。内上腹刻一周弦纹，外上腹刻三道弦纹，内下腹刻一周弦纹。器内腹有明显火烧痕，外腹壁与外底粘有海生物残渣。口径17、足径6.7、高6.9厘米（彩版4-119）。

彩版4-118 B型Ⅰ式青瓷碗21ZS采：435

彩版4-119 B型Ⅰ式青瓷碗21ZS①：11

21ZST1010②：17，完整，略变形。侈口，深斜弧腹，圈足，足端斜削。灰白胎。器施青釉，釉色泛青黄或青灰。内施满釉，外施釉至足，外底露胎，釉面流釉现象明显。内上腹与内底各刻一周弦纹，内底弦纹内模印折枝菊，外上腹刻三道弦纹。外腹胎壁轮旋痕明显。口径17.2、足径7、高6.5厘米（彩版4-120）。

21ZST1010②：18，完整。侈口，深斜弧腹，圈足，足端斜削。灰白胎。器施青釉，釉色泛青黄。内施满釉，外施釉至足，外底露胎，部分流釉至圈足内。内上腹及内底各刻一周弦纹，内底弦纹内模印折枝菊，外上腹刻五道弦纹。内口部有火烧痕，外腹胎壁轮旋痕明显。口径16.6、足径6.7、高7.1厘米（彩版4-121）。

21ZST1010②：20，完整。侈口，深斜弧腹，圈足，足端斜削，内底中心微凹，外底中心有乳突。灰白胎，胎体厚重。器施青釉，釉色泛青白或青黄。内施满釉，外施釉至足，外底露胎，釉面有冰裂纹。内上腹与内底各刻一周弦纹，外上腹刻几道弦纹。外腹胎壁轮旋痕明显，外壁有火烧痕。口径17.1、足径6.2、高6.7厘米（彩版4-122）。

21ZST1010②：31，可复原。侈口，深斜弧腹，圈足，足端斜削。灰白胎，胎质较疏松。器施青釉，釉色泛青灰。内施满釉，外施釉至足，外底露胎，釉面部分有缩釉现象，部分有流釉现象。

彩版4-120　B型Ⅰ式青瓷碗21ZST1010②：17　　　　彩版4-121　B型Ⅰ式青瓷碗21ZST1010②：18

彩版4-122　B型Ⅰ式青瓷碗21ZST1010②：20

彩版4-123　B型Ⅰ式青瓷碗21ZST1010②：31

彩版4-124　B型Ⅰ式青瓷碗21ZST1010②：50

彩版4-125　B型Ⅰ式青瓷碗21ZST1011②：16

内上腹刻一周弦纹。外腹胎壁轮旋痕明显，外底修坯痕较明显。口径16、足径6.3、高5.5厘米（彩版4-123）。

21ZST1010②：50，可复原，略变形。侈口，深斜弧腹，圈足，足端斜削。灰白胎，胎质较疏松。器施青釉，釉色泛青黄。内施满釉，外施釉至足端，外底露胎，釉面有开片。内上腹与内底各刻一周弦纹，内底弦纹内模印折枝菊，外上腹刻四道弦纹。外腹胎壁轮旋痕明显，外底修坯痕较为明显。口径16.5、足径6.6、高6.9厘米（彩版4-124）。

21ZST1011②：16，可复原。侈口，浅斜弧腹，圈足，足端斜削，内底微凹。灰白胎，胎质疏松，胎体厚重。器施青釉，釉色泛青灰。内施满釉，外施釉至足，外底露胎，釉面有开片。内底刻一周弦纹，弦纹内模印折枝菊。外腹胎壁轮旋痕明显，外底修足痕较明显。口径19.2、足径7.2、高6.7厘米（彩版4-125）。

21ZST1011②：64，完整。侈口，深斜弧腹，圈足，足端斜削，外底心微凹。灰白胎，胎体厚重。器施青釉，釉色泛青黄。内施满釉，外施釉至足，外底露胎，釉面部分有缩釉现象。内上腹与

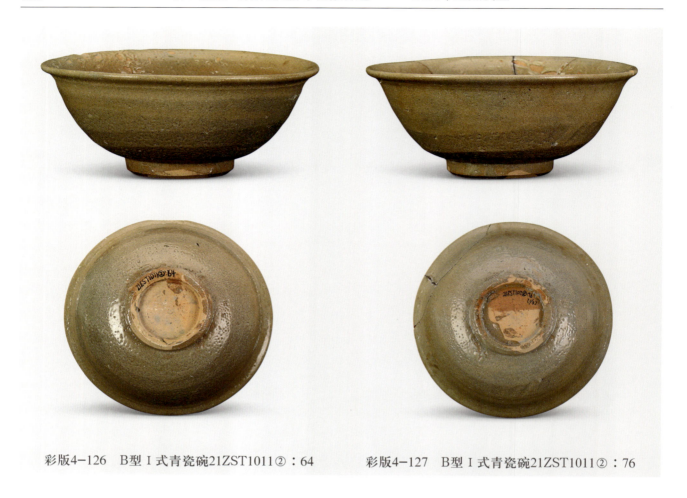

彩版4-126　B型Ⅰ式青瓷碗21ZST1011②：64　　　　彩版4-127　B型Ⅰ式青瓷碗21ZST1011②：76

内底各刻一周弦纹，内底弦纹内模印折枝菊，外上腹刻一周弦纹。外腹胎壁轮旋痕明显。口径17.8、足径7.7、高7.3厘米（彩版4-126）。

　　21ZST1011②：76，完整。侈口，深斜弧腹，圈足，足端斜削。灰白胎，胎质较疏松。器施青釉，釉色泛青黄。内施满釉，外施釉至足，外底露胎，釉面缩釉现象明显。内上腹与内底各刻一周弦纹，内底弦纹内模印折枝花。外腹胎壁轮旋痕较为明显，外底修足痕明显。口径17.7、足径7.2、高7厘米（彩版4-127）。

　　Ⅱ式　244件。中、下腹略鼓收，圈足。

　　21ZS采：11，完整，略变形。侈口，斜弧腹，下腹坦收，圈足，足端斜削。内底微凸，灰白胎，胎质致密。器施青釉，釉色泛灰，内满釉，外施釉至足，外底露胎，釉下开细密冰裂纹。内下腹刻一周弦纹。外腹胎壁轮旋痕明显。口径16.8、足径6.9、高6.5厘米（图4-20，1；彩版4-128）。

　　21ZS采：29，可复原，略变形。侈口，斜弧腹，下腹坦收，圈足，足端斜削。灰白胎，胎质致密。器施青釉，口部釉色泛白，余釉色泛灰，内满釉，外施釉至足，外底露胎，釉下开细密冰裂纹。内下腹刻一周弦纹，内底心印折枝花卉纹。外腹胎壁轮旋痕明显。口径16、足径6.3、高6.3厘米（图4-20，2；彩版4-129）。

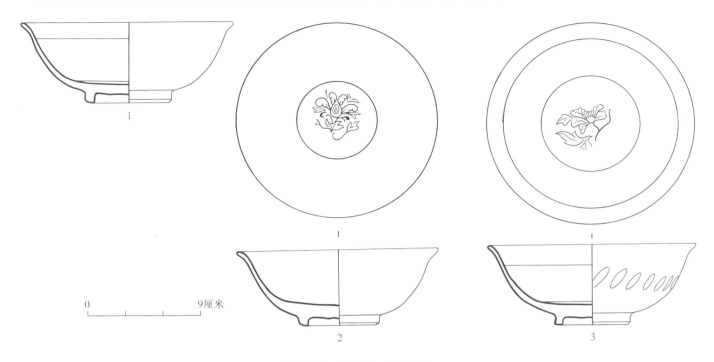

图4-20　B型Ⅱ式青瓷碗
1.21ZS采：11　2.21ZS采：29　3.21ZS采：84

彩版4-128　B型Ⅱ式青瓷碗21ZS采：11

彩版4-129　　B型Ⅱ式青瓷碗21ZS采：29

彩版4-130　　B型Ⅱ式青瓷碗21ZS采：84

21ZS 采：84，完整，略变形。侈口，斜弧腹，下腹坦收，圈足，足端斜削。灰白胎，胎质致密。器施青釉，釉色泛黄，内满釉，外施釉至足，外底露胎，釉下开细密冰裂纹。内上腹及下腹各刻一周弦纹，内底心印折枝茶花纹。外上腹刻竖条纹。外腹壁轮旋痕明显。口径16.5、足径6.1、高6.6厘米（图4-20，3；彩版4-130）。

21ZS 采：85，完整，略变形。侈口，斜弧腹，下腹坦收，圈足，足端斜削。灰白胎，胎质致密。器施青釉，釉面莹润有光泽，内满釉，外施釉至足，外底露胎，釉下开细密冰裂纹。内下腹刻一周弦纹，内底心印折枝花卉纹，外腹胎壁轮旋痕明显。口径16.3、足径6.0、高5.9厘米（图4-21，1；彩版4-131）。

21ZS 采：97，可复原。侈口，斜弧腹，圈足，足端斜削。内底微凹。灰白胎，胎质较疏松。器施青釉，釉色泛灰，内满釉，外施釉至圈足内，外底内部部分露胎。内腹印一圈花卉纹，外上腹刻两周弦纹。外腹胎壁轮旋痕明显。口径16.9、足径6.7、高6.2厘米（图4-21，2；彩版4-132）。

21ZS 采：133，可复原。侈口，斜弧腹，圈足，足端斜削。内底心略内凹。灰胎，胎质较致密。器施青釉，釉色泛青灰，内满釉，外施釉至圈足内，外底内部部分露胎。内腹刻卷草纹，间刻篦线纹，内下腹刻一周弦纹，外上腹刻变体回纹，中腹刻一周弦纹，下接单线连瓣纹。口径16.7、足径6.2、高6.4厘米（图4-21，3；彩版4-133）。

21ZS 采：170，可复原。侈口，斜弧腹，圈足，足端斜削。内底心略内凹。灰白胎，胎质较致密。器施青釉，釉面较有光泽，内满釉，外施釉至圈足，外底露胎，釉下开冰裂纹。内腹刻卷草纹，

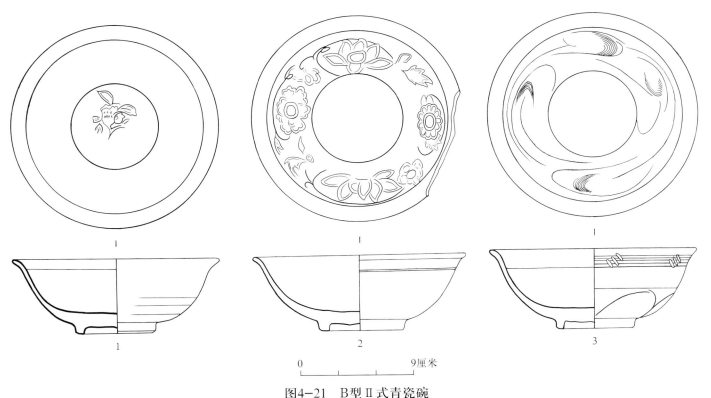

0　　　　　　9厘米

图4-21　B型Ⅱ式青瓷碗

1.21ZS采：85　2.21ZS采：97　3.21ZS采：133

彩版4-131　B型Ⅱ式青瓷碗21ZS采：85

彩版4-132　B型Ⅱ式青瓷碗21ZS采：97　　　　彩版4-133　B型Ⅱ式青瓷碗21ZS采：133

间刻篦线纹，内下腹刻一周弦纹，外上腹刻五周弦纹，外中腹刻三周弦纹。口径16.5、足径6.0、高6.7厘米（图4-22，1；彩版4-134）。

　　21ZS采：208，可复原。侈口，斜弧腹，下腹坦收，圈足，足端斜削。灰白胎，胎质较致密。器施青釉，釉色泛青灰，内满釉，外施釉至足，外底露胎。内壁刻卷草纹，其间刻划篦线纹，外上腹刻变体回纹。口径17.1、足径6.3、高6.6厘米（图4-22，2；彩版4-135）。

　　21ZS采：210，可复原。侈口，斜弧腹，下腹坦收，圈足，足端斜削。灰白胎，胎质较致密。器施青釉，口部一圈釉色泛黄，余釉色泛青黄，内满釉，外施釉至足，外底露胎。内上腹、下腹各刻一周弦纹，内底心印折枝花卉纹，外下腹刻一周弦纹。外腹胎壁轮旋痕明显。口径16.8、足径6.6、高5.8厘米（图4-22，3；彩版4-136）。

　　21ZS采：222，完整，略变形。侈口，斜弧腹，圈足，下腹坦收，足端斜削。灰白胎，胎质较致密。器施青釉，釉色泛青黄，内满釉，外施釉至足。内上腹及下腹刻一周弦纹，内底心印折枝花卉纹，外腹胎壁轮旋痕明显。口径16.2、足径6.4、高6.0厘米（图4-22，4；彩版4-137）。

　　21ZS采：224，完整，略变形。侈口，斜弧腹，圈足，下腹坦收，足端斜削。灰白胎，胎质较致密。器施青釉，釉色泛青黄，内满釉，外施釉至足。内上腹及下腹刻一周弦纹，内底心印折枝花卉纹。外上腹刻一周弦纹，外下腹刻两周弦纹。外腹胎壁轮旋痕明显。口径16.5、足径6.3、高6.2厘米（图4-23，1；彩版4-138）。

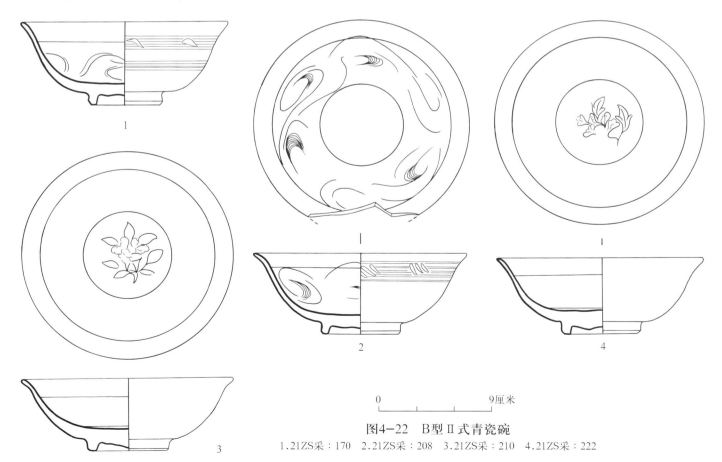

图4-22　B型Ⅱ式青瓷碗

1.21ZS采：170　2.21ZS采：208　3.21ZS采：210　4.21ZS采：222

0　　　　　　9厘米

彩版4-135　B型Ⅱ式青瓷碗21ZS采：208

彩版4-134　B型Ⅱ式青瓷碗21ZS采：170

彩版4-136　B型Ⅱ式青瓷碗21ZS采：210

彩版4-137　B型Ⅱ式青瓷碗21ZS采：222

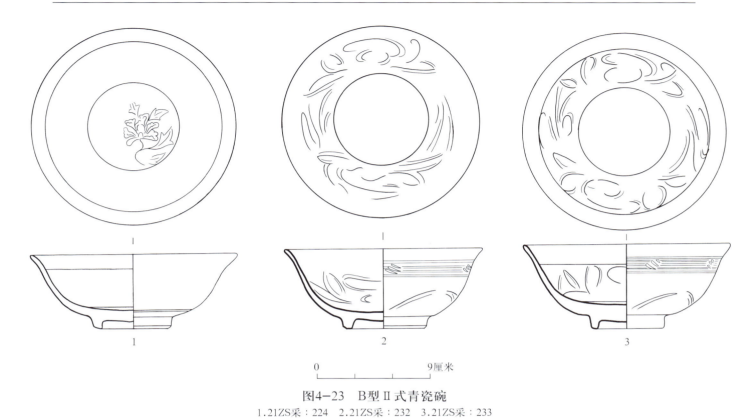

0　　　　　　　　9厘米

图4-23　B型Ⅱ式青瓷碗
1.21ZS采：224　2.21ZS采：232　3.21ZS采：233

彩版4-138　B型Ⅱ式青瓷碗21ZS采：224

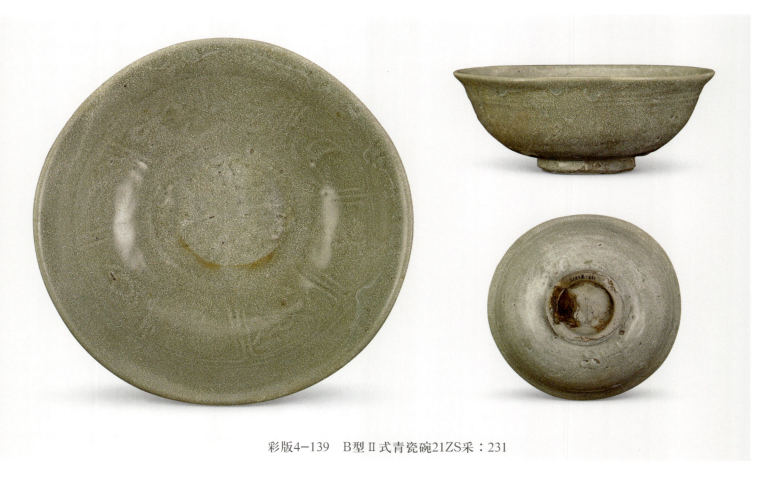

彩版4-139　B型Ⅱ式青瓷碗21ZS采：231

21ZS采：231，完整，略生烧、变形。侈口，斜弧腹，下腹坦收，圈足，足端斜削。灰白胎，胎质致密。器施青釉，釉色泛灰白，内满釉，外施釉至足，外底露胎，釉下开细密冰裂纹，流釉现象明显。内腹印八宝纹，内底心印花卉纹，纹饰模糊不清，外上腹刻三周弦纹。口径16.3、足径6.3、高6.1厘米（彩版4-139）。

21ZS采：232，可复原。侈口，斜弧腹，下腹坦收，圈足，足端斜削。灰胎，胎质致密。器施青釉，口部一周釉色泛黄，余釉色泛青白，内满釉，外施釉至足。内腹刻卷草纹，内上腹、下腹各刻一周弦纹，外上腹刻变体回纹，外下腹刻单线莲瓣纹。口径15.9、足径6.7、高6.6厘米（图4-23，2；彩版4-140）。

21ZS采：233，可复原，略生烧。侈口，斜弧腹，下腹坦收，圈足，足端斜削。灰胎，胎质致密。器施青釉，口部一周釉色泛黄，余釉色泛青白，内满釉，外施釉至足。内腹刻卷草纹，外上腹刻变体回纹，外下腹刻三线莲瓣纹。口径16.3、足径5.7、高6.8厘米（图4-23，3；彩版4-141）。

21ZS采：246，可复原，略变形。侈口，斜弧腹，下腹坦收，圈足，足端斜削。灰白胎，胎质致密。器施青釉，釉面莹润有光泽。内满釉，外施釉至足。内上腹及下腹刻一周弦纹，外上腹刻四周弦纹。外腹胎壁轮旋痕迹明显。口径16.3、足径6.2、高6.4厘米（图4-24，1；彩版4-142）。

21ZS采：261，可复原。侈口，斜弧腹，下腹坦收，圈足，足端斜削。灰白胎，胎质致密。器

彩版4-140　B型Ⅱ式青瓷碗21ZS采：232

彩版4-141　B型Ⅱ式青瓷碗21ZS采：233

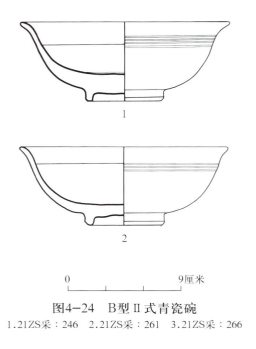

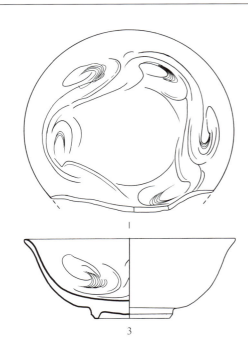

图4-24　B型Ⅱ式青瓷碗

1.21ZS采：246　2.21ZS采：261　3.21ZS采：266

施青釉，釉面莹润有光泽，内满釉，外施釉至足。外腹胎壁轮旋痕迹明显，外底粘有海生物残存。口径16.6、足径6.4、高6.5厘米（图4-24，2；彩版4-143）。

21ZS采：266，可复原。侈口，斜弧腹，下腹坦收，圈足，足端斜削。灰胎，胎质致密。器施青釉，釉色泛青灰，内满釉，外施釉至足。内腹刻卷草纹，间刻篦线纹。外腹轮旋痕明显。口径16.7、足径6.5、高6.6厘米（图4-24，3；彩版4-144）。

彩版4-142　B型Ⅱ式青瓷碗21ZS采：246

彩版4-143　B型Ⅱ式青瓷碗21ZS采：261

彩版4-144　B型Ⅱ式青瓷碗21ZS采：266

21ZS 采 : 294，可复原。侈口，斜弧腹，下腹坦收，圈足，足端斜削。灰胎，胎质致密。器施青釉，釉色泛青灰，内满釉，外施釉至足。内上腹及下腹各刻一周弦纹，内底心印折枝双菊纹。外腹胎壁轮旋痕明显。口径 15.8、足径 5.7、高 6.6 厘米（图 4-25，1；彩版 4-145）。

21ZS 采 : 295，可复原。侈口，斜弧腹，下腹坦收，圈足，足端斜削。灰胎，胎质致密。器施青釉，釉色泛灰，内满釉，外施釉至足。内下腹各刻一周弦纹，内底心印折枝双菊纹。外腹胎壁轮旋痕明显。口径 15.6、足径 5.8、高 6.5 厘米（图 4-25，2；彩版 4-146）。

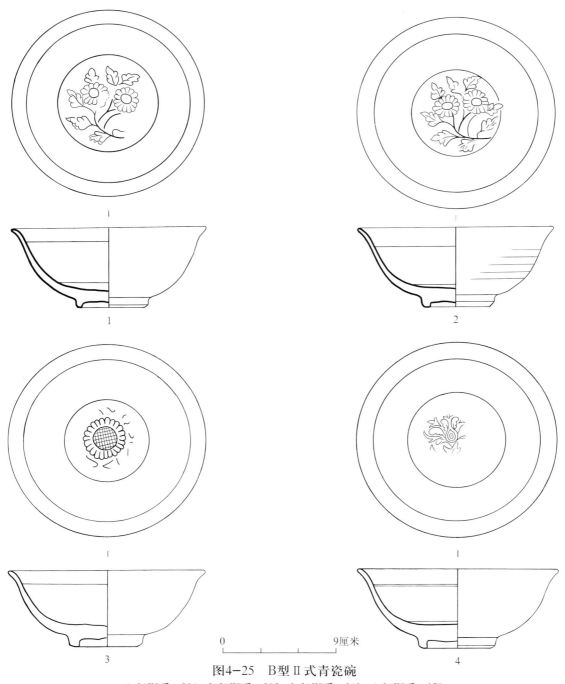

图4-25　B型Ⅱ式青瓷碗

1.21ZS采：294　2.21ZS采：295　3.21ZS采：313　4.21ZS采：378

彩版4-145　B型Ⅱ式青瓷碗21ZS采：294

彩版4-146　B型Ⅱ式青瓷碗21ZS采：295　　　　　　彩版4-147　B型Ⅱ式青瓷碗21ZS采：313

彩版4-148　B型Ⅱ式青瓷碗21ZS采：378

21ZS采：313，可复原。侈口，浅斜弧腹，下腹坦收，圈足，足端斜削。灰胎，胎质较致密。器施青釉，内满釉，外施釉至足。内下腹刻一周弦纹，内底心印折枝团菊纹。外腹胎壁轮旋痕明显。口径15.6、足径5.8、高6.3厘米（图4-25，3；彩版4-147）。

21ZS采：378，可复原，略变形。侈口，斜弧腹，下腹坦收，圈足，足端斜削。灰胎，胎质较致密。器施青釉，釉色泛灰，内满釉，外施釉至足，外底露胎，釉下开细密冰裂纹。内上腹及下腹各刻一周弦纹，内底心印折枝花卉纹。外腹胎壁轮旋痕明显。口径16.0、足径6.1、高6.4厘米（图4-25，4；彩版4-148）。

21ZS采：389，可复原。侈口，斜弧腹，下腹坦收，圈足，足端斜削。灰白胎，胎质较致密。器施青釉，釉色泛青绿，内满釉，外施釉至圈足内，外底内部露胎，釉下开冰裂纹。内底心印折枝花卉纹，外上腹刻三周弦纹。外下腹粘有海生物残存。口径16.5、足径6.5、高6.0厘米（图4-26，1；彩版4-149）。

21ZS采：401，完整，略变形。侈口，斜弧腹，下腹坦收，圈足，足端斜削。灰白胎，胎质致密。器施青釉，釉面莹润有光泽，内满釉，外施釉至足。内上腹及下腹各刻一周弦纹，内中腹部刻卷草纹，外上腹刻三周弦纹，外腹胎壁轮旋痕明显。口径16.6、足径6.5、高6.2厘米（图4-26，2；彩版4-150）。

21ZS采：409，完整，略变形。侈口，斜弧腹，下腹坦收，圈足，足端斜削。灰白胎，胎质致密。器施青釉，釉色泛青黄，内满釉，外施釉至足。内上腹及下腹各刻一周弦纹，内底心印折枝牡丹纹。外腹胎壁轮旋痕明显。口径16.8、足径6.4、高6.0厘米（图4-26，3；彩版4-151）。

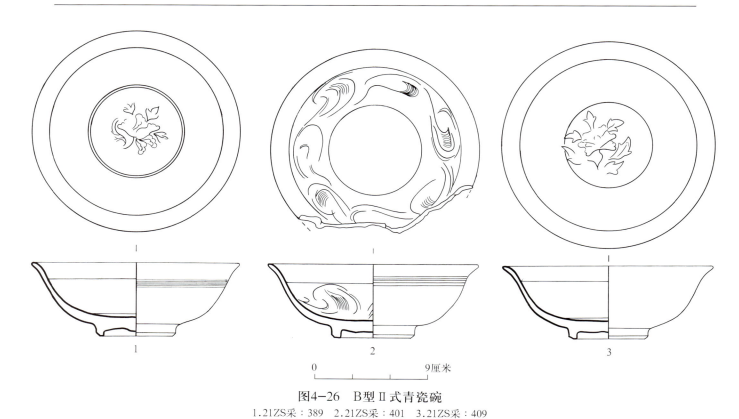

图4-26　B型Ⅱ式青瓷碗
1.21ZS采：389　2.21ZS采：401　3.21ZS采：409

彩版4-149　B型Ⅱ式青瓷碗21ZS采：389　　　　彩版4-150　B型Ⅱ式青瓷碗21ZS采：401

　　21ZS①：1，完整，略变形。侈口，斜弧腹，下腹坦收，圈足，足端斜削。灰白胎，胎质致密。器施青釉，釉色泛青灰，内满釉，外施釉至足。内上腹及下腹各刻一周弦纹，内底心印折枝牡丹纹。外腹胎壁轮旋痕明显。口径17.1、足径6.3、高6.0厘米（图4-27，1；彩版4-152）。

　　21ZS①：9，完整，略变形。侈口，斜弧腹，下腹坦收，圈足，足端斜削。灰白胎，胎质较致

彩版4-151　B型Ⅱ式青瓷碗21ZS采：409　　　　彩版4-152　B型Ⅱ式青瓷碗21ZS①：1

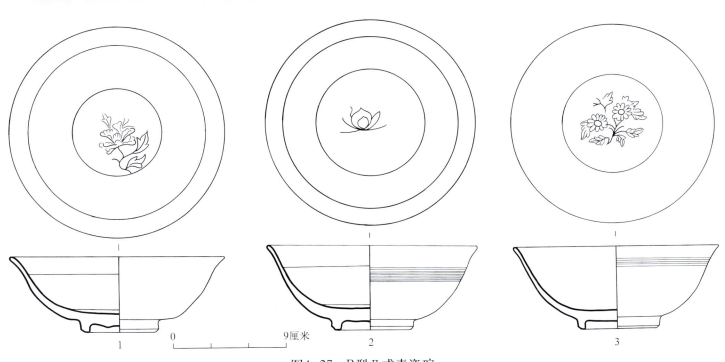

图4-27　B型Ⅱ式青瓷碗

1.21ZS①：1　2.21ZS①：9　3.21ZST1010②：8

密。器施青釉，釉色泛青灰，内满釉，外施釉至足，外底露胎，釉下开细密开片，内上腹及下腹各刻一周弦纹，内底心印折枝花卉纹，外上腹刻五周弦纹。外腹壁轮旋痕迹明显。口径16.4、足径6.4、高6.9厘米（图4-27，2；彩版4-153）。

21ZS①：20，可复原。侈口，斜弧腹，下腹坦收，圈足，足端斜削。灰白胎，胎质较疏松。器施青釉，釉色泛青黄，内满釉，外施釉至足，外底露胎，釉下开细密开片。内上腹及下腹各刻一周

彩版4-153　B型Ⅱ式青瓷碗21ZS①：9　　　　　　彩版4-154　B型Ⅱ式青瓷碗21ZS①：20

彩版4-155　B型Ⅱ式青瓷碗21ZST1010②：8

弦纹，内底心印折枝牡丹纹。内腹釉面粘有黑色杂志，外腹壁轮旋痕迹明显。口径 17.0、足径 6.4、高 6.6 厘米（彩版 4-154）。

21ZST1010②：8，完整，略变形。侈口，深斜弧腹，下腹坦收，圈足，足端斜削。灰白胎，胎质较密。器施青釉，釉色泛灰，内满釉，外施釉至足。内上腹及下腹刻一周弦纹，内底心印折枝双菊纹，外上腹刻变体回纹。外腹胎壁轮旋痕迹明显。口径 16.4、足径 6.5、高 6.7 厘米（图 4-27，3；彩版 4-155）。

21ZST1010②：39，可复原。侈口，斜弧腹，下腹坦收，圈足，足端斜削。灰胎，胎质致密。器施青釉，釉色泛青白，釉下开细密开片。内上腹及下腹各刻一周弦纹，内底印折枝茶花纹。外腹轮旋痕明显。口径 16.4、足径 6.0、高 6.2 厘米（图 4-28，1；彩版 4-156）。

彩版4-156　B型Ⅱ式青瓷碗21ZST1010②：39

21ZST1011①：1，可复原，略变形。侈口，深斜弧腹，下腹坦收，圈足，足端斜削。灰白胎，胎质较致密。器施青釉，釉色泛青白，内满釉，外施釉至足。内腹刻草叶纹，外上腹刻数周弦纹。口径 17.0、足径 6.4、高 6.1 厘米（图 4-28，2；彩版 4-157）。

21ZST1011②：68，完整，略变形。侈口，深斜弧腹，下腹坦收，圈足，足端斜削。内底心微凹，灰白胎，胎质较致密。器施青釉，釉色泛青黄，内满釉，外施釉至足。内上腹及下腹刻一周弦

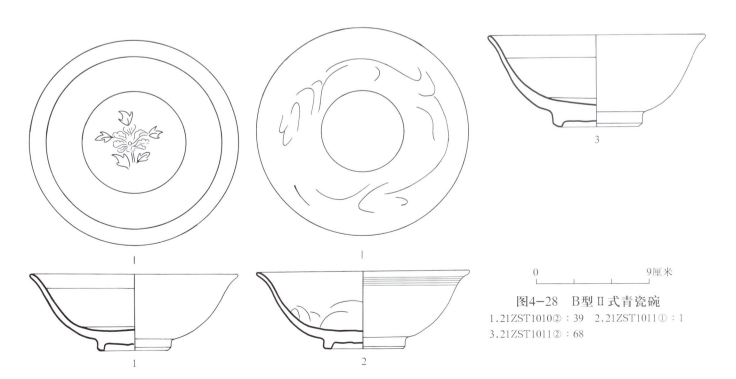

图4-28　B型Ⅱ式青瓷碗
1.21ZST1010②：39　2.21ZST1011①：1
3.21ZST1011②：68

彩版4-157　B型Ⅱ式青瓷碗21ZST1011①：1

彩版4-158　B型Ⅱ式青瓷碗21ZST1011②：68

纹。外腹轮旋痕明显。口径 17.7、足径 7.0、高 7.5 厘米（图 4-28，3；彩版 4-158）。

21ZS 采：10，完整，略变形。侈口近折，斜弧腹，圈足，足端斜削。灰白胎，胎质致密。器施青釉，釉色泛灰，内满釉，外施釉至足，釉下开细密冰裂纹。内下腹刻一周弦纹，内底心印折枝莲花纹，外上腹刻三周弦纹。口径 16.5、足径 6.0、高 6.5 厘米（彩版 4-159）。

21ZS 采：16，可复原。侈口，浅弧腹，下腹坦收，圈足，足端斜削。内底心微凹，灰胎，胎质较致密。器施青釉，釉色泛青灰，内满釉，外施釉至足，外底内零星施釉，釉下开大片冰裂纹。内下腹刻一周弦纹。口径 16.4、足径 6.3、高 6.3 厘米（彩版 4-160）。

21ZS 采：17，可复原，略变形。侈口，弧腹，下腹坦收，圈足，足端斜削。灰胎，胎质较疏松。器施青釉，釉色泛青灰，内满釉，外施釉至足，外底零星施釉。内腹刻卷草纹，间刻篦线纹，内底心印折枝双菊纹，外上腹刻四周弦纹。口径 16.6、足径 6.4、高 7.1 厘米（彩版 4-161）。

21ZS 采：19，可复原，略变形。侈口，斜弧腹，下腹坦收，圈足，足端斜削。灰白胎，胎质致密。器施青釉，釉色泛青灰，内满釉，外施釉至足，外底内部零星施釉。内下腹刻一周弦纹，内底心印折枝花卉纹，釉面缩釉现象明显。外腹胎壁竖条状修坯痕明显。口径 16.2、足径 6.7、高 6.5 厘米（彩版 4-162）。

21ZS 采：20，完整。侈口，斜弧腹，下腹坦收，圈足，足端斜削。内底心微凹。灰胎，胎体厚重。器施青釉，釉色泛青灰，内满釉，外施釉至足。外下腹及底部粘有海生物残存。口径 16.3、足径 6.5、高 6.6 厘米（彩版 4-163）。

21ZS 采：69，可复原。侈口，浅弧腹，下腹坦收，圈足，足端斜削。灰白胎，胎质致密。器施

彩版4-159　B型Ⅱ式青瓷碗21ZS采：10

彩版4-160　B型Ⅱ式青瓷碗21ZS采：16　　　　彩版4-161　B型Ⅱ式青瓷碗21ZS采：17

彩版4-162　B型Ⅱ式青瓷碗21ZS采：19　　　　彩版4-163　B型Ⅱ式青瓷碗21ZS采：20

青釉，釉色泛青绿，内满釉，外施釉至足，外底内零星施釉。内腹刻卷草纹，间刻篦线纹，内下腹刻一周弦纹，内底心印折枝花卉纹。外上腹刻三周弦纹，外中腹刻一周弦纹，下刻单线莲瓣纹。口径 16.5、足径 6.2、高 6.3 厘米（彩版 4-164）。

　　21ZS 采：82，完整。侈口，浅弧腹，下腹坦收，圈足，足端斜削。灰白胎，胎体较厚重。器施青釉，釉色泛青白，内满釉，外施釉至足。内底心刻一周弦纹。口径 16.2、足径 6.4、高 6.0 厘米（彩版 4-165）。

彩版4-164　B型Ⅱ式青瓷碗21ZS采：69

彩版4-165　B型Ⅱ式青瓷碗21ZS采：82

21ZS 采：88，完整。侈口，浅弧腹，下腹坦收，圈足，足端斜削。灰白胎，胎体较厚重。器施青釉，火候不佳，釉面局部呈黑色，釉下布有开片。内上腹、底部刻一周弦纹，内底心印花卉纹，外上腹刻三周弦纹，外下腹刻一周弦纹。口径 16.7、足径 7.0、高 6.4 厘米（彩版 4-166）。

21ZS 采：92，完整，略变形。侈口，浅弧腹，下腹坦收，圈足，足端斜削。灰黄胎，胎质较致密。器施青釉，釉色泛灰，内满釉，外施釉至足，釉下开冰裂纹。内上腹及下腹刻一周弦纹，内底心印折枝花卉纹，外上腹刻一周弦纹。外腹竖条修坯痕明显，胎壁不甚平整。口径 17、足径 7、高 6.2 厘米（彩版 4-167）。

21ZS 采：94，完整，略变形。侈口，浅弧腹，下腹坦收，圈足，足端斜削。灰黄胎，胎质较致密。器施青釉，釉色泛黄，内满釉，外施釉至足，釉下开冰裂纹。内上腹、底部刻弦纹，内底心印菊花纹。外腹胎壁轮旋痕明显。口径 15.5、足径 6.0、高 6.0 厘米（彩版 4-168）。

21ZS 采：96，可复原。侈口，浅弧腹，下腹坦收，圈足，足端斜削。灰白胎，胎体较疏松。器施青釉，釉色泛黄，内满釉，外施釉至足。内上腹及底部刻一周弦纹，外下腹刻一周弦纹。外腹壁粘有海砂。口径 16.3、足径 5.1、高 6.4 厘米（彩版 4-169）。

21ZS 采：107，可复原。侈口，浅弧腹，下腹坦收，圈足，足端斜削。灰白胎，胎体厚重。器施青釉，釉色泛青白，内满釉，外施釉至足，外底零星流釉。内外腹部釉面遭侵蚀严重，外腹粘较多海生物残存。口径 16.4、足径 6.3、高 6.3 厘米（彩版 4-170）。

21ZS 采：134，完整，略变形。侈口，浅弧腹，下腹坦收，圈足，足端斜削。灰白胎，胎体厚重。器施青釉，釉色泛青白，内满釉，外施釉至足，外底零星流釉。内上腹及下腹刻一周弦纹，内底心印折枝花卉纹，外上腹刻三周弦纹。外腹竖条状修坯痕明显。内腹粘有海生物残存。口径 17.1、

彩版4-166　B型Ⅱ式青瓷碗21ZS采：88　　　　彩版4-167　B型Ⅱ式青瓷碗21ZS采：92

彩版4-168　B型Ⅱ式青瓷碗21ZS采：94　　　　彩版4-169　B型Ⅱ式青瓷碗21ZS采：96

彩版4-170　B型Ⅱ式青瓷碗21ZS采：107　　　　彩版4-171　B型Ⅱ式青瓷碗21ZS采：134

足径 6.7、高 6.8 厘米（彩版 4-171）。

21ZS 采：140，可复原，略变形。侈口，斜弧腹，圈足，足端斜削。内底心略内凹。灰白胎，胎质较致密。器施青釉，釉色泛灰，内满釉，外施釉至圈足，外底露胎，釉下开冰裂纹。内下腹刻一周弦纹，外上腹刻三周弦纹。口径 16.4、足径 5.7、高 6.9 厘米（彩版 4-172）。

21ZS 采：141，可复原。侈口，弧腹，下腹坦收，圈足，足端斜削。灰胎，胎体厚重。器施青釉，釉色泛青灰，内满釉，外施釉至足，釉下布有开片。内底心粘有窑砂，外腹胎壁轮旋痕明显。口径 17.2、足径 6.1、高 6.0 厘米（彩版 4-173）。

21ZS 采：176，可复原。侈口，浅弧腹，下腹坦收，圈足，足端斜削。内底心微凹，灰胎，胎体厚重。器施青釉，口部一圈泛褐色，内满釉，外施釉至足，釉下开冰裂纹。内上腹及底部刻一周弦纹。外腹胎壁轮旋痕明显。口径 16.1、足径 6.5、高 6.0 厘米（彩版 4-174）。

21ZS 采：198，可复原。侈口，深弧腹，下腹坦收，圈足，足端斜削。挖足较浅，外底心乳突。灰白胎，胎体较疏松。器施青釉，釉色泛灰白，内满釉，外施釉至足。内上腹及底部刻一周弦纹，内底部印折枝花卉纹。外上腹刻三周弦纹。口径 16.7、足径 6.8、高 6.8 厘米（彩版 4-175）。

21ZS 采：205，可复原。侈口，弧腹，下腹坦收，圈足，足端斜削。灰白胎，胎体较疏松。器施青釉，釉色泛青灰，内满釉，外施釉至足，釉下开大片冰裂纹。内下腹刻一周弦纹，外上腹刻两周弦纹。口径 16.0、足径 6.3、高 6.3 厘米（彩版 4-176）。

21ZS 采：206，可复原，略生烧。侈口，弧腹，下腹坦收，圈足，足端斜削。外底心乳突。灰白胎，胎体较疏松。器施青釉，釉面生烧泛青白，内满釉，外施釉至足。内底部刻一周弦纹，内底部印折枝双菊花纹。口径 15.9、足径 6.2、高 6.9 厘米（彩版 4-177）。

21ZS 采：212，可复原。侈口，弧腹，下腹坦收，圈足，足端斜削。内底心微凹。灰白胎，胎体较疏松。器施青釉，釉色泛青黄，内满釉，外施釉至足，釉下开冰裂纹。内下腹部刻一周弦纹。口径 17.0、足径 6.4、高 6.3 厘米（彩版 4-178）。

21ZS 采：221，可复原。侈口，弧腹，下腹坦收，圈足，足端斜削。灰白胎，胎体较疏松。器施青釉，内满釉，外施釉至足，釉下开冰裂纹。内上腹、下腹各刻一周弦纹，内底心印折枝花卉纹，外上腹刻三周弦纹。外腹胎壁轮旋痕明显。口径 16.3、足径 6.4、高 6.3 厘米（彩版 4-179）。

21ZS 采：226，完整，略变形。侈口，弧腹，下腹坦收，圈足，足端斜削。内底心微凹。灰白胎，胎体较疏松。器施青釉，釉色泛青灰，内满釉，外施釉至足。外腹胎壁轮旋痕明显。口径 15.9、足径 6.5、高 6.8 厘米（彩版 4-180）。

21ZS 采：249，可复原。侈口，浅弧腹，下腹坦收，圈足，足端斜削。灰胎，胎体厚重。器施青釉，口部一圈泛褐色，内满釉，外施釉至足，釉下开冰裂纹。内上腹及底部刻一周弦纹。外腹胎壁轮旋痕明显。口径 15.5、足径 6.1、高 5.9 厘米（彩版 4-181）。

21ZS 采：259，可复原。侈口，浅弧腹，下腹坦收，圈足，足端斜削。灰黄胎，胎体厚重。器施青釉，釉色泛青灰，内满釉，外施釉至足，外底零星施釉，釉下布有开片。口径 16.2、足径 6.5、

彩版4-172　B型Ⅱ式青瓷碗21ZS采：140

彩版4-173　B型Ⅱ式青瓷碗21ZS采：141

彩版4-174　B型Ⅱ式青瓷碗21ZS采：176

彩版4-175　B型Ⅱ式青瓷碗21ZS采：198

彩版4-176　B型Ⅱ式青瓷碗21ZS采：205

彩版4-177　B型Ⅱ式青瓷碗21ZS采：206

彩版4-178　B型Ⅱ式青瓷碗21ZS采：212

彩版4-179　B型Ⅱ式青瓷碗21ZS采：221

彩版4-180　B型Ⅱ式青瓷碗21ZS采：226

彩版4-181　B型Ⅱ式青瓷碗21ZS采：249　　　　彩版4-182　B型Ⅱ式青瓷碗21ZS采：259

高6.1厘米（彩版4-182）。

21ZS采：262，可复原，略生烧。侈口，浅弧腹，下腹坦收，圈足，足端斜削。灰白胎，胎质坚硬。器施青釉，釉面生烧不显，内满釉，外施釉至足。内壁刻卷草花卉纹，外上腹刻数周弦纹，下腹刻莲瓣纹，纹饰多模糊不清。口径16.7、足径6.1、高6.5厘米（彩版4-183）。

21ZS采：270，可复原。侈口，浅弧腹，下腹坦收，圈足，足端斜削。灰胎，胎质坚硬。器施青釉，釉面泛青灰，内满釉，外施釉至足，釉下开冰裂纹。口径16.5、足径6.3、高6.6厘米（彩版4-184）。

21ZS采：296，可复原。侈口，浅弧腹，下腹坦收，圈足，足端斜削。灰胎，胎体厚重。器施青釉，釉色泛青黄。内满釉，外施釉至足。内上腹及下腹刻一周弦纹，内底心刻莲花纹，外上腹刻变体回纹。外腹胎壁轮旋痕明显。口径17.1、足径6.3、高6.8厘米（彩版4-185）。

21ZS采：298，可复原。侈口，浅弧腹，下腹坦收，圈足，足端斜削。灰胎，胎体厚重。器施青釉，釉色泛青绿，口部釉色泛褐，内满釉，外施釉至足，釉下开冰裂纹。内上腹及底部刻一周弦纹。内下腹及外底部粘有较多海生物残存。口径16、足径6.2、高6.3厘米（彩版4-186）。

21ZS采：311，可复原。侈口，浅弧腹，下腹坦收，圈足，足端斜削。灰白胎，胎体厚重。器施青釉，釉色泛青白，内满釉，外施釉至足。内腹部刻一圈花卉纹，外上腹刻变体回纹，外中腹刻一周弦纹，下接单线莲瓣纹。口径16.4、足径6.4、高6.8厘米（彩版4-187）。

21ZS采：314，可复原。侈口，浅弧腹，下腹坦收，圈足，足端斜削。灰胎，胎体淘洗不精，含砂质颗粒。器施青釉，釉色泛灰，内满釉，外施釉至足，外底内零星施釉，釉下开冰裂纹。内底刻一周弦纹，内底心印折枝牡丹纹。内底釉面粘有窑渣，外腹胎壁轮旋痕明显。口径16.5、足径6.3、高6.2厘米（彩版4-188）。

21ZS采：321，可复原。侈口，浅弧腹，下腹坦收，圈足，足端斜削。灰胎，胎质致密。器施青釉，釉色泛青，内满釉，外施釉至足。内壁刻划卷草纹，间划有篦线纹，外上腹浅刻一周弦纹。口径16.5、足径6.8、高5.9厘米（彩版4-189）。

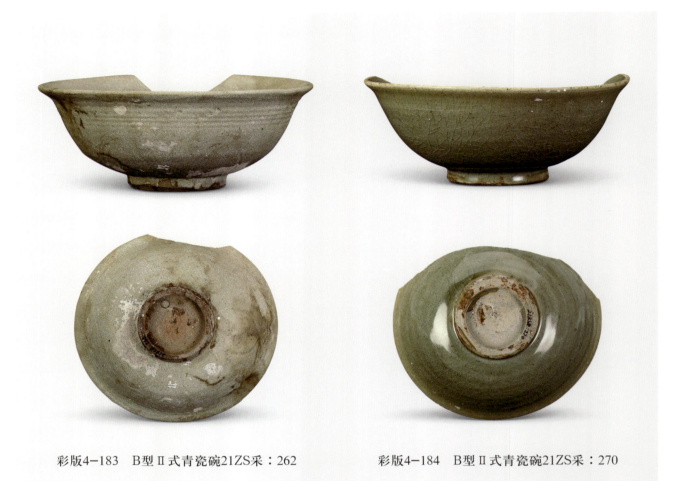

彩版4-183　B型Ⅱ式青瓷碗21ZS采：262　　　　彩版4-184　B型Ⅱ式青瓷碗21ZS采：270

彩版4-185　B型Ⅱ式青瓷碗21ZS采：296

彩版4-186　B型Ⅱ式青瓷碗21ZS采：298

彩版4-187 B型Ⅱ式青瓷碗21ZS采：311 　　彩版4-188 B型Ⅱ式青瓷碗21ZS采：314

彩版4-189 B型Ⅱ式青瓷碗21ZS采：321 　　彩版4-190 B型Ⅱ式青瓷碗21ZS采：324

21ZS 采：324，可复原。侈口，浅弧腹，下腹坦收，圈足，足端斜削。内底心微凹。灰白胎，胎质致密。器施青釉，釉色泛青白，内满釉，外施釉至足。内下腹刻卷草纹，内下腹刻一周弦纹。口径 16.3、足径 6.3、高 6.3 厘米（彩版 4-190）。

21ZS 采：326，可复原。侈口，浅弧腹，下腹坦收，圈足，足端斜削。灰白胎，胎质致密。器施青釉，釉色泛青，内满釉，外施釉至足，釉下开大片冰裂纹。外底内修足草率。口径 16.5、足径 6.2、高 6.4 厘米（彩版 4-191）。

21ZS 采：338，可复原，略变形。侈口，浅弧腹，下腹坦收，圈足，足端斜削。灰白胎，胎质致密。器施青釉，釉色泛青白，内满釉，外施釉至足，釉面整体较斑驳，流釉现象明显。内下腹刻一周弦纹，内底心印折枝花卉纹。口径 16.4、足径 6.4、高 6.4 厘米（彩版 4-192）。

21ZS 采：358，可复原。侈口，浅弧腹，下腹坦收，圈足，足端斜削。灰白胎，胎质致密。器施青釉，釉色泛青白，内满釉，外施釉至足，缩釉现象明显。内下腹刻一周弦纹，内底心印折枝花卉纹，外上腹刻三周弦纹。口径 17.0、足径 7.1、高 6.3 厘米（彩版 4-193）。

21ZS 采：385，可复原。侈口，浅弧腹，下腹坦收，圈足，足端斜削。灰白胎，胎质致密。器施青釉，釉色泛青黄，内满釉，外施釉至足，釉下遭侵蚀明显。内上腹及下腹刻一周弦纹，内底心印折枝花卉纹，纹饰模糊不清。外腹胎壁轮旋痕明显。口径 16.6、足径 6.2、高 6.5 厘米（彩版 4-194）。

21ZS 采：388，可复原，略变形。侈口，浅弧腹，下腹坦收，圈足，足端斜削。灰白胎，胎质致密。器施青釉，釉色泛青黄，内满釉，外施釉至足。内腹刻一圈草叶纹，内下腹刻一周弦纹，外上腹刻变体回纹，外下腹刻双线莲瓣纹。口径 16.6、足径 6.4、高 6.6 厘米（彩版 4-195）。

彩版4-191　B型Ⅱ式青瓷碗21ZS采：326　　　　彩版4-192　B型Ⅱ式青瓷碗21ZS采：338

彩版4-193　B型Ⅱ式青瓷碗21ZS采：358

彩版4-194　B型Ⅱ式青瓷碗21ZS采：385

彩版4-195　B型Ⅱ式青瓷碗21ZS采：388

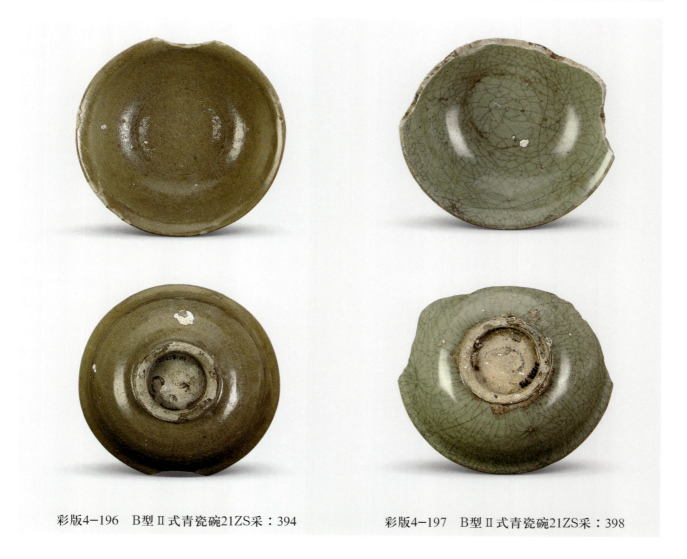

彩版4-196　B型Ⅱ式青瓷碗21ZS采：394　　　　　　彩版4-197　B型Ⅱ式青瓷碗21ZS采：398

　　21ZS采：394，可复原。侈口，浅弧腹，下腹坦收，圈足，足端斜削。灰白胎，胎体较致密。器施青釉，釉色泛灰，内满釉，外施釉至足，釉下开片。外中腹刻一周弦纹。外下腹修坯所留竖条痕明显。口径16.1、足径6.6、高6.3厘米（彩版4-196）。

　　21ZS采：398，可复原。侈口，弧腹，下腹坦收，圈足，足端斜削。灰白胎，胎体较致密。器施青釉，釉色泛青绿，内满釉，外施釉至足，釉下开大片冰裂纹。外底修足草率。口径17.0、足径6.5、高6.2厘米（彩版4-197）。

　　21ZS采：404，可复原。侈口，浅弧腹，下腹坦收，圈足，足端斜削。灰白胎，胎体较致密。器施青釉，内满釉，外施釉至足，流釉现象明显。内上腹及底部刻弦纹，内底心印折枝牡丹纹。外腹胎壁轮旋痕明显。口径16.4、足径6.3、高6.1厘米（彩版4-198）。

　　21ZS采：406，可复原，略生烧。侈口，浅弧腹，下腹坦收，圈足，足端斜削。灰白胎，胎质致密。器施青釉，釉面生烧泛青黄或青白，内满釉，外施釉至足，流釉现象明显。内底刻一周弦纹，内底心模印折枝花卉纹。外腹胎壁轮旋痕明显。口径16.7、足径6.1、高6.3厘米（彩版4-199）。

彩版4-198 B型Ⅱ式青瓷碗21ZS采：404

彩版4-199 B型Ⅱ式青瓷碗21ZS采：406

21ZS 采：408，可复原，略变形。侈口，弧腹，下腹坦收，圈足，足端斜削。灰白胎，胎体较致密。器施青釉，釉色泛青黄，内满釉，外施釉至足。内上腹、下腹刻一周弦纹，内底心印折枝花卉纹。外腹胎壁轮旋痕明显。口径 16.4、足径 6.4、高 6.0 厘米（彩版 4-200）。

21ZS 采：424，可复原，略变形。侈口，弧腹，下腹坦收，圈足，足端斜削。灰白胎，胎体较致密。器施青釉，釉色泛青黄，内满釉，外施釉至足。内上腹、下腹刻一周弦纹，内底心印折枝双菊花纹，外上腹刻四周弦纹。外底内粘有较多海生物残存。口径 16.3、足径 6.4、高 6.8 厘米（彩版 4-201）。

21ZS 采：426，可复原。侈口，浅弧腹，下腹坦收，圈足，足端斜削。灰胎，胎体厚重。器施青釉，内满釉，外施釉至足，釉下布有开片。内底刻一周弦纹。内底及外腹粘有窑渣与海生物残存，外腹胎壁轮旋痕明显。口径 16.2、足径 6.2、高 6.6 厘米（彩版 4-202）。

21ZS ①：8，完整，略变形。侈口，弧腹，下腹坦收，圈足，足端斜削。灰白胎，胎体较致密。器施青釉，釉色泛青白，内满釉，外施釉至足。内下腹刻一周弦纹，内底心印折枝花卉纹，外下腹刻一周弦纹。口径 16.8、足径 6.4、高 7.4 厘米（彩版 4-203）。

21ZS ①：10，完整，略变形。侈口，浅弧腹，下腹坦收，圈足，足端斜削。灰白胎，胎质致密。器施青釉，釉色泛灰。内满釉，外施釉至足，釉下开片。内上腹、下腹各刻一周弦纹，内底心印折枝花卉纹，纹饰模糊不清。口径 16.5、足径 6.5、高 6.2 厘米（彩版 4-204）。

彩版4-200　B型Ⅱ式青瓷碗21ZS采：408

彩版4-201　B型Ⅱ式青瓷碗21ZS采：424　　　　彩版4-202　B型Ⅱ式青瓷碗21ZS采：426

彩版4-203　B型Ⅱ式青瓷碗21ZS①：8

　　21ZS①：12，完整，略变形。侈口，浅弧腹，下腹坦收，圈足，足端斜削。灰白胎，胎质致密。器施青釉，釉色泛黄。内满釉，外施釉至足，釉下开片。内下腹刻一周弦纹，内底心印折枝花卉纹，模糊不清。外上腹刻三周弦纹。口径16.6、足径6.7、高6.8厘米（彩版4-205）。

　　21ZS①：14，完整，略变形。侈口，弧腹，下腹坦收，圈足，足端斜削。灰白胎，胎体较致密。器施青釉，釉色泛青灰，内满釉，外施釉至足。内下腹刻一周弦纹，内底心印折枝花卉纹。外腹胎壁轮旋痕明显。口径16.1、足径6.4、高7.0厘米（彩版4-206）。

彩版4-204　B型Ⅱ式青瓷碗21ZS①：10

彩版4-205　B型Ⅱ式青瓷碗21ZS①：12

彩版4-206　B型Ⅱ式青瓷碗21ZS①：14

彩版4-207　B型Ⅱ式青瓷碗21ZS①：15

　　21ZS①：15，完整，略变形。侈口，弧腹，下腹坦收，圈足，足端斜削。灰白胎，胎体较致密。器施青釉，釉色泛青灰，内满釉，外施釉至足，外底内零星施釉。釉下开细密冰裂纹。内口沿、下腹刻一周弦纹。外腹胎壁轮旋痕明显。口径16.5、足径6.3、高6.3厘米（彩版4-207）。

　　21ZS①：18，完整，略变形。侈口，浅弧腹，下腹坦收，圈足，足端斜削。灰白胎，胎质致密。器施青釉，釉色泛灰。内满釉，外施釉至足，釉下开片。内下腹刻一周弦纹，内底心印折枝花卉纹，模糊不清。外上腹刻三周弦纹。内、外下腹粘有较多海洋生物残存。口径16.2、足径7.0、高

7.0厘米（彩版4-208）。

21ZS①：19，完整，略变形。侈口，浅弧腹，下腹坦收，圈足，足端斜削。灰白胎，胎质致密。器施青釉，釉色泛青白。内满釉，外施釉至足，釉下开片。内下腹刻一周弦纹，内底心印折枝花卉纹，外上腹刻弦纹。口径15.9、足径6.4、高6.5厘米（彩版4-209）。

21ZST1010②：1，可复原。侈口，弧腹，下腹坦收，圈足，足端斜削。灰胎，胎体厚重。器施青釉，釉色泛青灰，内满釉，外施釉至足。内下腹刻一周弦纹，内底心印折枝菊花纹，外上腹刻四周弦纹。外腹胎壁轮旋痕明显。口径16.6、足径6.3、高7.0厘米（彩版4-210）。

21ZST1010②：2，完整。侈口，浅弧腹，下腹坦收，圈足，足端斜削。灰胎，胎体厚重。器施青釉，釉色泛青绿，内满釉，外施釉至足。内上腹、下腹各刻一周弦纹，内底心印折枝花卉纹，外上腹刻数周弦纹，外下腹刻一周弦纹。口径16.3、足径6.4、高6.4厘米（彩版4-211）。

21ZST1010②：3，完整，略变形。侈口，浅弧腹，下腹坦收，圈足，足端斜削。灰胎，胎体厚重。器施青釉，火候不均，釉色呈青黄或青灰，内满釉，外施釉至足。内下腹刻一周弦纹，外上腹刻三周弦纹。口径16.3、足径6.3、高6.4厘米（彩版4-212）。

21ZST1010②：5，完整，略变形，生烧。侈口，浅弧腹，下腹坦收，圈足，足端斜削。灰白胎，胎体厚重。器施青釉，釉色生烧泛白，内满釉，外施釉至足，釉下遭火蚀明显，多呈黑色。内下腹刻一周弦纹，内底心印折枝花卉纹，纹饰模糊不清。口径16.0、足径7.0、高6.2厘米（彩版4-213）。

21ZST1010②：6，完整。侈口，浅弧腹，下腹坦收，圈足，足端斜削。灰胎，胎体厚重。器施青釉，釉色泛黄，内满釉，外施釉至足，外底内零星施釉，釉下开冰裂纹。内下腹刻一周弦纹，外

彩版4-208　B型Ⅱ式青瓷碗21ZS①：18　　　　彩版4-209　B型Ⅱ式青瓷碗21ZS①：19

彩版4-210 B型Ⅱ式青瓷碗21ZST1010②：1

彩版4-211 B型Ⅱ式青瓷碗21ZST1010②：2

彩版4-212 B型Ⅱ式青瓷碗21ZST1010②：3　　　彩版4-213 B型Ⅱ式青瓷碗21ZST1010②：5

上腹刻三周弦纹。口径 16.8、足径 6.7、高 6.5 厘米（彩版 4-214）。

21ZST1010②：9，完整，略变形。侈口，浅弧腹，下腹坦收，圈足，足端斜削。灰胎，胎体厚重。器施青釉，釉色泛灰黄，内满釉，外施釉至足，外底内零星施釉，釉下开冰裂纹。内腹刻一圈莲花纹，下接一周弦纹，内底心印折枝花卉纹。外中腹釉下残存一道黑色火斑，胎壁轮旋痕明显。口径 16.3、足径 6.7、高 6.5 厘米（彩版 4-215）。

21ZST1010②：10，完整，略变形。侈口，浅弧腹，下腹坦收，圈足，足端斜削。灰胎，胎体厚重。器施青釉，釉色泛黄，内满釉，外施釉至足，釉下开冰裂纹。内下腹部刻一周弦纹，内底心印折枝花卉纹，外上腹刻三周弦纹。口径 16.6、足径 6.5、高 6.1 厘米（彩版 4-216）。

彩版4-214　B型Ⅱ式青瓷碗21ZST1010②：6

彩版4-215　B型Ⅱ式青瓷碗21ZST1010②：9

彩版4-216　B型Ⅱ式青瓷碗21ZST1010②：10

21ZST1010②：11，完整，略变形。侈口，浅弧腹，下腹坦收，圈足，足端斜削。灰胎，胎体厚重。器施青釉，釉色泛黄，内满釉，外施釉至足，釉下开冰裂纹。内上腹、下腹刻一周弦纹，内底心印折枝花卉纹，外上腹刻三周弦纹。外腹胎壁轮旋痕迹明显。口径 16.2、足径 6.4、高 6.7 厘米（彩版 4-217）。

21ZST1010②：12，完整，略变形。侈口，浅弧腹，下腹坦收，圈足，足端斜削。灰胎，胎体厚重。器施青釉，釉色泛黄，内满釉，外施釉至足，釉下开冰裂纹。内下腹刻一周弦纹，内底心印折枝花卉纹。内底心粘有窑渣，外腹胎壁轮旋痕迹明显。口径 16.3、足径 6.5、高 6.4 厘米（彩版 4-218）。

21ZST1010②：19，完整，略变形。侈口，斜弧腹，下腹坦收，圈足，足端斜削。灰白胎，胎质致密。器施青釉，釉色泛青灰，内满釉，外施釉至足。内下腹刻一周弦纹，内底心印折枝花卉纹，外上腹刻三周弦纹。外腹胎壁轮旋痕明显。口径 16.8、足径 6.6、高 6.5 厘米（彩版 4-219）。

21ZST1010②：23，完整，略变形。侈口，浅弧腹，下腹坦收，圈足，足端斜削。灰胎，胎体厚重。器施青釉，釉色泛灰，内满釉，外施釉至足，外底心零星施釉。内下腹刻一周弦纹，内底心印折枝花卉纹，外上腹刻数周弦纹。外腹胎壁轮旋痕明显。口径 17.6、足径 6.6、高 6.5 厘米（彩版 4-220）。

彩版4-217　B型Ⅱ式青瓷碗21ZST1010②：11

彩版4-218　B型Ⅱ式青瓷碗21ZST1010②：12

彩版4-219　B型Ⅱ式青瓷碗21ZST1010②：19

彩版4-220　B型Ⅱ式青瓷碗21ZST1010②：23

彩版4-221　B型Ⅱ式青瓷碗21ZST1010②：24

21ZST1010②：24，完整，略变形。侈口，浅弧腹，下腹坦收，圈足，足端斜削。内底心微凹。灰胎，胎体厚重。器施青釉，釉色泛灰，内满釉，外施釉至足，缩釉现象明显。内上腹及底部刻弦纹。口径 16.9、足径 6.8、高 6.5 厘米（彩版 4-221）。

21ZST1010②：26，可复原。侈口，弧腹，下腹坦收，圈足，足端斜削。内底心微凹。灰红胎，胎质较疏松。器施青釉，釉色泛青黄，内满釉，外施釉至足，釉下开大块冰裂纹。内腹刻卷草纹，内下腹刻双圈弦纹，外上腹刻四周弦纹，外中腹刻双圈弦纹，下接双弦莲瓣纹。口径 16.7、足径 5.9、高 6.6 厘米（彩版 4-222）。

21ZST1010②：32，可复原。侈口，浅弧腹，下腹坦收，圈足，足端斜削。内底心微凹。灰胎，胎体厚重。器施青釉，釉色泛灰，内满釉，外施釉至足。内下腹刻一周弦纹，内底心印花卉纹，外上腹刻一周弦纹。外腹胎壁轮旋痕明显，内、外腹壁粘有海生物残件。口径 15.7、足径 6.0、高 6.4 厘米（彩版 4-223）。

21ZST1010②：33，可复原。侈口，浅弧腹，下腹坦收，圈足，足端斜削。内底心微凹。灰黄胎，胎质致密。器施青釉，釉色泛青灰，内满釉，外施釉至足。内下腹刻一周弦纹，内底心印折枝花卉纹。内壁粘有较多海生物残存，外腹胎壁轮旋痕明显。口径 16.1、足径 6.0、高 6.7 厘米（彩版 4-224）。

21ZST1010②：54，可复原，生烧。侈口，浅弧腹，下腹坦收，圈足，足端斜削。内底心微凹。灰黄胎，胎体厚重。釉面生烧不显，内满釉，外施釉至足。内下腹刻一周弦纹，内底心印折枝花卉纹。口径 15.6、足径 6.0、高 6.4 厘米（彩版 4-225）。

21ZST1011②：51，完整。侈口，浅弧腹，下腹坦收，圈足，足端斜削。灰胎，胎体厚重。器施青釉，釉色泛灰，内满釉，外施釉至足。内壁刻卷草纹，外上腹刻变体回纹，外下腹刻双线莲瓣纹。外下腹及底部粘有海生物残存。口径 16.7、足径 6.6、高 6.5 厘米（彩版 4-226）。

彩版 4-222　B 型 II 式青瓷碗 21ZST1010②：26　　　　彩版 4-223　B 型 II 式青瓷碗 21ZST1010②：32

彩版4-225　B型Ⅱ式青瓷碗21ZST1010②：54

彩版4-224　B型Ⅱ式青瓷碗21ZST1010②：33

彩版4-226　B型Ⅱ式青瓷碗21ZST1011②：51

彩版4-227　B型Ⅱ式青瓷碗21ZST1012②：42

彩版4-228　B型Ⅱ式青瓷碗21ZST1012②：53

21ZST1012 ②：42，完整。侈口，斜弧腹，下腹坦收，圈足，足端斜削。内底心微凹。灰胎，胎体厚重。器施青釉，釉色泛青灰，内满釉，外施釉至足，器身釉面缩釉明显。口径 17.7、足径 6.7、高 7.1 厘米（彩版 4-227）。

21ZST1012 ②：53，完整。侈口，浅弧腹，下腹坦收，圈足，足端斜削。灰胎，胎体厚重。器施青釉，釉色泛青灰，内满釉，外施釉至足。内上腹刻一周弦纹，内底印折枝双菊花纹。口径 17.9、足径 7.2、高 7.5 厘米（彩版 4-228）。

3. 青瓷小碗

8 件。根据口部特征分三型。

A 型 1 件。敞口微敛，浅斜腹，宽圈足。

21ZS 采：382，可复原。敞口微敛，浅斜腹，宽圈足，足端斜削。内底心微凹，外底心较凸。灰黄胎，胎质较疏松。器施青釉，釉色泛黄绿。内满釉，外施釉至足。口径 14.7、足径 6.0、高 4.8 厘米（图 4-29，1；彩版 4-229）。

B 型 1 件。敞口微侈，斜弧腹，圈足。

21ZS 采：142，可复原。敞口微侈，斜弧腹，下腹鼓收，圈足，足端斜削。灰白胎，胎质致密。器施青釉，釉色泛青绿。内满釉，外施釉至足，釉下开冰裂纹。内下腹刻弦纹一周，内底心印折枝花卉，外下腹刻弦纹一周。外足内粘有海生物残存。口径 15.6、足径 6.3、高 6.2 厘米（图 4-29，2；彩版 4-230）。

C 型 6 件。侈口，圈足。根据腹部特征分两式。

Ⅰ式 1 件。斜弧腹，圈足。

21ZS 采：328，可复原，略生烧。侈口，斜弧腹，圈足，足端斜削。灰胎，胎质致密。器施青釉，釉面整体生烧不显。内满釉，外施釉至下腹，部分流釉至足墙。内腹壁印花卉纹，纹饰模糊不

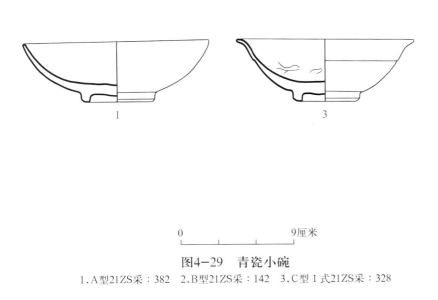
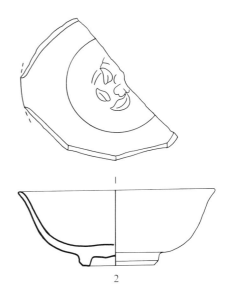

0   9厘米

图4-29 青瓷小碗

1. A 型 21ZS 采：382   2. B 型 21ZS 采：142   3. C 型Ⅰ式 21ZS 采：328

清。口径 14.1、足径 5.3、高 5.3 厘米（图 4-29，3；彩版 4-231）。

　　Ⅱ式　5 件。中、下腹略鼓收，圈足。

　　21ZS ①：5，完整。侈口，斜弧腹，下腹鼓收，圈足，足端斜削。胎色灰白，胎质致密。器施青釉，釉色泛青白。内满釉，外施釉至足，釉下开冰裂纹。内下腹刻一周弦纹，外口部刻四周弦纹，外下腹刻双圈弦纹。口径 13.2、足径 4.7、高 5.5 厘米（彩版 4-232）。

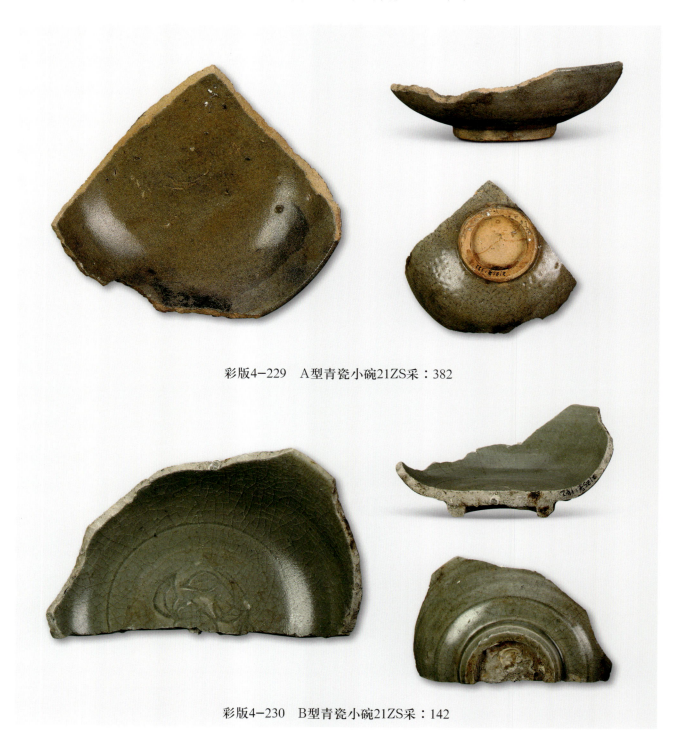

彩版4-229　A型青瓷小碗21ZS采：382

彩版4-230　B型青瓷小碗21ZS采：142

彩版4-231　C型Ⅰ式青瓷小碗21ZS采：328

彩版4-232　C型Ⅱ式青瓷小碗21ZS①：5

21ZS①：6，完整。侈口，斜弧腹，下腹鼓收，圈足，足端斜削。胎色灰白，胎质致密。器施青釉，釉色泛青白。内满釉，外施釉至足，釉下开冰裂纹。内上腹、下腹各刻一周弦纹，外口部刻八周弦纹。外下腹粘有海生物残渣。口径13.3、足径4.9、高5.3厘米（彩版4-233）。

21ZS采：325，完整。侈口，斜弧腹，下腹鼓收，圈足，足端斜削。灰胎，胎质致密。内满釉，外施釉至足。内上腹、底部刻一周弦纹，外上腹及下腹各刻四周、三周弦纹。口径13.8、足径5.1、高5.1厘米（彩版4-234）。

21ZS①：16，完整。侈口，斜弧腹，下腹鼓收，圈足，足端斜削。胎色灰白，胎质致密。器施青釉，釉色泛青白。内满釉，外施釉至足，内上腹、下腹各刻一周弦纹。外下腹及外底粘有海砂。口径13.3、足径4.9、高5.3厘米（彩版4-235）。

彩版4-233　C型Ⅱ式青瓷小碗21ZS①：6

彩版4-234　C型Ⅱ式青瓷小碗21ZS采：325

彩版4-235　C型Ⅱ式青瓷小碗21ZS①：16

盘类器物发现数量124件，仅次于碗，根据器形大小也分大盘、盘和小盘三类。盘类器物造型较多，有敞口、侈口、葵口、折沿等，其胎体特征与碗类器物相似，但装饰特征略有差异。

4. 青瓷大盘

12件。其中盘底1件。根据口部特征分两型。

A型　1件。敞口微敛，斜弧腹，宽圈足。

21ZS采：436，可复原，略生烧。敞口微敛，斜弧腹，宽圈足，足端斜削。内底微上凸。灰胎，胎质致密。器施青釉，釉色泛黄。内满釉，外施釉至圈足内，外底外缘涩圈刮釉。内下腹刻单圈弦纹，内底模印折枝花卉纹。器身遭海生物侵蚀严重，纹饰多模糊不清。口径34、足径22.5、高6.4厘米（图4-30；彩版4-236）。

0　　　　　　　　　12厘米

图4-30　A型青瓷大盘21ZS采：436

彩版4-236　A型青瓷大盘21ZS采：436

B型　10件。宽折沿，斜弧腹，宽圈足。盘底1件，斜弧腹，大圈足。

21ZS采：8，可复原。圆唇微上翘，宽折沿，斜弧腹，圈足，足端斜削。灰胎，生烧处呈黄色。器施青釉，釉色泛黄，内外满釉，外底外缘刮釉。内腹刻卷草纹。口径34.8、足径20、高6.8厘米（图4-31，1；彩版4-237）。

21ZS采：26，残存下腹及足部。斜弧腹，宽矮圈足，足端斜削，外底内凹。灰胎，胎体生烧，质地紧密。器施青釉，釉色泛青灰，内满釉，外施釉至圈足内，外底外缘涩圈刮釉，釉层厚薄不均。内底心印装饰，模糊不清。内腹足交接处浅削呈阶状。足径22.3、残高3.3厘米（彩版4-238）。

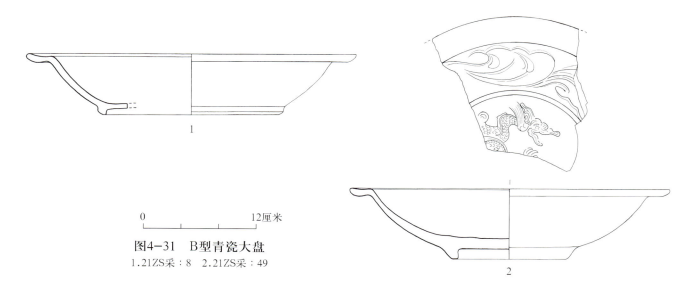

0　　　　　　　12厘米

图4-31　B型青瓷大盘
1.21ZS采：8　2.21ZS采：49

彩版4-237　B型青瓷大盘21ZS采：8　　　　　彩版4-238　B型青瓷大盘21ZS采：26

　　21ZS采：49，可复原。圆唇上翘，宽折沿，斜弧腹，圈足，足端斜削。灰白胎，胎质致密。器施青釉，釉色泛青灰，内外满釉，仅足端刮釉。内腹刻卷草纹，内下腹刻双圈弦纹，内底心模印龙纹，外腹刻菊瓣纹。口径34、足径12.4、高7.6厘米（图4-31，2；彩版4-239）。

　　21ZS采：65，可复原，略生烧。尖圆唇上翘，宽折沿，斜弧腹，宽圈足，足端斜削，外底内凹。灰胎，胎质较致密。器施青釉，釉面生烧不显，内满釉，外施釉至圈足内，圈足外缘涩圈刮釉。口径35.2、足径17.7、高6.8厘米（图4-32，1；彩版4-240）。

　　21ZS采：98，残存口部及腹部，略生烧。圆唇上翘，宽折沿，深斜弧腹。灰胎，生烧处呈灰黄

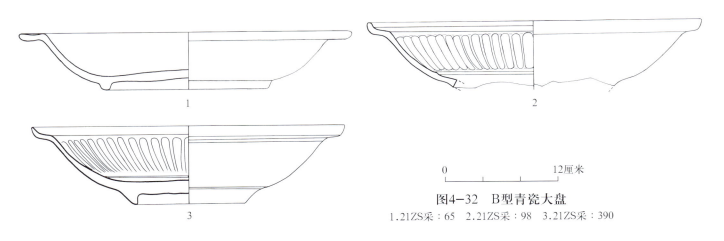

0　　　　　　　　　12厘米

图4-32　B型青瓷大盘
1.21ZS采：65　2.21ZS采：98　3.21ZS采：390

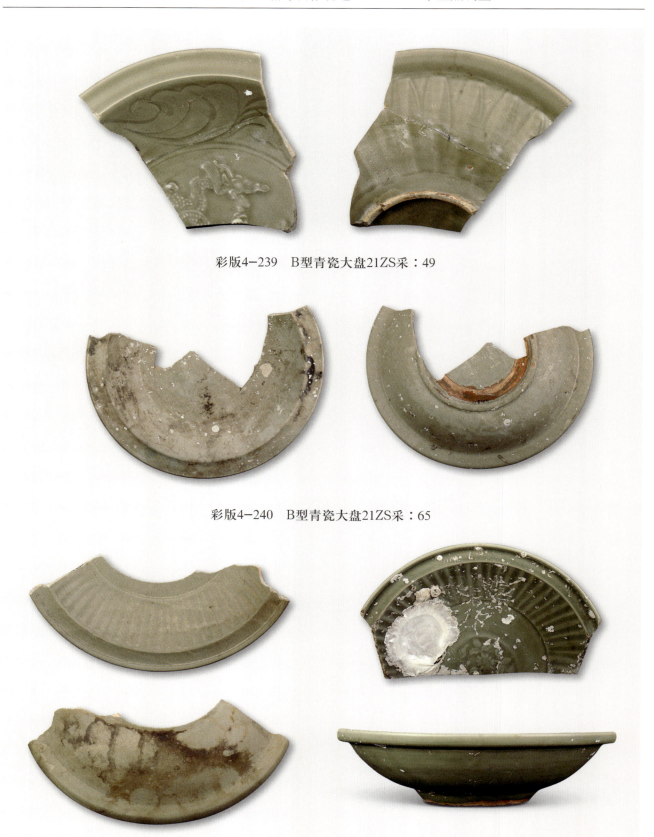

彩版4-239　B型青瓷大盘21ZS采：49

彩版4-240　B型青瓷大盘21ZS采：65

彩版4-241　B型青瓷大盘21ZS采：98　　　　　彩版4-242　B型青瓷大盘21ZS采：390

彩版4-243 B型青瓷大盘21ZS采：14

胎。器施青釉，釉色泛青黄，内外满釉。内壁菊瓣纹。外壁釉面遭侵蚀明显。口径35.6、残高7厘米（图4-32，2；彩版4-241）。

21ZS采：390，可复原。圆唇上翘，宽折沿，深斜弧腹，圈足，足端斜削。灰胎，胎质致密。器施青釉，釉色泛青绿。内外满釉，仅足端刮釉。内腹菊瓣纹，内底心印折枝花卉纹。内腹粘连有海生物残存，外腹胎壁轮旋痕迹明显。口径33.2、足径12.4、高8.3厘米（图4-32，3；彩版4-242）。

21ZS采：14，可复原。圆唇微上翘，宽折沿，斜弧腹，圈足，足内墙内倾。内底微上凹。灰白胎，胎质较致密。器施青釉，釉色青黄。内外满釉，外底涩圈刮釉。内底印龙纹，外壁刻划菊瓣纹。内腹及底部附着有海贝等海生物残存，器身釉面遭侵蚀严重。口径34.9、足径12.7、高6.8厘米（彩版4-243）。

21ZS采：27，残存口部及腹部。圆唇上翘，宽折沿，斜弧腹。灰胎，胎质较致密。器施青釉，釉色泛青灰，内外满釉。内壁刻连枝荷花纹。口径28.2、残高5.3厘米（彩版4-244）。

21ZS采：37，可复原。圆唇上翘，宽折沿，斜弧腹，圈足，足端斜削，内底微凸。灰胎，胎质致密，胎体厚重。器施青釉，釉色泛黄。内外满釉，外底外缘涩圈，外底缩釉现象明显。内底模印花卉纹，纹饰模糊不清。口径28.2、足径13.6、高9.0厘米（彩版4-245）。

彩版4-244　B型青瓷大盘21ZS采：27

彩版4-245　B型青瓷大盘21ZS采：37

5. 青瓷盘

10件。根据口部特征分两型。

A型　2件。敞口，斜弧腹，圈足。

21ZS采：348，可复原。敞口微敛，斜弧腹，宽圈足，足端斜削。灰胎，胎质致密。器施青釉，釉色泛青灰。内满釉，外施釉至圈足，釉下气泡明

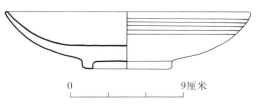

图4-33　A型青瓷盘21ZS采：348

显。内口部刻一圈细弦纹，外口部刻五圈弦纹。口径19.3、足径7.1、高4.5厘米（图4-33；彩版4-246）。

21ZST1011②：60，可复原。敞口微敛，斜弧腹，宽圈足，足端斜削。灰胎，胎质致密。器施青釉，釉色泛黄，内满釉，外施釉至圈足。外口部刻弦纹，纹饰较模糊。口径18.5、足径6.3、高4.4厘米（彩版4-247）。

B型　8件。侈口，斜弧腹，圈足。

21ZS采：18，可复原。撇口，斜弧腹，圈足。灰胎，胎质致密。器施青釉，釉色泛青绿。内满釉，外施釉至足部，部分流釉至圈足内。内口、下腹刻一圈弦纹，内腹部刻卷草纹，内底心印菊花纹。外口部刻变体回纹，中腹刻莲瓣纹，纹饰草率、写意。口径19.3、足径6.6、高4.5厘米（图4-34，1；彩版4-248）。

21ZS采：34，可复原。撇口，斜弧腹，圈足。灰胎，胎质致密。器施青釉，釉色泛青绿。内满釉，外施釉至足部，部分流釉至圈足内。内口、下腹刻一圈弦纹，内腹部刻卷草纹，内底心印菊花纹。外口部刻变体回纹，中腹刻多线莲瓣纹，纹饰草率、写意。口径19.4、足径6.8、高4.5厘米（图4-34，2；彩版4-249）。

21ZS采：120，可复原。撇口微折，斜弧腹，圈足，足端斜削。灰胎，胎质致密。器施青釉，

彩版4-246　A型青瓷盘21ZS采：348

彩版4-247　A型青瓷盘21ZST1011②：60

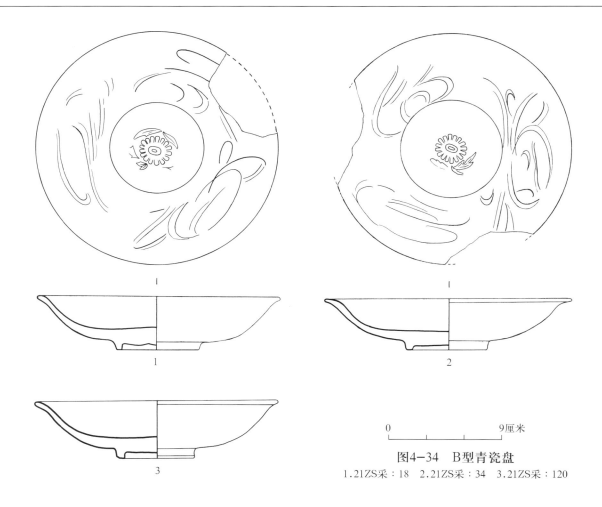

图4-34　B型青瓷盘

1.21ZS采：18　2.21ZS采：34　3.21ZS采：120

釉色泛青绿，内满釉，外施釉至足。内上腹、下腹各刻一周弦纹。外腹胎体轮旋痕明显。口径19.5、足径6.2、高4.8厘米（图4-34，3；彩版4-250）。

　　21ZS采：36，可复原。撇口，斜弧腹，圈足。灰胎，胎质致密。器施青釉，釉色泛青绿。内满釉，外施釉至足部，部分流釉至圈足内。内口、下腹刻一圈弦纹，内腹部刻卷草纹，内底心印菊花纹。外口部刻变体回纹，中腹刻多线莲瓣纹，纹饰草率、写意。口径18.8、足径6.8、高4.1厘米（彩版4-251）。

　　21ZS采：72，可复原。撇口微折，斜弧腹，圈足，足端斜削。灰胎，胎质致密。器施青釉，釉色泛青绿，内满釉，外施釉至足，部分流釉至圈足内。内上腹、下腹各刻一周弦纹，内中腹刻写意卷草纹，内底心模印菊花纹。外上腹刻变体回纹，中腹刻多线莲瓣纹。口径19.4、足径6.8、高4.3厘米（彩版4-252）。

　　21ZS采：301，可复原。撇口微折，斜弧腹，圈足足端斜削。灰胎，部分生烧呈黄色。器施青釉，釉色泛青灰，生烧泛青黄。内满釉，外施釉至足，部分流釉至圈足内。内壁刻卷草纹，较模糊。外上腹刻变体回纹，中腹刻莲瓣纹。内底胎体涡旋轮坯痕明显。口径19、足径6.4、高3.7厘米（彩版4-253）。

彩版4-248　B型青瓷盘21ZS采：18

彩版4-249　B型青瓷盘21ZS采：34

彩版4-250　B型青瓷盘21ZS采：120

彩版4-251　B型青瓷盘21ZS采：36

彩版4-252　B型青瓷盘21ZS采：72

彩版4-253　B型青瓷盘21ZS采：301

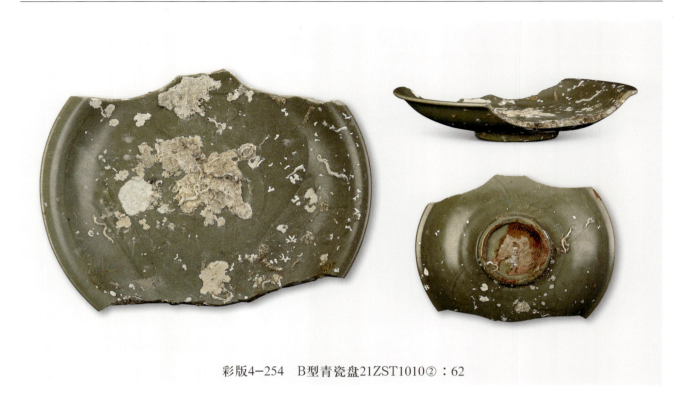

彩版4-254　B型青瓷盘21ZST1010②：62

　　21ZST1010②：62，可复原。撇口，尖圆唇，斜弧腹，圈足，足端斜削。灰白胎，胎质致密。器施青釉，釉色泛青灰。内满釉，外施釉至足，部分流釉至圈足内。内口部刻一圈弦纹，内腹刻卷草纹，内底纹饰模糊。外口部刻变体回纹，中腹刻双线莲瓣纹，下腹刻一圈弦纹。内外腹部及底部粘有海洋生物遗存。口径19.2、足径6.2、高3.5厘米（彩版4-254）。

6. 青瓷小盘

　　102件。根据口、腹特征分五型。

　　A型　1件。敞口，斜弧腹，圈足。

　　21ZS采：330，可复原。敞口，圆唇，浅斜弧腹，圈足外侈，足端斜削。灰胎，胎质致密。器施青釉，釉色泛青黄，内满釉，外施釉至足，外底露胎。内下腹刻一周弦纹。口径16、足径6、高3.5厘米（图4-35；彩版4-255）。

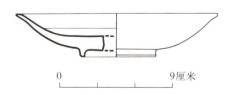

0　　　　　　9厘米

图4-35　A型青瓷小盘21ZS采：330

　　B型　35件。敞口微敛，斜弧腹，圈足。

　　21ZS采：33，可复原。敞口微敛，斜弧腹，圈足，足端斜削。内底心微凹，外底心乳突。灰胎，胎质致密。器施青釉，釉色泛灰。内满釉，外施釉至足，外底露胎。外口部刻数圈弦纹。口径15、足径5.8、高4.5厘米（图4-36，1；彩版4-256）。

　　21ZS采：278，可复原。敞口微敛，斜弧腹，圈足，足端斜削。灰胎，胎质致密。器施青釉，釉色泛青绿。内满釉，外施釉至足，外底露胎，釉下开片。口径15.5、足径6.2、高4.7厘米（图

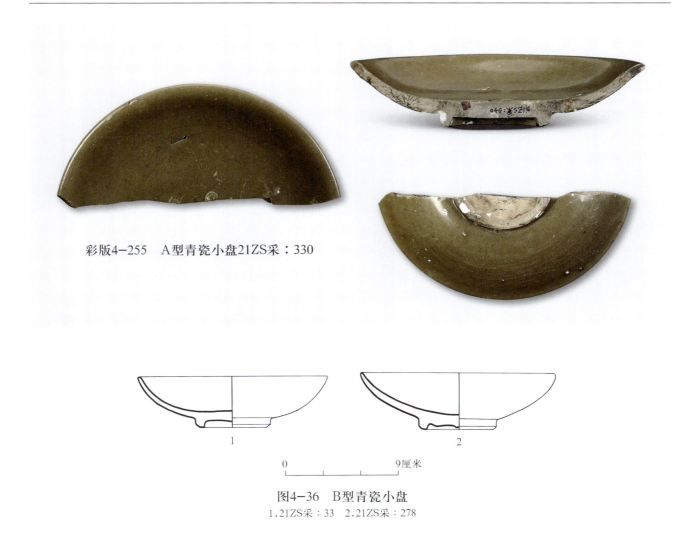

彩版4-255　A型青瓷小盘21ZS采：330

图4-36　B型青瓷小盘
1.21ZS采：33　2.21ZS采：278

4-36，2；彩版4-257）。

　　21ZS采：281，可复原。敞口微敛，斜弧腹，圈足，足端斜削。内底心微凹。灰胎，胎质较致密。器施青釉，釉色泛绿，内满釉，外施釉至足，外底内部分施釉，外底露胎，釉下开细密开片。内下腹刻一周弦纹，外下腹刻两周弦纹。口径14.9、足径5.7、高4.3厘米（图4-37，1；彩版4-258）。

　　21ZS采：283，可复原。敞口微敛，斜弧腹，圈足，足端斜削。内底心下凹，外底心乳突。灰

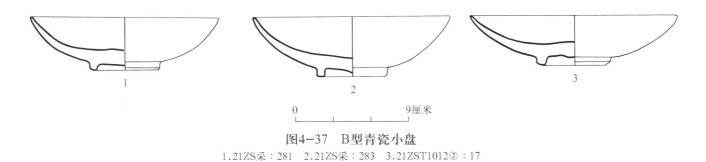

图4-37　B型青瓷小盘
1.21ZS采：281　2.21ZS采：283　3.21ZST1012②：17

彩版4-256　B型青瓷小盘21ZS采：33　　　　　　彩版4-257　B型青瓷小盘21ZS采：278

胎，胎质致密。器施青釉，釉色泛青灰。内满釉，外施釉至足，足内部分施釉。口径15.6、足径5.5、高4.4厘米（图4-37，2；彩版4-259）。

21ZST1012②：17，可复原。敞口微敛，斜弧腹，圈足，足端斜削。灰胎，胎质致密。器施青釉，釉色泛青白，内壁满釉，内底涩圈，外施釉至足，外底露胎，釉下开片。外下腹部刻四周弦纹。口径16.3、足径5.8、高4.2厘米（图4-37，3；彩版4-260）。

21ZS采：45，完整，略生烧。敞口微敛，斜弧腹，圈足，足端斜削。内底心微凹。灰胎，生烧处为黄胎，胎质较致密。器施青釉，釉色生烧泛白，内满釉，外施釉至足，外底露胎。口径16.2、足径6.1、高4.8厘米（彩版4-261）。

21ZS采：46，完整，略生烧。敞口微敛，斜弧腹，圈足，足端斜削。灰黄胎，胎质较致密。器施青釉，器身整体釉色生烧泛白，内底心釉色泛青绿，内满釉，外施釉至足，外底露胎。内底心粘有垫饼底部残件。口径16.2、足径6.1、高4.3厘米（彩版4-262）。

21ZS采：75，可复原。敞口微敛，斜弧腹，圈足，足端斜削。灰白胎，胎质致密。器施青釉，釉色泛青白，内壁满釉，内底涩圈，外施釉至足，外底露胎。外下腹刻数周弦纹。口径15.8、足径5.7、高4厘米（彩版4-263）。

21ZS采：99，可复原。敞口微敛，斜弧腹，圈足，足端斜削。内底心微凹。灰白胎，胎质致

彩版4-258　B型青瓷小盘21ZS采：281

彩版4-259　B型青瓷小盘21ZS采：283

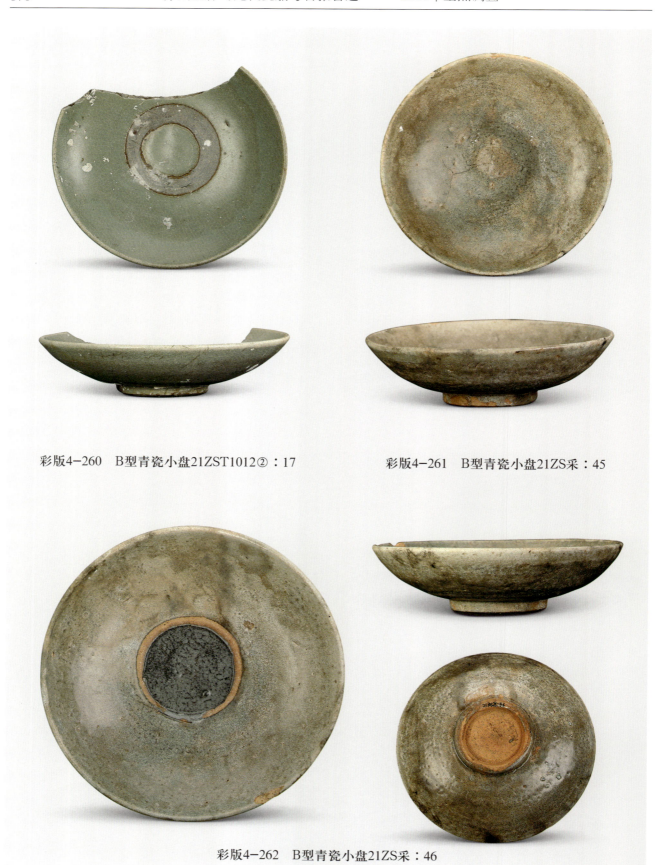

彩版4-260　B型青瓷小盘21ZST1012②：17　　　　　　彩版4-261　B型青瓷小盘21ZS采：45

彩版4-262　B型青瓷小盘21ZS采：46

密。器施青釉，釉色泛青黄，内满釉，外施釉至足，外底零星施釉，釉下开冰裂纹。外腹壁轮旋痕明显。口径 16.8、足径 6.4、高 4 厘米（彩版 4-264）。

21ZS 采：155，可复原。敞口微敛，斜弧腹，圈足，足端斜削。内底微凹。灰白胎，胎质致密。器施青釉，釉色泛青绿，内满釉，外施釉至足，外底露胎。口径 15.4、足径 5.5、高 4.1 厘米（彩版 4-265）。

21ZS 采：179，可复原。敞口微敛，斜弧腹，圈足，足端斜削。内底微凹。灰白胎，胎质致密。器施青釉，釉色泛青绿，内满釉，外施釉至足，外底露胎，釉下开细密开片。口径 15.2、足径 5.7、高 3.8 厘米（彩版 4-266）。

21ZS 采：183，可复原。敞口微敛，斜弧腹，圈足，足端斜削。内底微凹。灰白胎，胎质致密。

彩版4-263　B型青瓷小盘21ZS采：75

彩版4-264　B型青瓷小盘21ZS采：99　　　　彩版4-265　B型青瓷小盘21ZS采：155

彩版4-266　B型青瓷小盘21ZS采：179

彩版4-267　B型青瓷小盘21ZS采：183

器施青釉，釉色泛青绿，内满釉，外施釉至足，外底露胎，釉下开细密开片。口径 15.3、足径 5.9、高 4.4 厘米（彩版 4-267）。

21ZS 采：217，可复原。敞口微敛，斜弧腹，圈足，足端斜削。内底心微凹。灰胎，胎质致密。器施青釉，釉色泛灰，内满釉，外施釉至足，外底露胎，釉下开片。外下腹及底部粘有海生物残存。口径 14.8、足径 5.5、高 4.0 厘米（彩版 4-268）。

21ZS 采：282，可复原。敞口微敛，斜弧腹，圈足，足端斜削。内底心微凹。灰白胎，胎质致密。器施青釉，釉色泛青灰，内满釉，外施釉至足。口径 15.2、足径 6.1、高 4.5 厘米（彩版 4-269）。

21ZS 采：307，可复原。敞口微敛，斜弧腹，圈足，足端斜削。灰白胎，胎质致密。器施青釉，釉色泛青灰，内壁满釉，内底涩圈，外施釉至足，外底露胎。外下腹刻四周弦纹。口径 15.7、足径 5.3、高 4.9 厘米（彩版 4-270）。

彩版4-268　B型青瓷小盘21ZS采：217

彩版4-269　B型青瓷小盘21ZS采：282

彩版4-270　B型青瓷小盘21ZS采：307

彩版4-271　B型青瓷小盘21ZS采：335

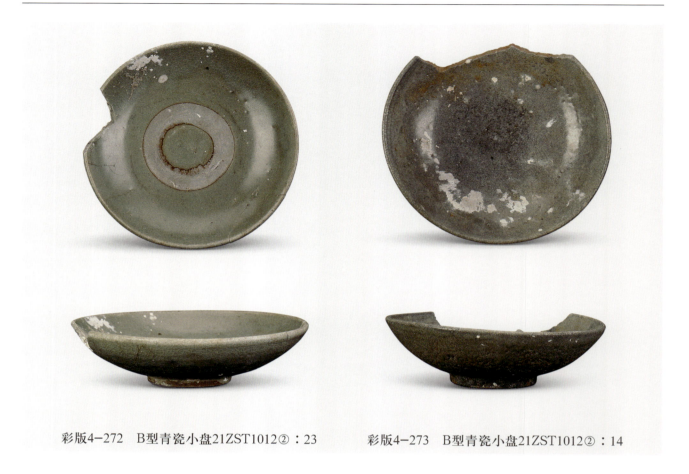

彩版4-272　　B型青瓷小盘21ZST1012②：23　　　　　彩版4-273　　B型青瓷小盘21ZST1012②：14

　　21ZS采：335，可复原。敞口微敛，斜弧腹，圈足，足端斜削。灰白胎，胎质致密。器施青釉，釉色泛青白，内壁满釉，内底涩圈，外施釉至足，外底露胎。外下腹刻两周弦纹。釉下粘有窑渣，外腹胎壁轮旋痕明显。内外腹壁粘有海生物残存。口径16.3、足径6、高4.3厘米（彩版4-271）。

　　21ZST1012②：23，可复原。敞口微敛，斜弧腹，圈足，足端斜削。灰胎，胎质较致密。器施青釉，釉色泛铁白，内腹满釉，内底涩圈，外施釉至足，外底露胎。内外上腹粘有海生物残存。口径15.8、足径5.4、高4.2厘米（彩版4-272）。

　　21ZST1012②：14，可复原，略生烧。敞口微敛，斜弧腹，圈足，足端斜削。内底心微凹。灰胎，胎质较疏松。器施青釉，釉色泛铁灰，内满釉，外施釉至足端，外底露胎。器身缩釉现象明显。口径15.3、足径5.9、高4.9厘米（彩版4-273）。

　　C型　13件。敞口微敛，圆弧腹，宽圈足，形似镗锣盘。

　　21ZS采：13，可复原。敞口微敛，圆唇，浅弧腹略鼓，内底较平且外缘浅削一周，圈足，足端斜削。灰白胎，胎质致密。器施青釉，釉色泛青白，内满釉，外施釉至足，外底露胎，釉下开冰裂纹。内底印折枝花卉纹，外口部刻一周弦纹。口径16、足径9.5、高3.2厘米（图4-38，1；彩版4-274）。

　　21ZS采：24，可复原。敞口微敛，圆唇，浅弧腹略鼓，内底较平且外缘浅削一周，圈足，足端

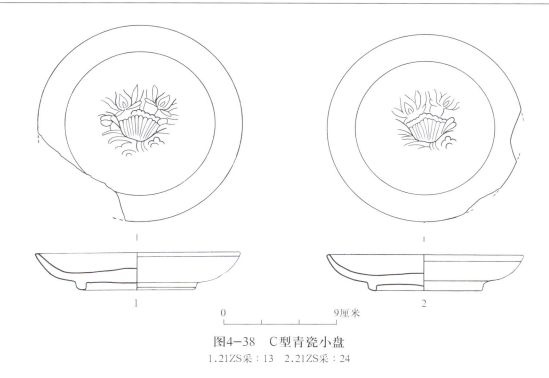

图4-38　C型青瓷小盘
1.21ZS采：13　2.21ZS采：24

彩版4-274　C型青瓷小盘21ZS采：13

彩版4-275　C型青瓷小盘21ZS采：24

斜削。灰白胎，胎质致密。器施青釉，釉色泛青灰，内满釉，外施釉至足，外底露胎，釉下开冰裂纹。内底印折枝花卉纹，外口部刻一周弦纹。口径15.7、足径9.1、高3.3厘米（图4-38，2；彩版4-275）。

21ZS采：25，可复原。敞口微敛，圆唇，浅弧腹略鼓，内底较平且外缘浅削一周，圈足，足端斜削。灰白胎，胎质致密。器施青釉，釉色泛灰，内满釉，外施釉至足，外底露胎，釉下开冰裂纹。内底印折枝花卉纹，外口部刻一周弦纹。外底留有草率的修坯痕。口径15.9、足径9、高2.8厘米（图4-39，1；彩版4-276）。

21ZS采：32，可复原。敞口微敛，圆唇，浅弧腹略鼓，内底较平且外缘浅削一周，圈足，足端斜削。灰白胎，胎质致密。器施青釉，釉色泛青灰，内满釉，外施釉至足，外底露胎，釉下开冰裂纹。内底印折枝花卉纹，外口部刻一周弦纹。口径16.1、足径9.7、高3.1厘米（图4-39，2；彩版4-277）。

21ZS采：391，可复原。敞口微敛，圆唇，浅弧腹略鼓，内底较平且外缘浅削一周，圈足，足端斜削。灰白胎，胎质致密。器施青釉，釉色泛青白，内满釉，外施釉至足，外底露胎，釉下开冰裂纹。内底印折枝花卉纹，外口部刻一周弦纹。口径16.3、足径9.3、高3.4厘米（图4-39，3；彩版4-278）。

21ZS采：31，可复原。敞口微敛，浅弧腹微鼓，内底微凹且外缘浅削一周，圈足，足端斜削。灰白胎，胎质致密。器施青釉，釉色泛灰。内满釉，外施釉至圈足内，外底中部露胎。内底印折枝花卉纹。口径16、足径7.7、高3.5厘米（彩版4-279）。

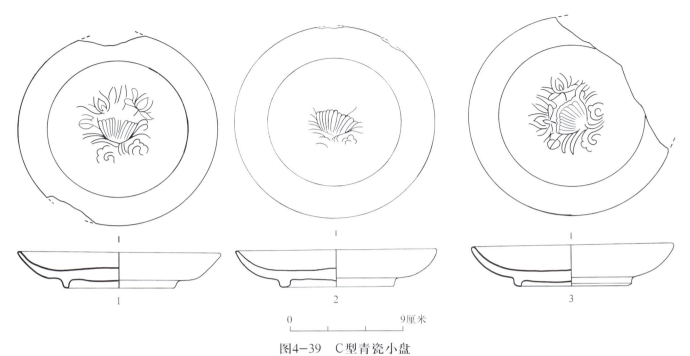

图4-39　C型青瓷小盘
1.21ZS采：25　2.21ZS采：32　3.21ZS采：391

彩版4-276　C型青瓷小盘21ZS采：25　　　　彩版4-277　C型青瓷小盘21ZS采：32

彩版4-278　C型青瓷小盘21ZS采：391

彩版4-279　C型青瓷小盘21ZS采：31

彩版4-280　C型青瓷小盘21ZS采：47

　　21ZS采：47，可复原。敞口微敛，浅弧腹微鼓，内底微凸且外缘浅削一周，圈足，足端斜削。灰白胎，胎质致密。器施青釉，釉色泛青灰。内满釉，外施釉至足，外底零星施釉。内底印折枝花卉纹。口径16、足径9.3、高3.1厘米（彩版4-280）。

　　21ZST1010②：60，可复原。敞口微敛，浅弧腹微鼓，内底微凸且外缘浅削一周，圈足，足端斜削。灰白胎，胎质致密。器施青釉，釉色泛青白，内满釉，外施釉至圈足内，外底零星施釉。内底印折枝花卉纹。外下腹及外底粘有海生物遗存。口径15.9、足径8.8、高3.2厘米（彩版4-281）。

　　21ZST1010②：63，可复原。敞口微敛，浅弧腹微鼓，内底微凸且外缘浅削一周，圈足，足端斜削。内底微凸。灰白胎，胎质致密。器施青釉，釉色泛青白，内满釉，外施釉至圈足内，外底零星施釉。内底印折枝花卉纹。内腹粘有较多海生物遗存。口径16.3、足径9.2、高3.1厘米（彩版4-282）。

　　D型　46件。侈口，斜弧腹，圈足。

　　21ZS采：100，完整。侈口近折，斜弧腹，内底较宽平，圈足，足端斜削。器施青釉，釉色泛青白，内满釉，外施釉至足，外底露胎。内下腹刻一圈弦纹，内底印折枝花卉纹。外腹壁轮旋痕明显。口径16.5、足径6.3、高4.4厘米（图4-40，1；彩版4-283）。

　　21ZS采：158，可复原，侈口，斜弧腹，圈足，足端斜削。灰黄胎，胎质较致密。器施青釉，釉色泛枇杷黄。内满釉，外施釉至足，外底露胎，釉下开片。外腹粘有海砂。口径16.4、足径6.1、高3.6厘米（图4-40，2；彩版4-284）。

　　21ZS采：159，可复原。侈口，斜弧腹，圈足，足端斜削。灰胎，胎质较致密。器施青釉，釉

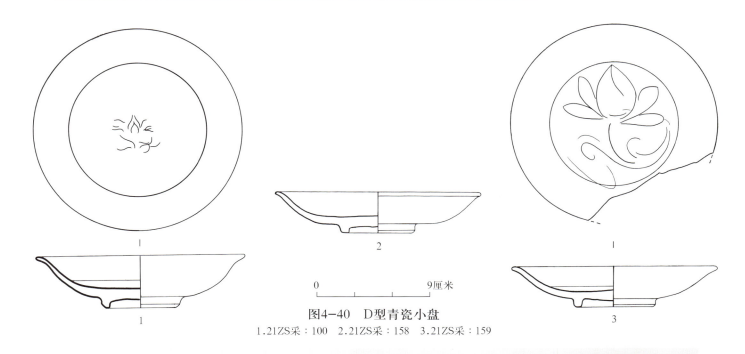

图4-40　D型青瓷小盘
1.21ZS采：100　2.21ZS采：158　3.21ZS采：159

彩版4-281　C型青瓷小盘21ZST1010②：60

彩版4-282　C型青瓷小盘21ZST1010②：63

彩版4-283　D型青瓷小盘21ZS采：100

彩版4-284　D型青瓷小盘21ZS采：158

彩版4-285 D型青瓷小盘21ZS采：159

色泛青灰。内满釉，外施釉至足，外底露胎。内下腹刻一圈弦纹，内底刻莲花纹。外底粘有海生物残存。口径16.4、足径6.5、高3.3厘米（图4-40，3；彩版4-285）。

21ZS采：286，可复原，侈口，斜弧腹，圈足，足端斜削。灰胎，胎质较致密。器施青釉，釉色泛青灰。内满釉，外施釉至足，外底露胎，釉下开冰裂纹。内中腹刻一圈弦纹，内底印折枝花卉纹，外口部刻双圈弦纹。口径15.5、足径6、高3.5厘米（图4-41，1；彩版4-286）。

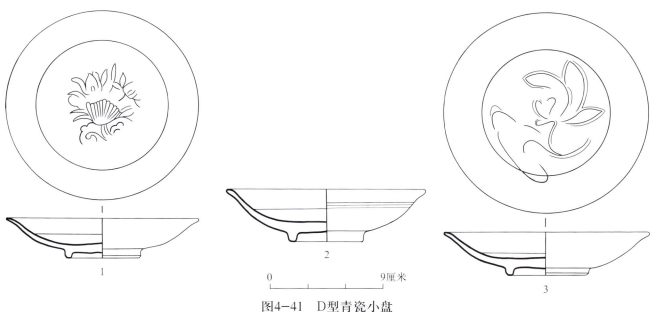

图4-41 D型青瓷小盘

1.21ZS采：286 2.21ZS采：287 3.21ZS采：288

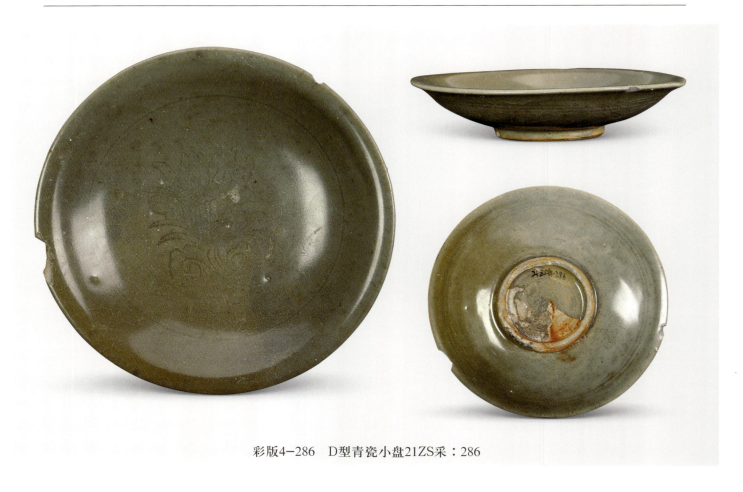

彩版4-286　D型青瓷小盘21ZS采：286

21ZS 采：287，可复原，侈口，斜弧腹，圈足，足端斜削。灰胎，胎质较致密。器施青釉，釉色泛青白。内壁满釉，内底涩圈，外施釉至足，外底露胎。内中腹刻一圈弦纹，外口部刻三圈弦纹。口径 15.5、足径 5.9、高 4.2 厘米（图 4-41，2；彩版 4-287）。

21ZS 采：288，可复原。侈口，斜弧腹，圈足，足端斜削。灰胎，胎质较致密。器施青釉，内满釉，外施釉至足，外底露胎。内下腹刻一圈弦纹，内底刻花卉纹。口径 16.3、足径 6.5、高 3.3 厘米（图 4-41，3；彩版 4-288）。

21ZS 采：304，可复原，侈口，斜弧腹，圈足，足端斜削。灰黄胎，胎质较致密。器施青釉，釉色泛枇杷黄。内满釉，外施釉至足，外底露胎，釉下开片。内底刻花卉纹，外下腹粘有海生物残存。口径 17、足径 6、高 3.5 厘米（图 4-42，1；彩版 4-289）。

21ZST1012 ②：18，完整。侈口近折，斜弧腹，内底较宽平，圈足，足端斜削。器施青釉，釉色泛青白，内满釉，外施釉至足，外底露胎。口径 16.5、足径 5.8、高 3.7 厘米（图 4-42，2；彩版 4-290）。

21ZS 采：7，可复原。侈口，斜弧腹，圈足，内底较平。灰胎，胎质致密。器施青釉，釉色泛青黄，内满釉，外施釉至足。外底修足草率。口径 15.7、足径 6、高 3.4 厘米（图 4-42，3；彩版 4-291）。

彩版4-287 D型青瓷小盘21ZS采：287

彩版4-288 D型青瓷小盘21ZS采：288

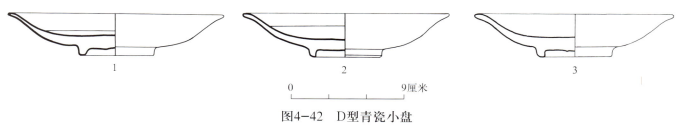

图4-42　D型青瓷小盘
1.21ZS采：304　2.21ZST1012②：18　3.21ZS采：7

彩版4-289　D型青瓷小盘21ZS采：304

彩版4-290　D型青瓷小盘21ZST1012②：18

21ZS 采：44，可复原，略生烧。侈口，斜弧腹，圈足，内底较平，足端斜削。外底心内凹。灰胎，胎质较致密。器施青釉，釉色泛青黄，内满釉，外施釉至足，外底露胎。内中腹刻一圈弦纹，外上腹刻三周弦纹。口径 15.9、足径 6.6、高 4.5 厘米（彩版 4-292）。

21ZS 采：125，可复原。侈口，斜弧腹，圈足，足端斜削。内底心微凹。灰胎，胎质较致密。器施青釉，釉色泛青黄，内满釉，外施釉至圈足内，外底部分露胎，釉下开细密冰裂纹。外下腹及外底粘有海生物残存。口径 16.0、足径 6.5、高 3.0 厘米（彩版 4-293）。

彩版4-291　D型青瓷小盘21ZS采：7

彩版4-292　D型青瓷小盘21ZS采：44　　　彩版4-293　D型青瓷小盘21ZS采：125

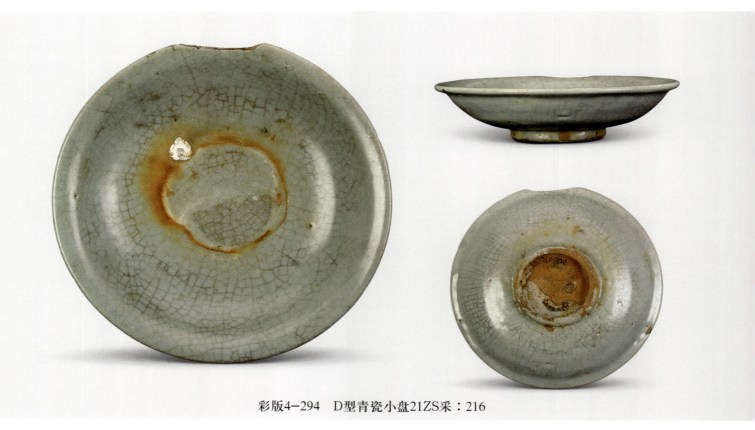

彩版4-294　D型青瓷小盘21ZS采：216

　　21ZS 采：216，可复原。侈口，斜弧腹，圈足，内底较平。灰胎，胎质较疏松。器施青釉，釉色泛青白，内满釉，外施釉至足，外底露胎，釉下开细密冰裂纹。口径 16.2、足径 6.2、高 3.7 厘米（彩版 4-294）。

　　21ZS 采：279，可复原。侈口，斜弧腹，圈足，内底较平，足端斜削。内底心微凹。灰白胎，胎质较致密。器施青釉，釉色泛青白，内满釉，外施釉至足，外底露胎。内外中腹各刻一周弦纹。口径 15.4、足径 5.9、高 3.5 厘米（彩版 4-295）。

　　21ZS 采：284，可复原。侈口，斜弧腹，圈足，内底较平，足端斜削。灰白胎，胎质较致密。器施青釉，釉色泛灰白，内满釉，外施釉至足，外底露胎。内底心刻花卉纹。口径 16.4、足径 6.1、高 3.6 厘米（彩版 4-296）。

　　21ZS 采：289，可复原。侈口，斜弧腹，圈足，内底较平，足端斜削。内底心微凹。灰胎，胎质较致密。器施青釉，釉色泛灰，内满釉，外施釉至足，外底露胎。口径 16、足径 6.3、高 3.6 厘米（彩版 4-297）。

　　21ZS 采：308，可复原。侈口，斜弧腹，圈足，足端斜削。灰胎，胎质较致密。器施青釉，釉色泛青白，内满釉，外施釉至足，外底露胎，釉下开片。内底心印折枝花卉纹。外腹壁粘有海生物残件。口径 15.4、足径 6、高 3.6 厘米（彩版 4-298）。

　　21ZS 采：403，可复原。侈口，斜弧腹，圈足，足端斜削。内底心微凹。灰白胎，胎质较致密。

彩版4-295　D型青瓷小盘21ZS采：279　　　　　彩版4-296　D型青瓷小盘21ZS采：284

彩版4-297　D型青瓷小盘21ZS采：289

彩版4-298　D型青瓷小盘21ZS采：308

彩版4-299　D型青瓷小盘21ZS采：403　　　　彩版4-300　D型青瓷小盘21ZS①：26

器施青釉，釉色泛青白，内满釉，外施釉至足，外底露胎，釉下开细密冰裂纹。下腹部刻一周弦纹，内底心印折枝花卉纹，外口部刻两周弦纹，外下腹刻一周弦纹。口径15.3、足径5.7、高4.1厘米（彩版4-299）。

21ZS ①：26，完整，略生烧。侈口，斜弧腹，圈足，内底较平，足端斜削。内底心微凹。灰胎，胎质较致密。器施青釉，釉面略生烧泛白色，内满釉，外施釉至足，外底露胎。内下腹刻一圈弦纹，外中腹刻一周弦纹。外腹胎壁轮坯痕明显。口径16.7、足径6.1、高3.9厘米（彩版4-300）。

21ZST1012 ②：16，可复原。侈口，斜弧腹，圈足，内底较平，足端斜削。灰白胎，胎质致密。器施青釉，釉色泛青灰，内壁满釉，内底涩圈，外施釉至足，外底露胎。外下腹粘有海砂。口径15.3、足径6.0、高4.0厘米（彩版4-301）。

21ZST1012 ②：24，可复原。侈口，斜弧腹，圈足，内底较平，足端斜削。灰白胎，胎质致密。器施青釉，釉色泛青白，内满釉，外施釉至足，外底露胎。外底粘有海生物残存。口径16、足径6.3、高3.6厘米（彩版4-302）。

21ZST1012 ②：21，可复原。侈口，斜弧腹，圈足，足端斜削。灰白胎，胎质致密。器施青釉，釉色泛灰，内满釉，外施釉至足，外底露胎。内下腹刻一周弦纹，内底刻莲瓣纹。外底粘有海生物残存。口径19、足径6.4、高3.7厘米（彩版4-303）。

彩版4-302　D型青瓷小盘21ZST1012②：24

彩版4-301　D型青瓷小盘21ZST1012②：16

彩版4-303　D型青瓷小盘21ZST1012②：21

E 型　7件。葵口，斜弧腹，圈足。

21ZS 采：12，可复原。葵口外侈，斜弧腹，圈足，足端斜削。灰白胎，胎质较致密。器施青釉，釉色泛青，内满釉，外施釉至足，外底露胎，缩釉现象明显。内底印莲花纹，外口部饰三周弦纹，外腹刻菊瓣纹，较模糊。口径 15.9、足径 6.8、高 3.3 厘米（图 4-43，1；彩版 4-304）。

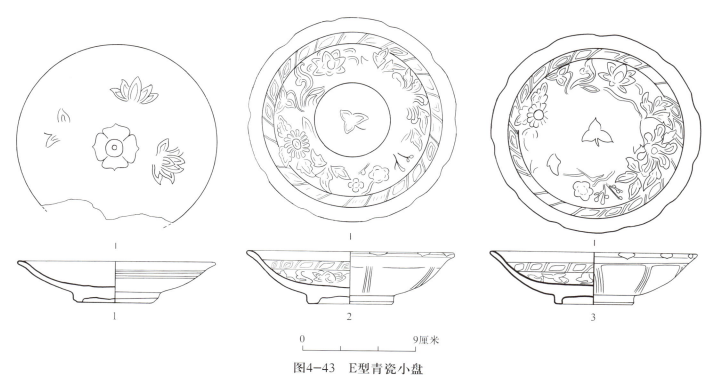

0　　　　　　　　9厘米

图4-43　E型青瓷小盘

1.21ZS采：12　2.21ZS采：368　3.21ZST1010②：59

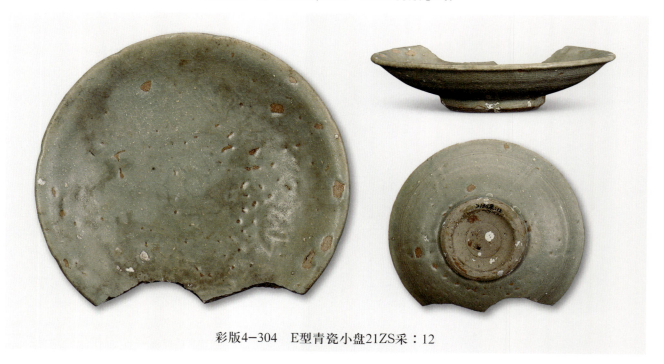

彩版4-304　E型青瓷小盘21ZS采：12

21ZS 采：368，完整。葵口外侈，斜弧腹，圈足，足端斜削。灰白胎，胎质较致密。器施青釉，釉色泛黄。内满釉，外施釉至足，外底露胎。内中腹印一圈花草纹，内下腹印一圈展开的莲、菊花卉纹，内底心印花卉纹。外腹刻菊瓣纹。口径 16.7、足径 6.8、高 4.2 厘米（图 4-43，2；彩版 4-305）。

21ZST1010 ②：59，完整。葵口外侈，斜弧腹，圈足，足端斜削。灰白胎，胎质较致密。器施青釉，釉色泛黄。内满釉，外施釉至足，外底露胎。内中腹印一圈花草纹，内下腹印一圈展开的连枝菊花纹，内底心印花卉纹。外腹刻菊瓣纹。内外腹部粘有较多海生物残存。口径 16.5、足径 6.3、高 4.2 厘米（图 4-43，3；彩版 4-306）。

21ZS 采：332，可复原。葵口外侈，斜弧腹，圈足，足端斜削。灰白胎，胎质较致密。器施青釉，釉色泛灰绿。内壁满釉，内底涩圈，外施釉至足，外底露胎。内腹印一圈花草纹，模糊不清。外腹刻菊瓣纹。器身粘有较多海生物残存。口径 16、足径 6.2、高 3.4 厘米（彩版 4-307）。

21ZS 采：333，可复原。葵口外侈，斜弧腹，圈足，足端斜削。内底心微凹。灰白胎，胎质较致密。器施青釉，釉色泛青灰。内满釉，外施釉至足，外底露胎。外腹刻菊瓣纹。口径 16、足径 6.5、高 4.0 厘米（彩版 4-308）。

21ZS 采：369，可复原。葵口外侈，斜弧腹，圈足，足端斜削。灰白胎，胎质较致密。器施青釉，釉色泛黄。内满釉，外施釉至足，外底露胎。内腹印一圈花卉组合纹，内底心印花卉纹，外壁

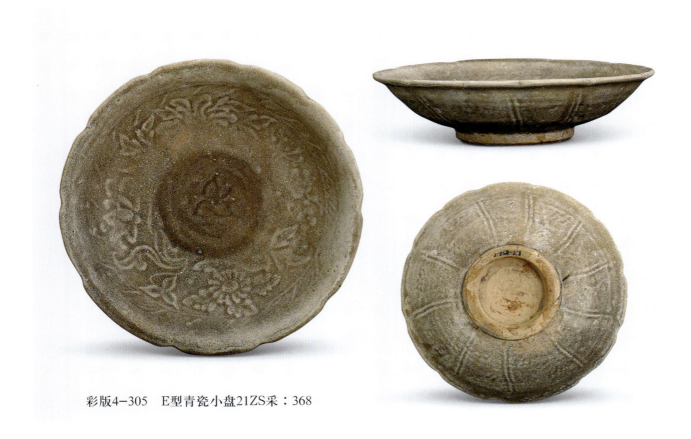

彩版4-305　E型青瓷小盘21ZS采：368

彩版4-306　E型青瓷小盘21ZST1010②：59

彩版4-307　E型青瓷小盘21ZS采：332

彩版4-308　E型青瓷小盘21ZS采：333

刻菊瓣纹。口径19.2、足径6.4、高3.0厘米（彩版4-309）。

　　21ZS采：370，可复原，略生烧。葵口外侈，斜弧腹，圈足，足端斜削。灰白胎，胎质较致密。器施青釉，釉色泛灰白。内满釉，外施釉至足，外底露胎。内腹印一圈花卉纹，内底心印折枝花卉纹。外腹刻菊瓣纹。器身粘有较多海生物残存。口径17、足径6.9、高4.4厘米（彩版4-310）。

彩版4-309　E型青瓷小盘21ZS采：369　　　　　彩版4-310　E型青瓷小盘21ZS采：370

7. 青瓷洗

8件。洗类器物造型为撇口，宽折沿，斜弧腹。灰白胎，外施釉至圈足，外底露胎。分A、B两型。

A型　4件。外腹刻划莲瓣纹。

21ZS采：402，可复原。圆唇，撇口，宽折沿，斜弧腹，矮圈足，内底心上凸，足端斜削。灰白胎，胎体淘洗不精。施青釉，釉色泛青灰，内施满釉，外施釉至圈足，部分流釉至圈足内。外壁刻划莲瓣纹。口径19、足径7、高4.3厘米（图4-44；彩版4-311）。

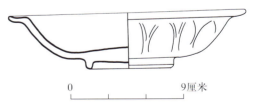

0　　　　　　9厘米

图4-44　A型青瓷洗21ZS采：402

21ZS采：15，可复原。圆唇，撇口，宽折沿，斜弧腹，矮圈足，内底心上凸，足端斜削。灰白胎，胎体淘洗不精。施青釉，釉色泛青灰，内施满釉，外施釉至圈足，部分流釉至圈足内。外壁刻划莲瓣纹。口径19.4、足径7.1、高4.4厘米（彩版4-312）。

21ZS采：64，可复原。圆唇，撇口，宽折沿，斜弧腹，矮圈足，内底心上凸，足端斜削。灰白

彩版4-311　　A型青瓷洗21ZS采：402

彩版4-312　　A型青瓷洗21ZS采：15

胎，胎体淘洗不精。施青釉，釉色泛青灰，内施满釉，外施釉至圈足，部分流釉至圈足内。外壁刻划莲瓣纹。口径19.4、足径7、高4.3厘米（彩版4-313）。

B型　4件。素面。

21ZS采：22，完整，略生烧。圆唇，撇口，宽折沿，斜弧腹，矮圈足。灰白胎，胎质致密。器施青釉，釉色泛青黄，釉面生烧不显。内满釉，外施釉至圈足，外底露胎。内底缩釉现象明显，内壁釉面遭侵蚀。口径18.9、足径7.5、高4.2厘米（彩版4-314）。

彩版4-313　A型青瓷洗21ZS采：64

彩版4-314　B型青瓷洗21ZS采：22

彩版4-315　B型青瓷洗21ZST1011②：58

彩版4-316　B型青瓷洗21ZS采：59

21ZST1011 ②：58，完整。圆唇上翘，撇口，宽折沿，斜弧腹，内底宽平，矮圈足，内外底心内凹。灰白胎，内满釉，外施釉至圈足，外底露胎。口径 19.1、足径 7.1、高 4.9 厘米（彩版 4-315）。

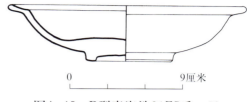

图4-45　B型青瓷洗21ZS采：59

21ZS 采：59，可复原。圆唇上翘，撇口，宽折沿，斜弧腹，内底宽平，矮圈足，内底心涡旋内凹。灰白胎，内满釉，外施釉至圈足，外底露胎。口径 18.9、足径 7.1、高 4.4 厘米（图 4-45；彩版 4-316）。

21ZST1011 ②：57，完整。圆唇上翘，撇口，宽折沿，斜弧腹，内底宽平，矮圈足，足端斜削。灰白胎，内满釉，外施釉至圈足，外底露胎。釉面布有气泡。口径 19.1、足径 7、高 4.7 厘米（彩版 4-317）。

彩版4-317　B型青瓷洗21ZST1011②：57

8. 青瓷盏

15 件。盏类器物造型相对较为单一，多敞口或敞口微敛，弧腹，小圈足，外底心乳突。装饰以素面居多，少量外壁刻划莲瓣纹。根据整体特征分两型。

A 型　5 件。敞口或敞口微敛，腹部斜弧，圈足。

21ZS 采：189，完整。敞口微敛，斜弧腹，小圈足。内底下凹，外底心乳突。灰白胎，胎质致密。施青釉，釉色泛青黄。内满釉，外施釉至圈足，釉面开冰裂纹。口径 10、足径 3、高 3.6 厘米（图 4-46，1；彩版 4-318）。

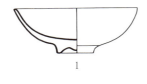
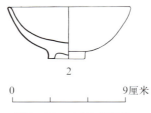
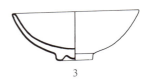

0　　　　　　　9厘米

图4-46　A型青瓷盏
1.21ZS采：189　2.21ZS采：190　3.21ZS采：342

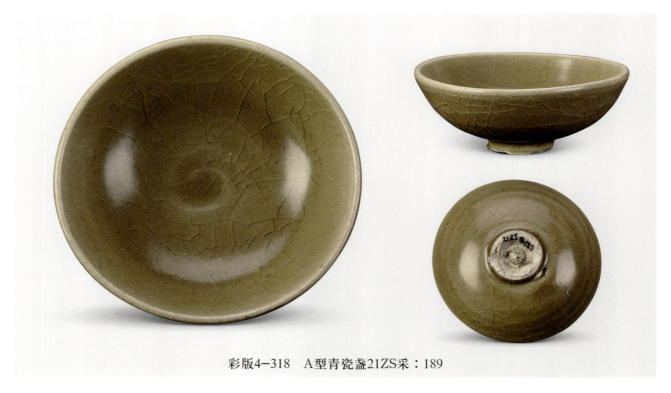

彩版4-318　A型青瓷盏21ZS采：189

　　21ZS采：190，完整。敞口微敛，斜弧腹，小圈足。内底下凹，外底心乳突。灰白胎，胎质致密。施青釉，釉色泛青黄。内满釉，外施釉至圈足。内外腹壁胎体轮旋痕明显。口径9.8、足径3、高4厘米（图4-46，2；彩版4-319）。

　　21ZS采：342，可复原。敞口微敛，斜弧腹，小圈足。内底心下凹，外底心乳突。灰白胎，胎质致密。施青釉，釉色泛青灰。内满釉，外施釉至圈足，釉面布满开片。口径10.1、足径3、高3.9厘米（图4-46，3；彩版4-320）。

　　21ZS采：344，可复原。敞口微敛，斜弧腹，小圈足。外底心乳突。灰白胎，胎质致密。施青釉，釉色泛青白。内满釉，外施釉至圈足。外腹壁胎体轮旋痕明显，外下腹及圈足内粘有海生物残存。口径9.9、足径3.1、高4.5厘米（图4-47，1；彩版4-321）。

　　21ZS采：352，可复原。敞口微敛，斜弧腹，小圈足。内底下凹，外底心乳突。灰白胎，胎质致密。施青釉，釉色泛青灰。内满釉，外施釉至圈足，釉面开冰裂纹。口径9.8、足径2.8、高4.1厘米（图4-47，2；彩版4-322）。

彩版4-319 A型青瓷盏21ZS采：190

彩版4-320 A型青瓷盏21ZS采：342

图4-47　A型青瓷盏
1.21ZS采：344　2.21ZS采：352　3.21ZS采：353

彩版4-321　A型青瓷盏21ZS采：344

彩版4-322　A型青瓷盏21ZS采：352

彩版4-323　A型青瓷盏21ZS采：353

21ZS 采：353，完整。敞口微敛，斜弧腹，小圈足。内底下凹，外底心乳突。灰白胎，胎质致密。施青釉，釉色泛青灰。内满釉，外施釉至圈足，釉面开冰裂纹。口径 10.5、足径 3.1、高 4.2 厘米（图 4-47，3；彩版 4-323）。

B 型　9 件。敞口微敛，腹部圆弧，小圈足。

21ZS 采：437，可复原。敞口微敛，圆唇，浅腹略圆弧，圈足，内底下凹，外底心乳突。灰白胎，胎质致密。施青釉，釉色泛青绿，内满釉，外施釉至圈足。釉下开冰裂纹。口径 9.8、足径 3、高 4 厘米（图 4-48，1；彩版 4-324）。

盏底　1 件。斜弧腹，圈足。外刻菊瓣纹。

21ZST1011 ②：61，残存下腹及足部。斜弧腹，圈足，内底心下凹，外底心乳突。灰黄胎，胎质较疏松。施青釉，釉色泛青黄，内满釉，外施釉至圈足。外壁刻划莲瓣纹。足径 2.8、高 2.3 厘米（图 4-48，2；彩版 4-325）。

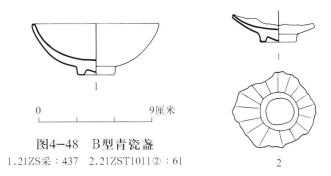

0　　　　　　　9厘米

图4-48　B型青瓷盏
1.21ZS采：437　2.21ZST1011②：61

彩版4-324　B型青瓷盏21ZS采：437

彩版4-325　B型青瓷盏21ZST1011②：61

彩版4-326　A型青瓷碟21ZS采：23

9. 青瓷碟

8件。碟类器物造型分敞口器和折沿器两类，装饰方面流行刻划及模印技法，见有模印双鱼纹装饰。根据口部特征分两型。

A型　2件。敞口微敛，斜弧腹，矮圈足。

21ZS采：23，可复原。敞口微敛，浅斜弧腹，内底宽平，宽圈足，外足端斜削一周，外底内缘斜削。灰白胎，胎质较致密。器施青釉，釉色泛青灰。内施满釉，外施釉至足端，部分流釉至圈足内，釉面布有开片。内底印折枝花卉纹。口径12.2、足径6.8、高2.6厘米（彩版4-326）。

21ZS采：76，可复原。敞口微敛，浅腹略鼓，内底宽平，圈足。灰白胎，胎质疏松。器施青釉，釉色泛青黄。内壁满釉，内底心刮釉露胎，外施釉至圈足，流釉现象明显。口径11.7、足径6.1、高2.8厘米（图4-49；彩版4-327）。

B型　6件。折沿，斜弧腹，宽圈足。

21ZS采：52，完整。折沿，斜弧腹，下腹平收，圈足，外底内足墙弧收。灰白胎，胎质致密。器施青釉，釉色泛青白。内施满釉，外施釉至圈足，外底露胎。内底印双鱼纹。口径12.2、足径5.9、高3.2厘米（图4-50，1；彩版4-328）。

21ZS采：350，完整。折沿，斜弧腹，圈足。灰白胎，胎质致密。器施青釉，釉色泛青绿。内壁满釉，内底心刮釉露胎，外施釉至圈足，部分流釉至圈足内。口径12.0、足径5.9、高3.5厘米（图4-50，2；彩版4-329）。

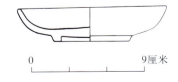

0　　　　　　　　9厘米

图4-49　A型青瓷碟21ZS采：76

彩版4-327　A型青瓷碟21ZS采：76

彩版4-328　B型青瓷碟21ZS采：52

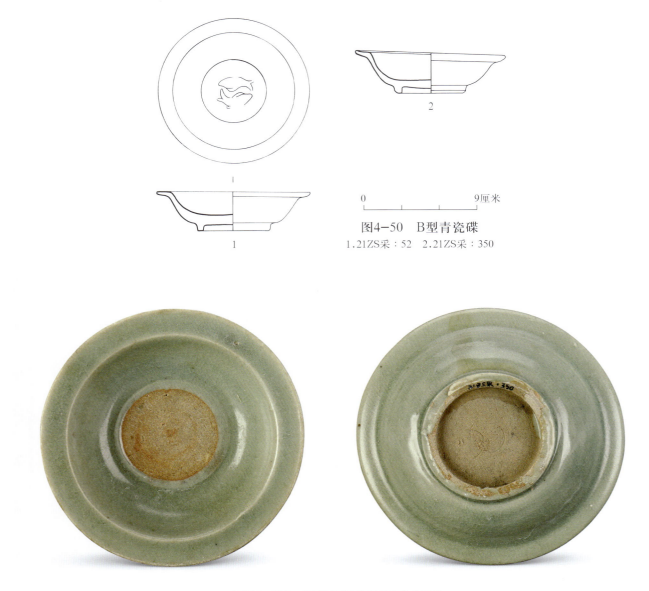

图4-50　B型青瓷碟
1.21ZS采：52　2.21ZS采：350

彩版4-329　B型青瓷碟21ZS采：350

21ZS 采：340，可复原。折沿，斜弧腹，下腹平收，圈足，足端斜削。灰白胎，胎质致密。器施青釉，釉色泛青绿。内壁满釉，内底心露胎，外施釉至圈足，部分流釉至足端，外底露胎，釉面布有开片。口径12.2、足径5.9、高3.5厘米（彩版 4-330）。

21ZS 采：349，完整。折沿，斜弧腹，下腹平收，圈足，足端斜削。灰白胎，胎质致密。器施青釉，釉色泛青绿。内壁满釉，内底心露胎，外施釉至圈足，部分流釉至足端，外底露胎。口径12.0、足径5.9、高3厘米（彩版 4-331）。

21ZS 采：380，完整。折沿，斜弧腹，下腹平收，圈足，足端斜削。灰白胎，胎质致密。器施青釉，釉色泛青绿。内壁满釉，内底心露胎，外施釉至圈足，部分流釉至足端，外底露胎，釉面布有开片。下腹、外底粘有海生物残渣。口径12.5、足径6.0、高3.8厘米（彩版 4-332）。

彩版4-330　B型青瓷碟21ZS采：340

彩版4-331　B型青瓷碟21ZS采：349

彩版4-332　B型青瓷碟21ZS采：380

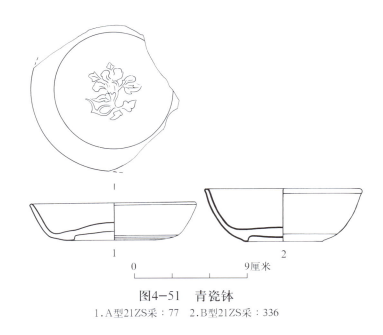

图4-51　青瓷钵
1.A型21ZS采：77　2.B型21ZS采：336

10. 青瓷钵

2件。发现较少，均为敞口，斜弧腹，卧足，内底心模印折枝花卉纹。根据腹部特征分两型。

A型　1件。浅腹。

21ZS采：77，可复原。敞口，浅斜腹略直，下腹折收，卧足。灰白胎，胎质致密。器施青釉，釉色泛青白。内满釉，外施釉至足内，外底心露胎。内底心模印折枝花卉纹。外下腹粘有黄色废渣。口径13.2、底径6.6、高3.2厘米（图4-51，1；彩版4-333）。

B型　1件。深腹。

21ZS采：336，可复原。敞口，斜弧腹，下腹弧收，卧足。灰白胎，胎质较疏松。器施青釉，釉色泛青绿。内满釉，外施釉至足。内底心模印折枝花卉纹。内腹釉面遭侵蚀，外底内粘有窑渣。口径12.6、底径6.6、高4.3厘米（图4-51，2；彩版4-334）。

彩版4-333　A型青瓷钵21ZS采：77

彩版4-334　B型青瓷钵21ZS采：336

11. 青瓷高足杯

14 件。高足杯类器物造型单一，侈口，斜弧腹或稍圆，高圈足外撇。灰白胎，器施青釉，釉色泛青黄或青灰。装饰以印花为主。

21ZS 采：62，可复原。侈口，斜弧腹，喇叭形高圈足，足端斜削。灰胎，胎质致密。器施青釉，釉面略生烧，釉色泛青白。内外满釉，仅足端刮釉露胎。内下腹刻单圈弦纹，内底模印折枝花卉纹，模糊不清。外上腹及下腹部各刻五圈、单圈弦纹。外腹胎体轮坯痕明显。口径 12.1、足径 3.9、高 9.1 厘米（彩版 4-335）。

21ZS 采：66，可复原。侈口，斜弧腹，喇叭形高圈足，足端斜削。灰白胎，胎质致密。器施青釉，釉色泛青绿。内外满釉，仅足端刮釉露胎，釉下开冰裂纹。内下腹刻双圈弦纹。釉面遭侵蚀严重。口径 11.3、足径 3.7、高 7.3 厘米（图 4-52，1；彩版 4-336）。

21ZS 采：101，可复原。侈口，斜弧腹，喇叭形高圈足，足端斜削。灰白胎，胎质致密。器施青釉，釉色泛青灰。内外满釉，仅足端刮釉。内下腹刻单圈弦纹，内底心印花卉纹，模糊不显。外上腹刻变体回纹，外下腹刻三线莲瓣纹，莲瓣下接双圈弦纹。口径 12.3、足径 4.1、高 8.3 厘米（图 4-52，2；彩版 4-337）。

21ZS 采：234，完整。侈口，斜弧腹，喇叭形高圈足，足端斜削。灰白胎，胎质致密。器施青釉，釉色泛青黄。内外满釉，仅足端刮釉。内下腹刻双圈弦纹，内底心印花卉纹。外底内轮坯痕明显。口径 12.1、足径 3.9、高 8.2 厘米（图 4-52，3；彩版 4-338）。

21ZS 采：341，可复原。侈口，斜弧腹，喇叭形高圈足，足端斜削。灰胎，胎质致密。器施青

彩版4-335　青瓷高足杯21ZS采：62

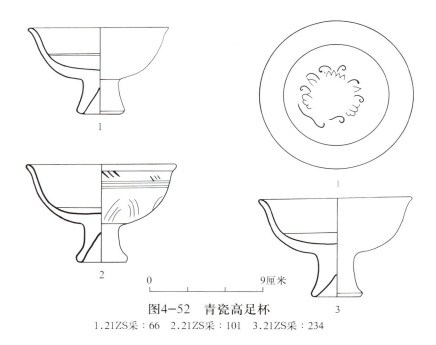

图4-52　青瓷高足杯

1.21ZS采：66　2.21ZS采：101　3.21ZS采：234

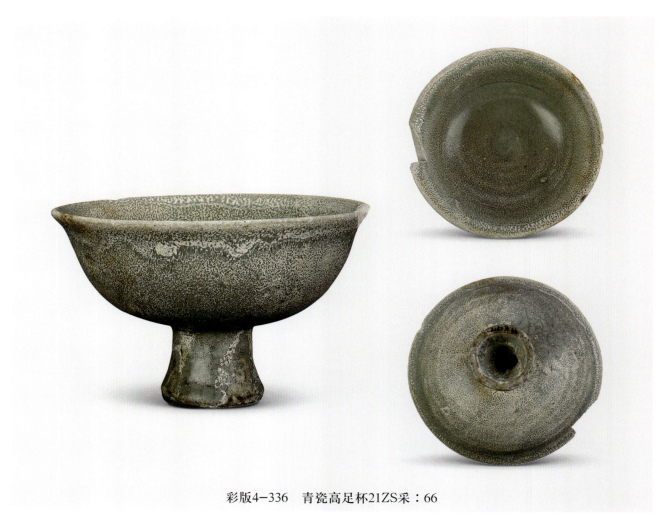

彩版4-336　青瓷高足杯21ZS采：66

彩版4-337　青瓷高足杯21ZS采：101

彩版4-338　青瓷高足杯21ZS采：234

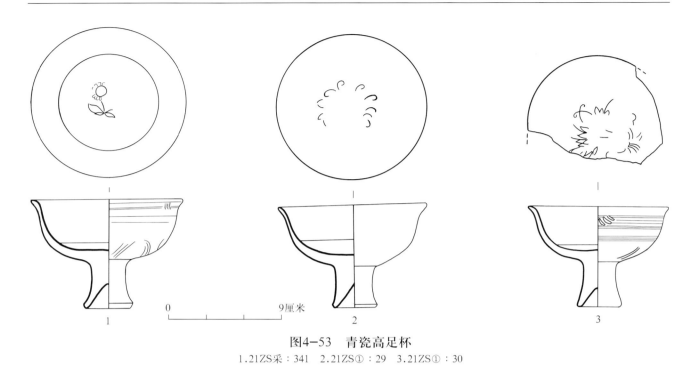

图4-53　青瓷高足杯

1.21ZS采：341　2.21ZS①：29　3.21ZS①：30

釉，釉色泛青白。内外满釉，仅足端刮釉露胎。内下腹刻双圈弦纹，内底模印折枝花卉纹，模糊不清。外上腹刻变体回纹，内下腹刻三线莲瓣纹。口径12.1、足径4、高8.9厘米（图4-53，1；彩版4-339）。

21ZS①：29，可复原。侈口，斜弧腹，喇叭形高圈足，足端斜削。灰胎，胎质致密。器施青釉，釉面泛青灰。内满釉，外施釉至足，外底露胎。内下腹刻一圈弦纹，内底心模印花卉纹，模糊不清。口径11.8、足径3.8、高8.8厘米（图4-53，2；彩版4-340）。

21ZS①：30，可复原。侈口，斜弧腹，喇叭形高圈足，足端斜削。灰胎，胎质致密。器施青釉，釉面泛青灰。内满釉，外施釉至圈足内，足端刮釉。内下腹刻单圈弦纹，内底心印折枝花卉纹，纹饰模糊不清。外上腹刻变体回纹，外中腹刻双圈弦纹，外下腹刻三线莲瓣纹，外足墙上刻单圈弦纹。口径11.6、足径3.7、高8.4厘米（图4-53，3；彩版4-341）。

21ZS采：339，可复原，略生烧。侈口，斜弧腹，喇叭形高圈足，足端斜削。灰胎，胎质致密。器施青釉，釉面略生烧，釉色泛白。内外满釉，仅足端刮釉露胎。内底心模印花卉纹，模糊不清。口径11.6、足径4.2、高8.1厘米（彩版4-342）。

21ZS采：375，完整，略生烧，足部微变形。侈口，斜弧腹，喇叭形高圈足，足端斜削。灰胎，胎质致密。器施青釉，釉面略生烧，釉色泛青白。内外满釉，仅足端刮釉露胎。内中腹刻双圈弦纹，内底模印折枝花卉纹，外上腹刻一周弦纹。外腹胎体轮坯痕明显。口径12.1、足径4.0、高8.8厘米（彩版4-343）。

21ZS采：376，可复原。侈口，斜弧腹，喇叭形高圈足，足端斜削。灰胎，胎质致密。器施青釉，釉色泛青绿。内外满釉，仅足端刮釉露胎。内下腹刻单圈弦纹，内底心模印折枝花卉纹。外上

彩版4-339 青瓷高足杯21ZS采：341

彩版4-340 青瓷高足杯21ZS①：29

彩版4-341　青瓷高足杯21ZS①：30

彩版4-342　青瓷高足杯21ZS采：339

彩版4-343　青瓷高足杯21ZS采：375

彩版4-344　青瓷高足杯21ZS采：376

彩版4-345　青瓷高足杯21ZST1010②：66

腹刻变体回纹，外下腹刻三线莲瓣纹，口径 12.0、足径 3.9、高 8.5 厘米（彩版 4-344）。

21ZST1010②：66，可复原。侈口，斜弧腹，喇叭形高圈足，足端斜削。灰胎，胎质致密。器施青釉，釉色泛灰绿，釉下开冰裂纹。内下腹刻双圈弦纹，内底心模印折枝花卉纹，模糊不显。外上腹刻五圈弦纹。口径 11.3、足径 3.7、高 7.3 厘米（彩版 4-345）。

12. 青瓷炉

8 件。敛口内折，下腹折收，小圈足，腹部饰弦纹，腹下有贴塑悬空蹄足 3 个。

21ZS 采：102，可复原。敛口内折，平沿，至底端折而斜直内收，小圈足，外底心乳突。灰白胎，胎质较致密。器施青釉，釉色泛青灰，内施釉至中下腹，内底露胎，外施釉至足。外腹部刻三周弦纹。外下腹转折处贴塑三个蹄形足，足底凌空。口径 9.1、足径 4.1、高 4.5 厘米（彩版 4-346）。

21ZS 采：228，可复原。敛口内折，平沿，至底端折而斜直内收，小圈足，内外底心乳突。灰白胎，胎质较致密。器施青釉，釉色泛青白，内施釉至中腹，内下腹及内底露胎，外施釉至足，部分流釉至圈足内。外口部刻弦纹一周，外壁印三圈弦纹。内底粘有叠烧件底足，外下腹转折处贴塑三个蹄形足，足底凌空。口径 9.8、足径 3.9、高 4.8 厘米（图 4-54，1；彩版 4-347）。

21ZS 采：410，可复原。敛口内折，平沿，至底端折而斜直内收，小圈足，外底心乳突。灰白胎，胎质较致密。器施青釉，釉色泛青白，内施釉至上腹，部分内下腹及内底露胎，外施釉至足。外腹部印三周弦纹。外下腹转折处贴塑三个蹄形足，足底凌空。口径 10、足径 4.3、高 4.5 厘米（图

彩版 4-346　青瓷炉 21ZS 采：102

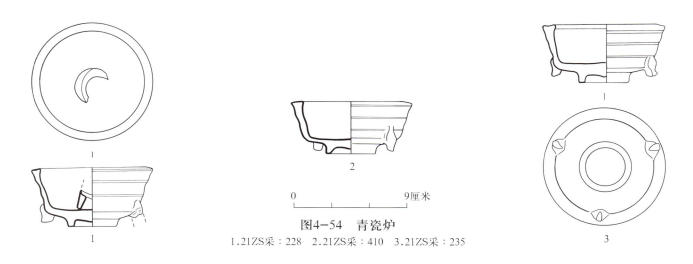

图4-54　青瓷炉
1.21ZS采：228　2.21ZS采：410　3.21ZS采：235

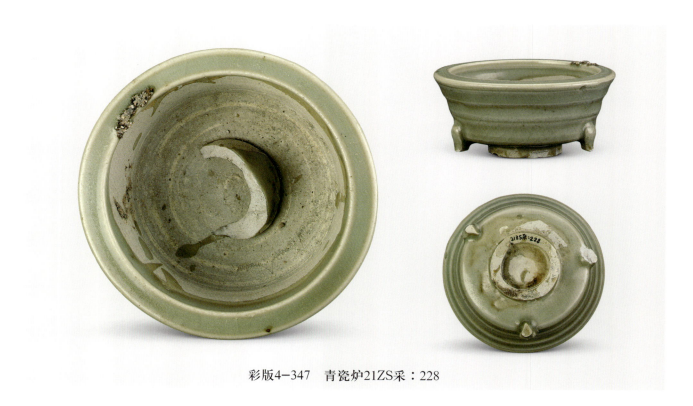

彩版4-347　青瓷炉21ZS采：228

4-54，2；彩版4-348）。

　　21ZS采：53，可复原。敛口内折，平沿，至底端折而斜直内收，小圈足，内外底心乳突。灰白胎，胎质较致密。器施青釉，釉色泛青白，内施釉至中腹，部分内下腹及内底露胎，外施釉至足，部分流釉至圈足内。外口部刻弦纹一周，外壁印三圈弦纹。内底粘有叠烧件底足，外下腹转折处贴塑三个蹄形足，足底凌空。口径9.7、足径4.6、高5.0厘米（彩版4-349）。

　　21ZS采：235，可复原。敛口内折，平沿，至底端折而斜直内收，小圈足，外底心乳突。灰白胎，胎质较致密。器施青釉，釉色泛青白，内施釉至上腹，部分内下腹及内底露胎，外施釉至足。

彩版4-348 青瓷炉21ZS采：410

彩版4-349 青瓷炉21ZS采：53

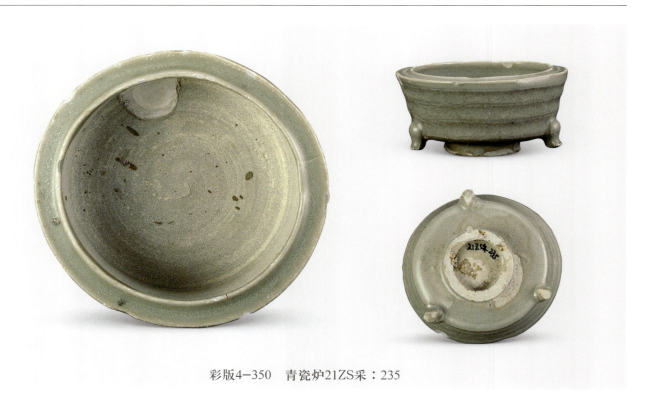

彩版4-350　青瓷炉21ZS采：235

外腹部印三周弦纹。腹部凸起处刻双圈弦纹。外下腹转折处贴塑三个蹄形足，足底凌空。口径9.7、足径4.4、高4.6厘米（图4-54，3；彩版4-350）。

二　陶　器

仅1件。

酱釉罐口沿

21ZS采：345，仅存口沿及部分腹部。敞口，方唇，敞肩，斜腹。灰白胎，胎质致密，胎体厚重。器施低温酱色釉，外唇部下部及肩、腹施釉，内腹大部分露胎。外肩贴塑有系，仅存底部。口径10.5、残高5.1厘米（图4-55；彩版4-351）。

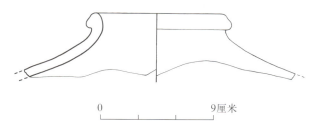

0　　　　　　　9厘米

图4-55　酱釉罐口沿21ZS采：345

彩版4-351　酱釉罐口沿21ZS采：345

第五章　结语

一　出水瓷器的工艺特征及其产地分析

圣杯屿沉船出水瓷器器胎整体较为粗糙，系轮坯成型，器胎内外壁多见有轮旋痕。器物胎体淘洗不甚精细，偶见颗粒状杂质，胎色总体泛灰或灰白，生烧或温度不佳者胎色常泛灰黄或灰红。器施青釉，釉色依烧成温度变化，泛青灰或青黄者居多，多施满釉，外施釉多至足部，外底多露胎。装饰技法以模印居多，次为刻划，少见贴塑，常见有单面刻划、双面刻划加内底模印、单内底模印等几种装饰方式。

从胎釉、装饰等特征来看，圣杯屿沉船所出水瓷器与龙泉东区的横山周窑址[1]、源口窑址群和大白岸窑址群[2]元代晚期出土的瓷器相似度较大。例如圣杯屿沉船出水的内腹刻划卷草、外上腹部刻变体回纹、下腹刻莲瓣纹的碗与大白岸窑址群的六型Ⅲ式碗相同[3]，与源口窑址群六型Ⅱ式碗、Ⅰ式碗在造型及装饰特征上较为一致[4]，花口印花碗与源口窑址群五型Ⅲ式碗器形类似[5]，高足杯与源口窑址群Ⅱ式类似[6]，弦纹炉与横山周窑有同类产品发现[7]。总体风格上，圣杯屿沉船所出水瓷器与源口窑遗址群产品更加相似。

二　沉船年代分析

本次调查未在沉船出水遗物中发现具有明确纪年的器物，但是可以通过对比已知沉船、遗址、窑址及纪年墓葬资料进行年代推断，同时，船体木材测年也可以提供一定参考。圣杯屿沉船出水器物中与龙泉东区相似产品主要在第三期晚段产品特征相似[8]，即器物釉色多青灰、青黄或青绿，器

---

[1] 浙江省文物考古研究所、云和县文物管理委员会：《云和县横山周窑址发掘简报》，《东方博物》第三十三辑，浙江大学出版社，2010年，第89～99页

[2] 浙江省文物考古研究所编：《龙区东区窑址发掘报告》，文物出版社，2005年。

[3] 浙江省文物考古研究所编：《龙区东区窑址发掘报告》，文物出版社，2005年，第166页。

[4] 浙江省文物考古研究所编：《龙区东区窑址发掘报告》，文物出版社，2005年，第336～338页。

[5] 浙江省文物考古研究所编：《龙区东区窑址发掘报告》，文物出版社，2005年，第334～335页。

[6] 浙江省文物考古研究所编：《龙区东区窑址发掘报告》，文物出版社，2005年，第344页。

[7] 浙江省文物考古研究所、云和县文物管理委员会：《云和县横山周窑址发掘简报》，《东方博物》第三十三辑，浙江大学出版社，2010年，第97页。

[8] 浙江省文物考古研究所编：《龙区东区窑址发掘报告》，文物出版社，2005年，第393～402页。

物整体的器坯修制较为草率，拉坯、轮旋痕迹明显，圈足挖足不一，修足草率，外下腹或外底常见有刀坯痕迹，刻划、模印等纹饰构图不一，构图较呆板，纹饰常模糊不清。根据发掘者研究第三期七段应该为元代晚期至末期[1]。此外，类似的划花、印花碗还见于元代中晚期的大练岛沉船[2]、新安沉船、漳浦菜屿沉船[3]和马来西亚玉龙号沉船[4]等。同时，采集船体木材的碳-14测年结果为1298～1404年。因此，初步推断圣杯屿沉船沉没时间为元代晚期。

三　沉船属性及航线分析

经过梳理沉船遗址发现以来缴获和采集出水遗物，圣杯屿沉船出水的瓷器皆为青瓷，器形包括碗、盘、碟、盏、钵、洗、高足杯和炉，其中以碗、盘为大宗，同类器物批量出现，并且存在烧造变形、粘连和生烧等现象，在纹饰方面也比较随意、粗糙，刻划纹数量相对较少、印花数量更多，总体反映了一种追求生产规模和产量的现象。因此推测该沉船为专门从事龙泉青瓷运输的货船。

关于航线大体包括出海港、中间航线和目的地三部分。

元朝是我国历史上一个鼓励海外贸易的政权，在广州、泉州、庆元、澉浦、杭州、温州等地设立市舶司，尤其是1323年以后，官本船制度废止，民间海外贸易全面放开，海外贸易迎来高峰。而随着海外贸易的繁荣，龙泉瓷器的外销也达到了顶峰。龙泉窑址位于浙江省南部瓯江的上游。一般认为瓯江是龙泉瓷器外销的主要通道，而瓯江入海口的温州港成了龙泉瓷器运输的主要港口之一[5]。此外的福州港、泉州港和庆元港也是元代龙泉瓷器外销的重要港口。2022年温州朔门港考古工作取得重要收获，发现了多处宋元时期的码头遗址以及大量龙泉瓷片堆积。笔者前往调研，其中有些标本与圣杯屿沉船出水瓷器类似。结合圣杯屿沉船出水瓷器具备窑口单一的特点判断，加之元代晚期泉州港遭受兵祸，推测其出发港可能与温州港有关。

圣杯屿沉船的目的地主要通过产品组合和沉船沉没位置来分析。该沉船沉没于福建南部沿海，可以推断该船是沿海岸线自北往南行驶。该沉船出水瓷器组合为碗、盘、碟、盏、钵、洗、高足杯和炉。其中口径超过30厘米的大盘在国内遗址、墓葬中发现不多，因此可以判断这些瓷器应该为外

[1] 浙江省文物考古研究所编：《龙区东区窑址发掘报告》，文物出版社，2005年，第407页。
[2] 中国国家博物馆水下考古研究中心、福建博物院文物考古研究所、福州市文物考古工作队编著：《福建平潭大练岛元代沉船遗址》，科学出版社，2014年。
[3] 福建博物院、漳浦县博物馆：《漳浦县菜屿列岛沉船遗址出水文物整理简报》，《福建文博》2013年第3期，第2～8页。
[4] Michael Flecker, "The Jade Dragon Wreck: Sabah, East Malaysia, " in The Mariner's Mirror, 2012, pp9-29.
[5] 森达也：《宋元外销瓷的窑口与输出港口》，《考古与文物》2016年第6期，第56～64页；叶文程、芮国耀：《宋元时期龙泉青瓷的外销及其有关问题的探讨》，《海交史研究》1987年第2期，第1～11页。

销产品。类似产品在我国西沙群岛[1]、东南亚[2]、中亚、南亚、西亚[3]以及非洲[4]都有发现，与东南亚发现相似度更高，例如新加坡大学就藏有圣杯屿沉船出水同类香炉[5]。综合考虑船只大小、船货及其组合等因素，推测其目的地可能在东南亚。

目前，圣杯屿沉船的具体航线尚不能完全确定。根据文献记载，宋代存在着从广州—占城—浡泥—麻逸—蒲端的航路，为传统的南洋航线；同时，还存在着从闽南港口出发，越过台湾海峡，直达菲律宾、文莱的东洋新航线[6]。地方志也记载[7]：宋元以来漳浦海域南通汕头、广州，北通厦门、福州、温州、天津，东通台湾、澎湖。圣杯屿元代沉船遗址刚好沉没于两条航线的交汇处，其具体航线尚难以推断。

漳州圣杯屿元代沉船是我国元代晚期海上贸易的典型代表，也是近几年我国元代海上丝绸之路考古的重要发现。虽然该沉船遗址多次遭受盗捞，但是沉船船体尚有保存、堆积面貌单一、出水文物数量众多，具有重要的学术价值。圣杯屿沉船遗址的调查和发掘将为探讨元代海外贸易、造船史和航海史提供新的研究材料。

[1]　经水下考古调查，在北礁一号沉船、北礁一号遗物点、银屿一号遗物点等发现有宋元时期的龙泉青瓷。见中国国家博物馆水下考古研究中心、海南省文物保护管理办公室编著：《西沙水下考古 1998 ～ 1999》，科学出版社，2006 年。

[2]　叶喆民《印尼所藏中国古陶瓷考察记略》，《故宫博物院院刊》1997 年第 4 期，第 40 ～ 49 页；冷东：《中国瓷器在东南亚的传播》，《东南亚纵横》1999 年第 1 期，第 31 ～ 35 页；〔日〕青柳洋子：《东南亚发掘的中国外销瓷器》，《南方文物》2002 年第 2 期，第 104 ～ 107 页；项坤鹏：《浅析东南亚地区出土（水）的龙泉青瓷——遗址概况、分期及相关问题分析》，《东南文化》2012 年第 2 期，第 85 ～ 95 页；韩槐准著：《南洋遗留的中国古代陶瓷》，新加坡青年书局，1960 年；Southeast Asian Ceramic Society Singapore，Chinese Celadons And Other Related Wares In Southeast Asia，Arts Orientalis，1979.

[3]　例如：〔韩〕申俊：《浅谈西亚与南亚地区发现的元明龙泉窑瓷器》，《故宫博物院院刊》2013 年第 6 期，第 68 ～ 77 页。

[4]　例如：〔韩〕申俊：《非洲地区发现的元明龙泉窑瓷器》，《考古与文物》2016 年第 6 期，第 110 ～ 117 页；丁雨、秦大树：《肯尼亚乌瓜纳遗址出土的中国瓷器》，《考古与文物》2016 年第 6 期，第 26 ～ 46 页；刘岩、秦大树、齐力亚马·林曼：《肯尼亚滨海省格迪古城遗址出土中国瓷器》，《文物》2012 年第 11 期，第 37 ～ 60 页。

[5]　Southeast Asian Ceramic Society Singapore，op. cit.，p158-159.

[6]　周运中：《中国南洋古代交通史》，厦门大学出版社，2015 年，第 303 页。

[7]　漳浦县地方志编纂委员会编：《漳浦县志》，方志出版社，1998 年，第 391 ～ 392 页。

附录一　向洋而生　无问西东

——从圣杯屿沉船看元代龙泉窑青瓷的外销

沈岳明（复旦大学）

每一件商品除了生产和消费两端，还有一个重要的中间环节就是流通。商品在生产地向消费地的运输过程中，特别是外销海运途中因为海况环境的不确定性，使得意外发生而致商品连同船体一起折"楫"沉沙，因此而有了我们今天的水下考古。圣杯屿水下沉船遗址位于福建省漳州市圣杯屿海域，处于古代海上丝绸之路南洋航线和东洋航线的交汇处。沉船发现于 2014 年，2021 年第三次调查勘探采集到瓷器标本近 700 件，均为元代龙泉窑产品，2022 年由国家文物局考古研究中心与福建省考古研究院联合发掘[1]，出水遗物包括碗、盏、盘、洗、高足杯、香炉以及龙纹大盘和双鱼洗等。

龙泉窑是中国历史上生产规模最大的著名窑场，也是海上丝绸之路中国对外输出产品及窑业技术最多的古代窑场。龙泉窑青瓷的外销，尤其是元代，龙泉窑青瓷大量行销海外，促进了中外文化的交流，对世界文明产生过深远的影响。数十年来，在陶瓷之路经过的航路上发现多艘装载了不少龙泉青瓷的古代沉船，而且以元代为主。从这些外销途中沉入海底的不幸历史事件中，也可窥见龙泉窑曾经"梯航万国"的辉煌。而龙泉窑之所以能够在宋元时期从一个产品只供应周边地区的地方小窑，迅速发展成一个窑场众多、遍布以整个瓯江流域为中心的庞大窑区，除了得益于自身优越的自然条件及制瓷技术不断提高外，其在海上贸易发展中的深度介入，也是一个重要因素。福建漳州圣杯屿沉船是龙泉窑在元代海洋贸易高峰时期行销海外盛况的历史例证。

一　元代龙泉窑外销的社会背景

龙泉窑唐代即已开始生产，但因居于浙南高山的自然环境，交通不便，故其一直处于就地销售的小规模生产状态。宋元祐七年（1092 年），龙泉知县邱括率先集资治滩，百姓捐资踊跃，各县纷纷仿效，不愿落后，"毕合百六十有五滩，龙泉居其半，缙云亦五之一。凡昔所难，尽成安流，舟昼夜行，无复激射覆溺之虞。"[2]随着交通运输条件的改善，产品顺瓯江而下，直达温州，使龙泉窑

---

[1] 笔者参加了 2022 年 8 月 19 日由国家文物局考古研究中心组织的漳州圣杯屿元代沉船遗址 2022 年度水下考古发掘项目专家咨询会。另有中央电视台等各大媒体报道。

[2] （宋）龚原：《治滩记》，载（明）刘宣撰，（明）郭忠校正、赵治中点校：《处州府志》（成化年间刊本）卷第四，方志出版社，2020 年，第 127 ～ 128 页。

突破了原有的生产状态，销售半径迅速扩大，销售对象也从国内向海外延伸，在东亚的朝鲜半岛和日本、菲律宾、东南亚地区的苏门答腊北部、泰国的班萨拉恩攀等地都有其产品的发现。

宋室南迁以后，国土日蹙而养兵日多，庞大的开支迫使南宋政权不得不在经济上更为倚重海上贸易，南宋初就在温州设立市舶机构。从南宋后期开始，龙泉窑产品的对外输出已经突破原有的东亚和东南亚地区，开始销往中东和非洲的环印度洋区域。但直到此时龙泉窑仍没有专门生产针对海外市场的外销瓷，其外销产品与内销产品相差无几。

一直到元代，龙泉窑才真正全方位地拉开了外销序幕。该时期虽数次禁商泛海，但每次海禁持续时间都不长。总体看来元朝政府推行了鼓励海外贸易的政策，立朝不久，即于至元十四年（1277年）在泉州设立元朝第一个市舶司[1]；第二年（1278年）又在庆元（明州）设立了提举庆元市舶使司；紧接着在上海、澉浦、广州、温州、杭州等增设了市舶司[2]。凡设市舶司之地，皆为海商聚集之处，是海内外船只往来的焦点处。

元朝前期的海外贸易主要采取的是官方组织的"官本船"制度，《元史》有记："官自具船、给本，选人入番，贸易诸货。其所获之息，以十分为率，官取其七，所易人得其三。"[3]蒙古人在入统中原之前曾三次西征，在与回回人的接触中，颇知通商之利，所以主动对外发展贸易的程度远胜宋代，利好出口贸易的政策相继出台，如至元三十年（1293年）"市舶则法"规定推行泉州市舶司的成例，加征船舶税三十抽一，并且确定了"双抽""单抽"之制，即蕃货的抽解率两倍于土货，以保护和扶植土货的出口[4]。从上述市舶司的设立情况看，元朝的市舶司多位于浙江地区，这应与龙泉窑产品的外销有着某种联系。

到至治三年（1323年），元政府开始颁行大规模开放私人海外贸易政策，以"听海商贸易，归征其税"[5]。相对于"官本船"的官方相对统一装备，私商的航行设施很难都能得到足够保障，以致沉船等意外事故明显增多，韩国新安沉船[6]、福建平潭大练岛沉船[7]、小练岛东礁村沉船、泉州后渚港沉船、福清东壁岛沉船、龙海半洋礁二号沉船、漳浦沙洲岛沉船、漳州圣杯屿沉船[8]、印度尼西亚

[1]　（明）宋濂等撰，阎崇东等校点：《元史》卷九十四志第四十三，岳麓书社，1998年，第1372页。"互市之法，自汉通南粤始，其后历代皆尝行之，至宋置市舶司于浙、广之地，以通诸蕃货易，则其制为益详矣。元自世祖定江南，凡邻海诸郡与蕃国往还互易舶货者，其货以十分取一，粗者十五分取一，以市舶官主之。其发舶回帆，必著其所至之地，验其所易之物，给以公文，为之期日，大抵皆因宋旧制而为之法焉。于是至元十四年，立市舶司一于泉州，令忙古𫏋领之。"

[2]　（明）宋濂等撰，阎崇东等校点：《元史》卷九十四志第四十三，第1373页。"三十年，又定市舶抽分杂禁，凡二十二条，条多不能尽载，择其要者录焉。泉州、上海、澉浦、温州、广东、杭州、庆元市舶司凡七所，独泉州于抽分之外，又取三十分之一以为税。"

[3]　（明）宋濂等撰，阎崇东等校点：《元史》卷九十四志第四十三，第1373页。

[4]　（元）拜柱等纂修：《元典章》户部卷八典章二十二，载《续修四库全书》（影印本），上海古籍出版社，2002年，第787册，第266～268页。

[5]　（明）宋濂等撰，阎崇东等校点：《元史》卷九十四志第四十三，第1374页。

[6]　高美京：《新安船出水陶瓷器研究述论》，《故宫博物院院刊》2013年第5期，第57～68页。

[7]　中国国家博物馆水下考古研究中心、福建博物院文物考古研究所、福州市文物考古工作队：《福建平潭大练岛元代沉船遗址》，科学出版社，2014年。

[8]　宋建忠编：国家文物局考古研究中心论著系列《中国沉船考古发现与研究》，科学出版社，2021年。以上中国境内沉船可参考本书信息。

海域玉龙号沉船[1]等，应都是这一政策下的产物，当然这些私商并不局限于元人，包括海内外。这个时期发现的沉船中，龙泉窑青瓷也是最为重要的船货。例如韩国新安沉船发现于 1976 年，出水文物共计 22040 件，其中龙泉窑青瓷就有 12377 件，占总数的 60%，且质量上乘[2]。而大练岛沉船、小练岛沉船和圣杯屿沉船则几乎装满了龙泉青瓷。

这些"土货"龙泉窑青瓷中，主要是日常用器，以碗、盘为主，也有一些是有意识地根据海外不同地区人们的生活习惯和偏好来生产定制的瓷器，就是说需求方可能在造型、装饰纹样等方面提出规格标准，订购所需瓷器。如在新安沉船和大练岛沉船中发现的小口罐，主要流行于东南亚地区；形体硕大的盘、碗，主要行销到中东地区等。从在普通的内销产品中选择部分器物进行外销到根据海外商家要求定制器物，当然会获得更大的利润，同时生产者也要承担更多的风险，所以这也是海上贸易发展的一个重要的转变阶段。

二　圣杯屿沉船出水的龙泉青瓷

圣杯屿沉船遗址中发现的龙泉窑瓷器符合商品的基本特征，虽然数量不少，但品种不多，以碗、盘为主；同一规格器物数量较多，从造型到装饰纹样，再到装烧工艺，几乎完全一致，而且多为日常用器，质量普通。产品装饰以印花为主，许多器物叠烧，追求批量生产，适合大规模销售。

在发现的这些遗物中，有诸多器物与差不多同时的新安沉船、大练岛沉船等相近。这些产品中，盘和碗是发现最多的品种。碗、盘内壁和内底一般均饰有纹样，主要为印花工艺。印花是元代龙泉窑运用最广泛的装饰手法。由于印花既具有与刻、划花类似的装饰效果，且工艺简单，工效高，适合批量生产，符合规模生产的要求，故在大宗产品的生产中被广泛应用。一些原来采用刻划花装饰的地方，大多被印花所替代。印花以阳纹为主（图一），如在碗的内腹印有折枝花卉，内底则为团花。除了印花，贴花也是常见的工艺，这种工艺是从模印中脱胎而来的，在印模上压制出带有花纹的泥片，装贴在器物表面，呈现出比印花更凸显的浮雕般装饰效果。贴花的题材也是丰富多彩，主要装饰在碗、盘的内底。双鱼洗多见宽沿、外壁刻莲瓣，内底贴或模印双鱼纹。这类洗在宋代就已出现，但并不流行，其鱼纹多为刻饰。元代双鱼洗以贴花多见，因此被后人认为是元代龙泉窑的典型器形。还有一种贴塑龙纹大盘，器形口径阔大、折沿、斜弧腹、卧足，盘内心贴塑模印龙纹并于内壁刻划卷草纹一周，足端留有垫烧痕迹。盘、洗类器物中大型器类足端无釉（图二），小型器类足端和外底多未施釉（图三）。此类大盘除圣杯屿船外，新安船也有较多发现（图四），且曾广泛地发现于东南亚、中亚、西亚、北非等海外地区——如阿力麻里古城遗址中发现的龙、凤纹瓷盘被发掘者判断为赠予西域的赏赍赐物，苏门答腊、爪哇海、埃及福斯塔特等地发现的龙纹残片及西亚

[1] Flecker.M.，"Rake and pillage: the fate of shipwrecks in Southeast Asia"，in Marine Archaeology in Southeast Asia, edited by Heidi Tan, Singapore: Asian Civilization Museum, 2012, pp.70-85.

[2] 浙江省博物馆"大元帆影——韩国新安沉船出水文物精华暨康津高丽青瓷特展"，2012 年 12 月 18 日，在浙江省博物馆武林馆区（杭州西湖文化广场），展出新安沉船上的文物。

图一　龙泉窑印花碗（漳州圣杯屿沉船出水）

图二　龙泉窑折沿盘（漳州圣杯屿沉船出水）

托普卡比皇宫博物馆所藏珍品[1]等，是元代主流盘型，非常具有时代特征。而此类底足形态极少见于龙泉东区同式大盘，应是龙泉南区的产品，东区产品普遍采用便于制作的圈足作为器底。

纹饰特别是印贴纹饰的逐渐推广和蔓延，与元代龙泉窑从薄胎厚釉渐次向厚胎薄釉的过渡，恰似一对孪生姊妹，两者异轨同步。显然，薄胎不适宜印、贴和分段衔接，厚釉只会使装饰纹样变得模糊不清。所以当元代龙泉窑从南宋的厚釉、以釉取胜，转变到装饰工艺的盛行，其施釉方式，也必须作出相应的改变。元早期的龙泉窑尚延续了南宋的风格，较少装饰，故釉较厚，有一些装饰，也主要是刻划；至元中晚期大量应用印花工艺时发生了较大的变化，因为釉略厚，所以一般其纹饰多为阳文，以使纹饰清晰体现；待到窑工们意识到阳文纹饰也未必能很好地使图案清晰体现时，就

---

[1]　〔土〕爱赛·郁秋克：《伊斯坦布尔的中国宝藏》，北京：土耳其外交部，2001年，第50页。

图三　龙泉窑折沿洗（漳州圣杯屿沉船出水）

图四　龙泉窑折沿贴花龙纹盘（韩国新安沉船出水）

图五　龙泉窑"五线谱"纹高足杯（漳州圣杯屿沉船出水）

开始使用贴花工艺，使主题纹样整个凸起于器表，甚至后来干脆使用露胎贴花工艺，如新安沉船中发现的露胎贴花盘[1]等，其目的都是为了使装饰纹样能清晰体现。而釉也是为了适应这个需要，一再减薄，并且力求透明，变成了厚胎薄釉。认识了这一点，就不难理解处于龙泉窑鼎盛时期的元代，其制瓷工艺上的这种演变，以及这种演变对产品的影响，也就更能把握演变过程中各时期产品变化的脉络。

　　高足杯也较多地出现在圣杯屿沉船中，杯身多作敞口、垂腹、高足，有的在杯外腹饰数道旋纹，类似五线谱，有的饰八吉祥图案。当然，这种五线谱图案亦常常出现在碗的外腹，有一些往往有固定的组合纹样，除口沿处的五线谱状条带和胫部单线或双线的刻花莲瓣外（图五），往往在外壁的

[1]　〔韩〕韩国文化财厅、国立海洋遗物展示馆：《新安沉船（第二册）》，2006年，图版80、81。

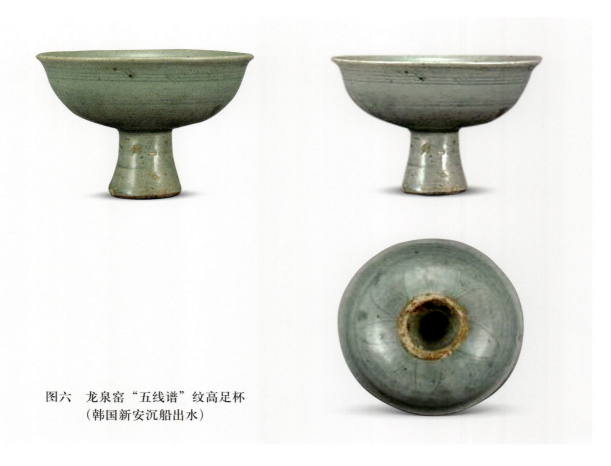

图六　龙泉窑"五线谱"纹高足杯
（韩国新安沉船出水）

中间位置饰旋纹一道。除了圣杯屿沉船，新安沉船（图六）、大练岛沉船等都有发现，此类纹样在龙泉东区的安福、安仁口、源口及丽水保定等窑址中都有发现，年代主要为元代中晚期[1]。

　　尽管圣杯屿沉船遗物与新安、大练岛等船有较多相同的船货，但几者之间的差异也是非常明显的，如在新安沉船和大练岛沉船遗址中发现的同样具有元代龙泉窑较为典型的器物诸如荷叶盖罐、小口罐、凤尾瓶等，在圣杯屿遗址中并未出现。荷叶盖罐这种器形大小各异，规格丰富，较大的荷叶盖罐在成形后将底部挖空，然后填以比挖空略大的、向外微凸的饼状坯，再以釉接烧制而成。而那种小口罐，普遍呈小口、丰肩、鼓腹、平底略内凹、肩附两圆系，多为模印上下两段，胎衔接成型，腹中部有一道明显的接痕，器身布满凸线印纹，或素面无纹，此种器物在境内的遗址和墓葬中并不多见，却在海外遗址和沉船中常可见到，应主要为外销用瓷（图七），如新安、大练岛、玉龙号等沉船遗址，或流布于海外——如菲律宾、印尼、新加坡、柬埔寨等东南亚区域及距离更远的西亚、东非地区。这种小口罐应是盛装挥发性较大的物料。宋张世南《游宦纪闻》有记："永嘉之柑，为天下冠……以笺香或降真香作片，锡为小瓯，实花一重，香骨一重，常使花多于香。窍瓯之傍，以泄汗液，以器贮之。毕，则彻瓯去花，以液渍香，明日再蒸。凡三四易，花暴干，置磁器中密封，其香最佳。"[2]这种小口罐之功用是否即是以器贮之密封的磁器尚需深入探讨，但这种小口罐以往主

　　[1]　项宏金：《龙泉青瓷纹样》，西泠印社出版社，2014年，第88、91页。
　　[2]　（宋）张世南：《游宦纪闻》，中华书局，1981年，第45页。

图七　龙泉窑双系小口罐（韩国新安沉船出水）

图八　龙泉窑凤尾瓶（韩国新安沉船出水）　　　图九　涩饼状叠烧工艺（漳州圣杯屿沉船出水）

要发现于东南亚地区，日本并无相关出土情况的披露，那么在新安船上被发现，是否意味着此类容器可能是船员所用，抑或此船的目的地可能并非单一的日本，有将东南亚列入船货的联运目的地的可能。凤尾瓶器形呈喇叭口、长颈、鼓腹、敛足微外撇状，器身底普遍多段分制，并按颈部、腹部、胫部三部分分段装饰。新安船出水大瓶即为成熟形制（图八），按主体纹样的差异可分为模印贴花与刻划花两类，暗合多数学者认为船货生产时间为元中期的判断。前者又与英国大维德基金会藏龙泉窑"泰定四年"铭牡丹纹大瓶风格一致。

在圣杯屿沉船遗物中另出现外底刮釉涩圈托烧特征的器物，胎质相对较为精细，釉色多为较纯正的青色，釉层仍较薄，与明代产品烧成工艺类似，但其涩圈离足壁较近，而涩圈宽度较窄，与明代的涩圈较宽、距足壁远略有一些差别。还有一类是将器物的内底釉刮去一圆饼状，以叠烧工艺制成（图九），相应的外底及足端无釉（图一〇）。

图一〇　底足无釉工艺（漳州圣杯屿沉船出水）　　　　图一一　龙泉窑印花洗（漳州圣杯屿沉船出水）

故圣杯屿沉船与新安、大练岛等沉船遗物比较，有一些共同的特征：从器物来看，均有元代典型的器物如双鱼洗、高足杯、贴花龙纹盘等；从装饰纹样来看，均有印花，且主体纹样以阳文为主。都有贴花工艺，五线谱加双线或单线莲瓣的组合也是重要的时代风格；从装烧工艺看，几者均有内底涩圈或涩饼状叠烧，外底及足端无釉的情况。卧足盘的底足其外腹近底处堆贴一圈的情况都相同。所以几者之间的年代应该相近。但几处沉船遗址的遗物也表现出了其不完全相同的一面，如前述新安、大练岛等沉船中的荷叶盖罐、小口罐、凤尾尊等器物、露胎贴花和点褐彩等工艺在圣杯屿遗址中尚未发现，这既是产品销售对象的不同导致的差异，也可能在年代上存在先后。总体上看，圣杯屿的年代比新安、大练岛等沉船略晚，年代可能为元代晚期。

元代晚期的龙泉窑与宋代特别是南宋时期的龙泉窑产品相比，明显地呈现出风格的转变。宋代的龙泉窑产品以制作精致、釉面纯净，厚釉、乳浊釉、失透、不重装饰、追求形与色的完美，是高雅与质的追求，粉青和梅子青深入人心，其销售对象应该是有限的层次相对较高的人群。而元代的龙泉窑产品更多的是制作不甚讲究、薄釉、透明釉、多装饰、生活化、世俗化、是朴素与量的追求，其销售对象主要为普通大众（图一一）。毋庸讳言，元代龙泉窑在不断壮大和发展，并源源不断地向海外输出承载着中国传统文化符号的青瓷产品的同时，也悄悄地越过了龙泉窑制瓷史上的顶峰。进入元代晚期后，这个声名显赫的窑场为应付庞大的市场，已隐现出质量下滑的端倪，这一隐患给后世也留下了一定的影响。

三　龙泉窑外输的重要港口——温州

据考古调查，龙泉窑窑场在元代数量猛增，密集分布于瓯江上游的龙泉溪以及支流两岸的龙泉、云和、遂昌、丽水、青田、永嘉、文成、泰顺、苍南、武义等地。元代的窑址总数达 400 多处，占总窑址数量一半多。而且从窑场分布的情况来看，其从瓯江上游的龙泉南区渐渐向东区发展，这既是运输便利的需要，也是为了节省运输成本，所以元代龙泉窑的兴盛及窑场布局向温州港靠近延伸的情况肯定与大量外销有关。1980 年浙江省文物考古研究所调查的数据显示，在已发现的龙泉东区 218 处窑址中，属宋代的 21 处，宋至元时期的 12 处，元代 114 处，元至明时期的 47 处，明代 23 处，显而易见元代窑址占绝大多数。瓯江两岸，窑场林立，烟火相望，江上运瓷船舶，来往如织，日夜繁忙。虽然龙泉东区的瓷土较以南区并不算很好，瓷器产品质量也不是很高，但已可以基本满足外销的要求。从南中国海到环印度洋沿线的一些重要古代遗址出土中国瓷器的调查统计——在环印度洋地区，元代中后期到明初，龙泉窑瓷器在出土的中国瓷器中所占的比例在 80% 以上，而在东南亚和东亚地区，所占比例在 60% 以上，是外销瓷中最重要的产品。

　　而这些产品的流通，除了闽北等少数处于闽江流域的窑场，其流通形式主要是顺着闽江到达福州港，然后分销各地外，大量的产品最便利的通道应该是顺瓯江而下到达温州，然后从不同的海路销往国内其他各地及海外市场，温州港成为海陆经济串联的重要通道，在商品运输和人员交流往来方面具有更大的便捷性，其作为"海上丝绸之路"的节点辐射到处州及更纵深的内陆，并发展成具有瓯江特色又具海洋文化的海上青瓷之路。

　　南宋初，政府就在温州设立了市舶务，隶两浙市舶司。南宋后期，仅日本商船每年有四五十艘到庆元港，但这些到庆元的日本船，总是先在温州、台州海中停泊，并和当地沿海居民交易，然后再到庆元贸易。等其返国时，又到温、台地区低价出卖余货。曾任台州知府的包恢在《禁铜钱申省状》谈到大量铜钱被日本船运走，沿海铜钱流通量严重不足，台州城有一天甚至"绝无一文小钱在市行用"的状况，"但漏泄之地，非特在庆元抽解之处，如沿海温、台等处境界"[1]。

　　而温州具有得天独厚的地理优势、良好的港口环境和作为重要的货源辐射地，不管是市舶司设立期间还是并入庆元市舶司阶段，尽管各市舶司也都有规定的基本航线，如"宁波通日本，泉州通琉球，广州通占城、暹罗、西洋诸国"[2] 等，但海外贸易船只总是经意不经意的到达温州。上述包恢申省的南宋晚期日本商船到温州一带交易铜钱的情况，另弘治《温州府志》也记载了元代有日本"客商五百馀人赍金珠、白布等物，驾船于九月二十七日放洋，意投元国庆元路市舶司博易铜钱、药材、香货等项，不料十月七日海风漂浪累日至十五日辰时，至此十一月十四日移泊瑞安州飞云渡，赍到拜见上位及与浙省官赤皮甲、大刀、皮袋、箱扇等物，随即起解。"[3]《明宣宗实录》记载，宣德七年（1432 年），温州知府何文渊奏呈所述："行在礼部言，永乐间琉球船至，或泊福建或宁波或瑞安。今其国贡使之舟凡三二泊福建，一泊瑞安，询之因风势使然，非有意也。"[4] 尽管记录的是明代的事情，但"风势使然"之事常有发生。元代的温州港是十分繁忙的，"永嘉为海右名郡，南

　　[1]　（宋）包恢：《敝帚稿略》卷一《禁铜钱申省状》，载《影印文渊阁四库全书》，台湾商务印书馆，1986 年，第 1178 册，第 712 ～ 714 页。

　　[2]　（清）张廷玉等：《明史》卷八十一《食货志》，中华书局，1974 年，第 1980 页。

　　[3]　（明）王瓒等编，胡珠生校注：《弘治温州府志》，上海社会科学院出版社，2006 年，第 478 页。

　　[4]　《明宣宗实录》卷八十九"宣德七年四月甲寅"条，中研院史语所校印本，1982 年，第 2051 ～ 2052 页。

图一二　龙泉窑瓷器（温州朔门港口遗址出土）

引七闽，东连二浙，宦车士辙之所憩止，蕃舶夷琛之所填委。"[1]瑞安、永嘉都指代温州。与海外贸易关系密切的《真腊风土记》的作者周达观就是温州人，其于元成宗元贞元年（1295年）奉命随使团前往真腊，从温州取海路开洋，"自温州开洋，行丁未针，历闽、广海外诸州港口，过七洲洋，经交趾洋，到占城。又自占城顺风可半月到真蒲，乃其境也。又自真蒲行坤申针，过昆仑洋，入港。"在"欲得唐货"条中也有"其次如真州之锡腊、温州之漆盘，泉、处之青瓷器……"[2]的记录。

2022年9月28日，"考古中国"重大项目重要进展工作会在北京召开，会上温州朔门古港口遗址的重大考古收获也正式对外发布，引起了社会广泛的关注和聚焦。通过开展考古勘探与发掘，在江滨路发现了成组的宋元时期码头遗迹。相伴这些遗迹的是沉船及数以吨计的宋元时期龙泉窑遗物，年代集中于元代（图一二），而其中不少标本可以在龙泉东区的安福等窑址发现相同的产品（图一三）。

在所发现的载有龙泉窑瓷器的沉船中，时代以元代为最，发现的地点以福建沿海为多，前述大

[1]　（明）宋濂：《栾坡后集》卷九《水北山居记》，载《宋濂全集》第3册，浙江古籍出版社，2014年，第905页。

[2]　（元）周达观：《真腊风土记》，中华书局，2000年，第148页。

图一三　龙泉窑印花人物纹碗（龙泉安福窑址出土）

练岛、小练岛、圣杯屿等遗址均位于福建海域，而其航向也基本被认定为海外。有学者曾有诸如新安沉船的龙泉窑产品是沿松溪入闽江，后于福州发舶的观点[1]，实是可以商榷的，福建区域发现沉船多的原因应该与龙泉窑瓷器从温州出发输往东南亚和环印度洋区域有关。

　　除了明文规定的输往琉球及东南亚一带的产品必须有泉州市舶司发给的公凭外，福建沿海尚有其他如浙、广所难以具备的优势，在明海道针经《顺风相送》及《指南正法》等书中均有提及诸如福州对日贸易又可经台湾、琉球、吕宋、暹罗等多地中转，线路灵活异常。同时还存在海商假称去他国贸易，出洋后转航日本的情况——"借吕宋之名，往吕宋复往日本。"[2]而泉州市舶司早期归闽广大都督行都元帅府事忙古䚟督之，上海、庆元、澉浦三处市舶司由福建安抚使杨发统领，后来配专职提举。所以，龙泉窑产品在元代大量行销海外，特别是销往东南亚和环印度洋区域的大背景下，处于古代海上丝绸之路南洋航线和东洋航线的交汇处的福建沿海是其必经路线，是元代中国陶瓷贸易最重要的海上通道和枢纽。而这片海域暗礁遍布，夏季以偏南风为主，其余季节多为东北风，是世界上最强风区之一，至今常为台风的登陆地。复杂的海况和暗礁、恶劣的风象，可能是沉船在福建沿海最多发现的重要原因。

　　向洋而生的龙泉窑在这场全球购销的盛况中被推向世界的每一个角落，无问西东。

　　[1]　陈擎光：《元代福建北部及其邻近地区所输出的陶瓷器——试论新安沉船以福州为出口港》，张延宪编：《中国海洋发展史论文集（第三辑）》，中研院中山人文社会科学研究所，1989年，第271～278页。
　　[2]　（明）庄若华：《信心草》卷四，转引自谢国桢著，谢小彬等主编：《谢国桢全集》，北京出版社，2013年，第3册，第209页。

附录二 从沉船资料看宋元时期海外贸易的变迁

刘淼（厦门大学）

目前，随着水下考古工作的不断进行，在我国东南沿海地区乃至东南亚地区发现不少属于宋元时期的沉船资料，沉船出水的主要船货为中国古代陶瓷。从出水陶瓷器特征来看，这些沉船分属早晚不同的时代，销往的地区也有所差异，反映了不同阶段海外贸易变迁的过程。

一 宋元沉船的考古发现

宋元时期的沉船资料，目前主要发现于福建沿海、南海海域以及东南亚海域，其中福建沿海水下文物点发现的最多，南海沉船的出水遗物最为丰富。以南宋至元的沉船为主，北宋时期沉船较少。现按初步判定沉船时代的早晚介绍如下。

1. Pulau Buaya wreck（鳄鱼岛沉船）

鳄鱼岛沉船于苏门答腊东南的鳄鱼岛海域。1989 年对沉船进行了打捞，没有发现船体，出水的船货以中国陶瓷器为大宗，包括来自广东潮州窑的四系小罐、盘口瓜棱瓶，数量不少的广东奇石村窑大罐，景德镇所产的青白釉碗、瓶、盒等，还有一部分来自福建窑口如闽南漳浦罗宛井窑、漳平永福窑的青白瓷碗[1]。同船还发现一定数量的铜块、铁锅等金属器和石器、伊斯兰玻璃器以及少量的东南亚陶器。通过与国内纪年资料的比对分析，我们倾向于把沉船年代定在 11 世纪中期至 12 世纪早期，即北宋中晚期到南宋初年[2]。

2. 北土龟礁一号宋代沉船遗址

北土龟礁位于福建莆田兴化湾南日岛的东北面，2008 年莆田沿海水下考古调查时被发现。出水瓷器大部分为青瓷，以碗为主，还有少量盘和碟，经过与窑址资料比对，应为龙泉窑或福建北部窑口产品[3]，年代为南宋早期[4]。

---

[1] Abu Ridho and E. Edwards McKinnon, The PulauBuaya Wreck: Finds from the Song Period. Jakarta: HimpunanKeramik Indonesia, 1998, pp.6, 98.

[2] 胡舒扬：《宋代中国与东南亚的陶瓷贸易——以鳄鱼岛沉船（Pulau Buaya wreck）资料为中心》，《人海相依：中国人的海洋世界》，上海古籍出版社，2014 年。

[3] 羊泽林：《福建水下考古发现与相关问题初探》，中国国家博物馆水下考古研究中心编：《水下考古学研究》第一卷，科学出版社，2012 年。

[4] 福建沿海水下考古调查队：《2008 年莆田沿海水下考古调查简报》，《福建文博》2009 年第 2 期。

3. 平潭大练岛西南屿水下文物点

该文物点于 2009、2010 年进行福建沿海水下调查时被发现。未发现船体，只发现较集中的青瓷碗、盘堆积。出水青瓷器器物特征一致，釉为青绿色，装饰刻划花，器形主要有撇口斜弧腹碗、敞口六花口碗和平底折腹盘，与龙泉东区窑址第一期产品一致，时代为北宋晚期至南宋早期[1]。

4. Jepara Wreck（耶帕拉沉船）

1997 年发现于印尼日巴拉的中爪哇海域，出水器物以陶瓷器为主，还有铜锣、铜镜、铁锅、铜钱等金属器。陶瓷器主要是闽南安溪、南安、同安、德化等地窑口所产，还有一些为早期龙泉窑产品或为闽北所产龙泉窑系的青瓷产品。器形以碗最多，包括灰白、青灰到青黄等多种釉色。还有酱褐釉或黑釉的瓶、军持，以及青白釉和白釉的盖盒、盘、执壶、瓶等。人们认为这应是一艘从泉州出发的中国船只，从瓷器特征推断沉船的年代为 12 世纪上半期[2]。

5. 西沙华光礁Ⅰ号沉船

1998 年年底至 1999 年年初在对西沙群岛进行水下考古调查时发现和试掘。出水大量陶瓷，青白瓷居多、青瓷次之，还有一定酱褐釉器。青白瓷以福建窑口最多，包括德化窑青白釉碗、瓶、粉盒，南安、闽清等地的碗、盘、刻花执壶之类，只有少量景德镇青白瓷产品。青瓷包括龙泉窑系闽北松溪回场窑的青黄釉刻划花加箆划纹的大碗、大盘，南安罗东窑青黄釉大盘。酱褐釉器主要是晋江磁灶窑产品，有青黄釉褐彩瓶、罐等以及酱褐釉小口罐、军持等。学者们通过研究认为其为南宋时期来自泉州的"福船"[3]。

6. Tanjung Simpang Mengayau Shipwreck（丹戎新邦沉船）

根据发掘者的介绍，这是一艘沉没于马来西亚海域，满载中国陶瓷的中国商船，打捞出水陶瓷包括酱褐釉军持、罐和青白釉执壶、盒子，以及其他褐釉器[4]。同时出水的还有铜锣等金属器。从出水器物特征看，应为南宋船只，时代和西沙华光礁Ⅰ号沉船相近。

7. "南海Ⅰ号"沉船

1987 年在广东省川山群岛阳江海域附近发现，后经多次调查与试掘。出水文物以陶瓷为大宗，主要有江西景德镇青白瓷、浙江龙泉青釉和青黄釉瓷器、福建德化青白瓷、闽清义窑青白瓷、磁灶窑黑釉和绿釉瓷器等。其中福建陶瓷占船载数量、种类比重最大[5]。根据沉船器物组合及出土瓷器特

[1] 栗建安：《闽海钩沉——福建水下考古发现与研究二十年》，中国国家博物馆水下考古研究中心编《水下考古学研究》第一卷，科学出版社，2012 年。

[2] AtmaDjuana and E. Edwards McKinnon, TheJepara Wreck，载郑培凯主编：《十二至十五世纪中国外销瓷与海外贸易国际研讨会论文集》，中华书局（香港）有限公司，2005 年，第 126 ～ 135 页。

[3] 中国国家博物馆水下考古研究中心、海南省文物保护管理办公室编著：《西沙水下考古 1998 ～ 1999》，科学出版社，2006 年，第 231 ～ 233 页。

[4] http://www.maritimeasia.ws/tsimpang/index.html

[5] 张万星：《广东"南海Ⅰ号"沉船船货的内涵与性质》，吴春明主编：《海洋遗产与考古》，科学出版社，2012 年。

征，人们初步判断这是属于南宋中期前后的一艘沉船。

8. 日本奄美大岛仓木崎海底沉船遗迹

日本的奄美大岛（西南诸岛）仓木崎海底遗址发现了大量被认为是南宋时期中国陶瓷的沉船遗物。打捞上来绝大部分为龙泉窑青瓷，福建仿龙泉窑青瓷（莆田窑制品）和福建青白瓷（极有可能是闽清窑的制品）也占据相当的比例，还见少量景德镇窑青白瓷产品[1]。

9. 福建连江定海湾白礁一号沉船

白礁一号沉船位于闽江入海处的北面，黑釉盏以及青白瓷浅腹碗是其主要船货。白礁一号沉船所运载的青瓷、青白瓷器同闽江口窑址所产制品相似，很可能为连江一带的窑口产品。从沉船出水瓷器特征判断，其沉船年代为南宋末年至元代早期[2]。

10. 莆田兴化湾北土龟礁二号元代沉船

沉船遗址位于北土龟礁一号沉船遗址北面。2008年调查发现，采集的沉船遗物器形有碗、盘、碟等，灰白胎、质地较密，釉色灰白或略泛青，大部分器物的内底有涩圈或无釉露胎，制作工艺较粗糙，为连江浦口窑或莆田庄边窑等元代窑址的产品[3]。

11. 福建漳州龙海半洋礁一号沉船

2010年福建沿海水下考古调查时发现。调查采集到的瓷器大部分为黑釉盏，可能出自福清东张窑。还见青白瓷碗、盘、碟，为福建闽江上游南平、三明地区宋元窑址芒口印花产品。此外还出水少量陶器、铜钱、漆器等。据沉船遗物特征初步推断为南宋晚期至元初的沉船[4]。

12. 福建平潭小练岛东礁沉船

东礁沉船遗址点经过2008年和2009年两次水下考古调查，出水陶瓷器以黑胎和素胎的陶瓶、陶罐为多，还有龙泉窑的莲瓣纹钵、双鱼洗、印花碗，福建窑口的黑釉盏和青白釉碗、盘、碟、执壶等[5]。通过和窑址资料的比对，推断其年代为南宋末期至元代早期。

13. 莆田湄洲湾文甲大屿水下文物点

遗址位于莆田市湄洲岛北面，沉船遗物主要为陶瓷器[6]。绝大部分为青白瓷，还有少量陶罐、陶瓶、坩锅等陶器。以及少量晚期青花瓷产品。其中一类青白瓷釉色灰白，工艺较粗糙，器形有碗、

[1] 森达也：《宋元外销瓷的窑口与输出港口》，沈琼华主编：《2012海上丝绸之路——中国古代瓷器输出及文化影响国际学术研讨会论文集》，2013年。

[2] 中澳联合定海水下考古队：《福建定海沉船遗址1995年度调查与发掘》，《东南考古研究》第二辑，厦门大学出版社，1999年。

[3] 上海书店出版社编：《中国地方志集成福建府县志辑㉛·漳浦县志》，上海书店出版社，2000年，第16页。

[4] 《中国海岛志》编纂委员会编：《中国海岛志福建卷·第三册》，海洋出版社，2014年，第546～547页。

[5] 上海书店出版社编：《中国地方志集成福建府县志辑㉛·漳浦县志》，上海书店出版社，2000年，第16页。

[6] 国家文物局水下文化遗产保护中心等编：《福建沿海水下考古调查报告》，文物出版社，2017年，第197～208页。

盘、碟等，多刻划有莲纹。应为福建莆田庄边窑或连江浦口窑产品。

14. 大练沉船遗址

福建平潭大练元代沉船出水瓷器基本上都为元龙泉青瓷产品，主要器形有大盘、小罐、洗、盘、碗等，为龙泉大窑窑区及查田溪口窑的产品，其应该是通过闽江上游的建溪进入闽江，顺流而下直达福州港、出海南行的。有可能直接前往东南亚地区，也有可能前去泉州港集散，然后转运东南亚地区[1]。相似器物在印尼海域发现的"玉龙"号沉船中也有发现。

15. Jade Dragon shipwreck（玉龙号沉船）

玉龙号遗址位于马来西亚 Sabah 海岸，沉船被破坏严重，完整器物几乎被盗掘，剩下的都为碎片。根据海底调查记录以及流散文物的考察，沉船船货绝大部分为龙泉窑瓷器。西方学者认为它可能是从温州出发，目的地为东南亚的文莱或 Santubong[2]。

16. 韩国新安海底沉船

韩国新安海底沉船经过多年的打捞工作出水了大批中国瓷器，包括龙泉青瓷和景德镇青白瓷，还有建窑系黑釉瓷器、闽清义窑的青白瓷、钧窑系及其他窑口瓷器，以及金属制品等[3]。其中龙泉窑系青瓷和景德镇窑系的青白瓷数量最多，其次是景德镇枢府卵白釉瓷和白瓷。有学者认为其是从宁波港始行的，目的地是日本。因为沉船中还发现了在东南亚市场广泛出土的小件青白釉褐色点彩装饰的景德镇瓷器，故有学者认为它还有可能转航东南亚地区。日本学者三上次男根据出水的带有（至治三年六月一日）（1323 年）的墨书木牌，判断沉船年代应为这一年代稍后的时期，即十四世纪三十年代的元朝末年[4]。

17. 西沙群岛石屿二号元代沉船

2010 年国家博物馆水下考古研究中心组织力量对西沙群岛石屿二号沉船遗址进行水下考古调查，采集到大量元代青花瓷器，占出水器物总量的一半以上。还有景德镇枢府型卵白釉器、福建德化的白釉器以及可能为莆田产青灰釉器，以及极少量的磁灶窑产的酱釉器。推断沉船年代应为元朝末期[5]。

[1] 中国国家博物馆水下考古研究中心等编著：《福建平潭大练岛元代沉船遗址》（中国水下考古报告系列四），科学出版社，2014 年，186 页。

[2] Flecker, M.2012.Rake and pillage, the fate pf shipwreck Asia. Heidi Tan, eds. Marine Archaeology in Southeast Asia.70-85.Singapore: Asian Civilization Museum.

[3] 韩国文化部文物管理局：《新安海底遗物》，汉城三星文化印刷社，1984 年；李德金等：《新安海底沉船出土的中国瓷器》，《考古学报》1979 年第 2 期；冯先铭：《韩国新安沉船及瓷器问题探讨》，《故宫博物院院刊》1985 年第 3 期；叶文程等：《从新安海域打捞的文物看元代我国瓷器的外销》，《海交史研究》1985 年第 8 期。

[4] 〔日〕三上次男、王晴堂译：《新安海底的元代宝船及其沉没年代》，《东南文化》1986 年第 2 期。

[5] 中国国家博物馆水下考古研究中心等：《西沙群岛石屿二号沉船遗址调查简报》，《中国国家博物馆馆刊》2011 年第 11 期。

18. 福建漳浦县沙洲岛沉船遗址

2008年进行水下考古调查时发现。未发现船体残骸，采集陶瓷遗物有青釉、青白釉、酱釉以及素胎器等，器形有碗、盏、水注、盆、炉、四系罐等。景德镇瓷器种类丰富且最精美，龙泉青瓷数量不多，有深腹碗和盘。还有可能来自磁灶窑的粗率的酱釉四系罐。该遗址年代大致为元末明初或明代早期[1]。

19. 莆田湄洲湾门峡屿水下文物点

遗址位于湄洲湾口北面。出水遗物陶器为主，少量青白瓷碗。白瓷碗可能是莆田庄边窑元代窑址的产品[2]。

福建沿海水下元代沉船遗址还有北日岩四号元代沉船遗址、龙海半洋礁二号元代水下文物点，遗物均以福建窑场的青白瓷器为主，还有少量白瓷器、酱釉器，器形有碗、碟、盘、罐等[3]。

二　沉船出水器物组合分析

经过初步分析，这些沉船资料可分属几个不同的时间段。

（1）时代较早的最具代表性的沉船为鳄鱼岛沉船。鳄鱼岛沉船出水中国陶瓷器以广东窑产品为主，还有福建、景德镇所产器物。青白瓷最多，也有一定数量的青釉和酱褐釉器物。代表器形有广东潮州窑的青白釉盘口瓜棱瓶、青釉小罐，西村窑的印花盆、石湾窑的大罐；福建漳州地区生产的青白釉刻划花碗、华南地区生产的灰白釉唇口素面碗、德化窑生产的青白釉花口瓶以及磁灶窑生产的小口瓶等；景德镇窑生产的青白釉盒、瓜棱执壶、莲瓣纹钵等，数量不多。时代为北宋中晚期到南宋初年。

类似的器物组合还见于西沙群岛的遗物点中，如位于西沙北礁东北侧礁盘的2010XSBW4、2010XSBW5以及赵述岛西南的2010XSZSS2等处的水下遗存，出水器物包括广东潮州窑、福建南安窑以及景德镇窑等生产的青白釉碗、盒、罐等，还有潮州窑的青釉小罐、奇石窑的戳印花纹盆、罐等[4]。

（2）二组沉船资料包括福建莆田兴化湾北土龟礁一号宋代沉船遗址、福建平潭大练岛西南屿水下文物点、印尼发现的耶帕拉沉船、西沙华光礁Ⅰ号沉船、马来西亚海域的丹戎新邦沉船、"南海Ⅰ号"沉船、日本奄美大岛仓木崎海底沉船遗迹等。

这组沉船资料非常丰富，出水器物组合中广东窑的产品已经不见，福建窑口产品大量出现，龙泉窑产品也普遍发现。主要包括龙泉青瓷产品、福建闽清义窑、德化青白釉产品、南安等地的青釉刻划花产品、磁灶窑的酱釉和铅釉陶瓷器等，还有少量景德镇青白釉产品。其中南海Ⅰ号沉船出水器物种类、数量最为丰富。总体看，这组沉船器物的年代应为南宋中期前后，即12世纪中期至13

[1]　福建沿海水下考古调查队：《漳浦县沙洲岛沉船遗址水下考古调查》，《福建文博》2008年第2期。

[2]　上海书店出版社编：《中国地方志集成福建府县志辑 ㉛·漳浦县志》，上海书店出版社，2000年，第16页。

[3]　《中国海岛志》编纂委员会编：《中国海岛志福建卷·第三册》，海洋出版社，2014年，第546～547页。

[4]　赵嘉斌：《2009～2010年西沙群岛水下考古调查主要收获》，吴春明主编：《海洋遗产与考古》，科学出版社，2012年。

世纪早期。

（3）第三组沉船资料包括福建连江定海湾白礁一号沉船、漳州龙海半洋礁一号沉船、平潭小练岛东礁沉船遗址、莆田兴化湾北土龟礁二号元代沉船遗址、莆田湄洲湾文甲大屿元代沉船遗址等。

这一组沉船多发现于福建沿海地区，主要出水器物也以福建产品为主，特别是闽江流域产品，如建窑系的黑釉盏、闽北窑口生产的青白釉芒口碗、盘、碟、连江浦口窑的刻划莲瓣纹碗等。平潭小练岛东郊沉船还出水有龙泉窑莲瓣纹钵、双鱼洗、印花碗。我们将这组沉船的时代定为南宋末期至元代早期。

（4）第四组沉船资料主要包括福建平潭大练沉船遗址、马来西亚海域的玉龙号沉船遗址、韩国新安海底沉船遗址等。

这组沉船资料的器物组合中最具特色的就是龙泉青瓷的大量出现，在很多沉船中占据船货的绝对主体，且器物种类丰富，代表性器形有龙泉青瓷折沿刻花大盘、模印缠枝花纹小罐及各式瓶、炉等。景德镇瓷器的数量也大为增加，器物造型丰富。福建陶瓷的比例则有所下降，主要有闽清义窑、青窑等地生产的青白釉器，还有连江浦口窑、莆田庄边窑等地的产品。我们将沉船的时代定为元代中晚期。

（5）第五组沉船资料包括西沙群岛石屿二号元代沉船遗址、福建漳浦县沙洲岛元代沉船遗址、莆田湄洲湾门峡屿水下元代文物点等。

这一时期的沉船器物组合中，景德镇器物有所增加，除了青白釉盏、水注等，还有枢府型卵白釉瓷器以及较多的元青花产品。龙泉青瓷数量减少，质量下降。福建陶瓷数量大为减少，且制作粗糙，主要有德化窑的白釉盒等器物，还有莆田庄边窑等地生产的粗制灰白釉刻花或印花大碗、钵等器物，以及磁灶窑的四系罐、盆等。我们将沉船时代定为元末明初。

三 从沉船器物组合变化看宋元海外贸易变迁

1. 沉船的发现显示宋元时期瓷器的贸易组合呈现阶段性发展变化的特点

鳄鱼岛沉船器物组合揭示货品来源越来越偏向和集中于华南，尤其是广东、福建等南部沿海地区。从东南亚地区中国陶瓷的发现情况看，10～12世纪广东窑的陶瓷产品获得大发展，销售的范围也大为扩展，体现了北宋广东窑业的繁荣以及广东商人贸易网络的扩展[1]。受其影响，北宋中、晚期在闽南地区也发现了一批烧造青白瓷为主的窑址，包括漳平永福窑[2]、漳浦罗宛井窑[3]、南安南坑窑[4]等。它们的青白瓷产品和广东宋代的潮州窑产品有很多的相似性和共同性[5]，和广东窑、江西景

---

[1] 〔日〕青柳洋子著：《东南亚发掘的中国外销瓷器》，《南方文物》2000年第2期。

[2] 郑辉：《漳平永福窑调查》，《福建文博》2002年第1期。

[3] 福建省博物馆：《漳浦罗宛井窑抢救发掘的主要收获》，《福建文博》2001年第2期。

[4] 福建博物院等：《2003年南安寮仔窑址发掘简报》，《福建文博》2008年第4期。

[5] 栗建安：《东渐西输——潮州窑与周边瓷业关系及其产品外销的若干问题》，黄挺、李炳炎主编：《南国瓷珍——潮州窑学术研讨会论文集》，香港中文大学文物馆，2012年。

德镇窑的产品一同输出到日本、东南亚等地，甚至到达埃及[1]。

时代略晚的 Jepara 沉船、西沙华光礁Ⅰ号沉船、南海Ⅰ号沉船等出水船货显示，之前鳄鱼岛沉船所反映的北宋时期以广东窑产品为主的外销瓷构成，已基本被福建地区烧造的器物取代。船货中还普遍发现龙泉青瓷及福建地区仿龙泉青瓷产品，景德镇青白瓷也占据较小比例。福建窑场产品，无论是德化窑的青白瓷、磁灶窑的酱褐釉器、闽清义窑的青白瓷还是同安窑系青瓷产品广泛发现于这一时期的沉船及海外遗址中，揭示了以泉州为中心的南海贸易的繁盛。

南宋末至元初的沉船多发现于福建沿海，主要出水器物也以福建陶瓷特别是闽江流域产品为主。相对于前一阶段南宋中期前后及之后元代中晚期沉船资料大量发现，并且龙泉及景德镇瓷器普遍出现的情况，（南）宋末元初时期属于我国瓷器外销相对衰落的阶段。这种情况的出现或与政权的更替与社会的动荡，以及南宋末年泉州港的衰落有关[2]。但福建陶瓷的继续向外扩散也说明了新的商人势力的发展。

进入到元代中后期，瓷器贸易再次繁盛，发现的属于这一时期的沉船数量更多。龙泉青瓷和景德镇瓷器数量明显上升，特别是龙泉青瓷成了船货的主体，这与同时期无论是东亚、东南亚还是西亚的海外遗址中发现中国陶瓷器组合中龙泉窑产品均占半数以上的事实相一致[3]。福建陶瓷所占比重则有所下降，而且质量也呈现衰退，特别是到了元末，多以粗制品面貌出现。

2. 沉船资料揭示的海外贸易的变迁

（1）丰富的沉船资料体现了宋元以来我国古代海外贸易的大发展。

南宋以后泉州逐渐取代广州成为第一大港，12～14世纪是以泉州为中心的福建窑业大发展的时期，其产品广泛出现在沉船及东南亚乃至西亚地区的遗址中，揭示了福建商人贸易网络不断扩展的情况[4]。宋元时期海外贸易的大发展，促使东南沿海地区窑业迅速繁荣，出现大量专门用以外销的瓷窑体系。福建地区的宋元窑场大增，瓷窑遍布全省。

龙泉窑和景德镇窑也随着泉州港的兴起大量销往海外，特别是到了元代，广泛发现于海外遗址中。

从南宋至元代，龙泉青瓷通过各大港口持续向海外输出。位于瓯江口南岸的温州，是宋代龙泉青瓷的主要输出港口。温州地区分布着50多处宋元龙泉窑系窑址[5]。宁波作为与朝鲜、日本交通的主要出发港，也是龙泉青瓷输出的重要港口，宁波城市考古中的宋元地层曾出土大量的龙泉青瓷标本。南宋至元代，龙泉青瓷通过松溪入瓯江，运到福州、泉州再运销海外逐渐成为另一条重要的途径。泉州港在当时海外贸易中的重要地位也使得龙泉青瓷更大批量的销售到东亚、东南亚、南亚、

[1]　〔日〕森本朝子：《海外出土的宋代漳州窑及其周边地区生产的陶瓷器》，《福建文博》2009年增刊。

[2]　周运中：《中国南洋古代交通史》，厦门大学出版社，2015年，第298～299页。

[3]　森达也：《宋元外销瓷的窑口与输出港口》，沈琼华主编：《2012'海上丝绸之路：中国古代瓷器输出及文化影响国际学术研讨会论文集》，浙江人民美术出版社，2013年。

[4]　〔日〕青柳洋子著：《东南亚发掘的中国外销瓷器》，《南方文物》2000年第2期。

[5]　王同军：《宋元时期温州外销瓷初探》，温州市文物处编：《温州古陶瓷研究》，西泠印社，1999年。

中东以及东非等广阔的市场[1]。特别是十四世纪后半期，各地出土的龙泉青瓷有明显增加的趋势。

景德镇宋代青白瓷在东亚地区出土很多，而东南亚地区出土较少，反映了景德镇宋代青白瓷的海外市场主要是日本、朝鲜[2]。这是因为北宋中期以后，赣粤之间的梅关古驿道长期失修，致使景德镇陶瓷通过驿道入粤从广州港销往南洋是不可能的，所以只能依靠北路从昌江、鄱阳湖至长江入海到明州口岸，而后跨越东海到日本、朝鲜半岛以及向南转运至印度洋沿岸国家。宁波考古遗址中出土了大量宋元陶瓷，以宁波东门口码头遗址为例，从考古地层看宋代层以龙泉青瓷、景德镇青白瓷为主，元代层出土遗物特别丰富，以龙泉青瓷为主，也包括一定量的景德镇青白瓷与枢府器[3]。

元代景德镇瓷器的外销区域明显扩大，东亚地区遗址发现的景德镇元代青白瓷和枢府瓷数量更多。此外，景德镇元代小件褐斑装饰的青白瓷和小件青花瓷器在菲律宾和印度尼西亚发现数量非常多。枢府瓷在东南亚、南亚、东北非及中南非等地都有出土。至正型青花瓷则在北印度、中东、波斯湾北岸、阿拉伯半岛南部、东北非等地有大量发现，多见于 14 世纪的遗址中，往往和龙泉青瓷共出，成为当时最流行的外销瓷品种[4]。

新安海底沉船、西沙石屿二号沉船等大量龙泉青瓷及景德镇瓷器的发现与海外遗址的发现相一致，揭示了元代以泉州为中心的海外贸易大发展的盛况。

（2）宋元时期海外贸易的发展，除了以泉州为中心的面向东南亚、西亚等传统航路的继续发展之外，还体现在福建商人贸易网络在东洋航路的不断开辟和扩展。

南宋以后运销日本的陶瓷，除了龙泉青瓷、景德镇青白瓷外，还包含为数众多的福建陶瓷，这些福建制品主要是闽江流域闽北、闽中及闽江口附近窑址产品，包括建窑系黑釉盏、连江及莆田等地的青釉、青白釉产品、闽清义窑青窑青白釉产品等。却基本上看不到同时期闽南地区大量输出的德化青白瓷和白瓷产品。而且这些器物组合见于闽江口附近的连江定海湾及东络岛等沉船遗址中，因此人们认为福州，而不是泉州，是面向日本贸易的船只主要出发地[5]。

唐以来面向日本贸易的传统路线是（福州—）宁波—九州的航路。但新的考古发现揭示，日本出土宋元陶瓷的器物组合在台湾北部大垄坑遗址[6]、琉球群岛 13 世纪后半期至 14 世纪遗址[7]、日本西南大岛仓木崎海底沉船遗址[8]以及日本九州南部的鹿儿岛遗址、博多遗址中均有发现。于是学者们进一步提出，面向日本的贸易除了延续宁波至九州的传统路线，还应存在一条福州经台湾北部、琉球群岛至九州的航路[9]。且这条航路可能从南宋一直延续至明代早中期。

此外，东洋航路的进一步开辟还体现在福建商人跨越台湾海峡对菲律宾直航贸易的形成。南宋

[1] 叶文程、芮国耀：《宋元时期龙泉青瓷的外销及其有关问题的探讨》，《海交史研究》1987 年第 2 期。
[2] 李再华：《略谈景德镇宋元瓷器外销》，《中国古代陶瓷的外销——1987 年晋江年会论文集》，紫禁城出版社，1988 年。
[3] 林世民：《从明州古港（今宁波）出土文物看景德镇宋元时的陶瓷贸易》，《景德镇陶瓷》1993 年第 4 期。
[4] 〔日〕三上次男、杨琮：《13 ～ 14 世纪中国陶瓷的贸易圈》，《东南文化》1990 年第 3 期。
[5] 福建博物院、漳浦县博物馆：《漳浦县菜屿列岛沉船遗址出水文物整理简报》，《福建文博》2013 年第 3 期，第 2 ～ 8 页。
[6] 王淑津、刘益昌：《大垄坑遗址出土的十二至十四世纪中国陶瓷》，《福建文博》2010 年第 1 期。
[7] 彭盈真：《琉球出土中国陶瓷：十五世纪陶瓷消费地之个案研究》，台湾大学艺术史研究所 2004 年硕士学位论文，第 12 页。
[8] 福建博物院、漳浦县博物馆：《漳浦县菜屿列岛沉船遗址出水文物整理简报》，《福建文博》2013 年第 3 期，第 2 ～ 8 页。
[9] 金泽阳：《宋元时期的东海贸易航路》，沈琼华主编：《2012' 海上丝绸之路：中国古代瓷器输出及文化影响国际学术研讨会论文集》，浙江人民美术出版社，2013 年。

以后，澎湖逐渐纳入泉州的管辖[1]。根据宋代文献的记载，宋以来存在着从广州—占城—渤泥—麻逸—蒲端的航路，在这条传统航路中，菲律宾处于市场的最末端，并不属于主消费市场，因此，宋以前中国陶瓷器的发现数量并不多。（南）宋末元初，随着闽商势力的发展，逐渐开辟了闽南诸港跨越台湾海峡到菲律宾、文莱的东洋新航路[2]，便利的新航路使得菲律宾成为重要的新兴消费市场，中国陶瓷器也随之大量涌入。

从考古资料看，宋元时期的陶瓷遗存遍布澎湖列岛，其中85%产品来自福建，12%来自浙江[3]。福建陶瓷中包括福建仿龙泉青瓷、建窑系黑釉盏、德化窑青白瓷、磁灶窑产品等。菲岛上元朝瓷器的出土数量最多，而宋以前的瓷器数量并不多。前面提到的菲律宾广泛发现的景德镇青白瓷俑、枢府型卵白釉瓷器、早期青花瓷、釉里红、铁锈斑瓷等绝大多数均属于元代[4]。菲律宾群岛南部地区还大量发现连江浦口窑及莆田庄边窑等福建产品[5]，这些制品也多见于前面提到的元代沉船遗址中。

新安海底沉船的发现，则再一次证明元代包括日本、琉球、台湾、菲律宾在内的东洋航路贸易的繁盛。

[1] 杨国桢：《宋元泉州与亚洲海洋经济世界的互动》，中国航海学会等编：《泉州港与海上丝绸之路（二）》，中国社会科学出版社，2003年。

[2] 周运中：《中国南洋古代交通史》，厦门大学出版社，2015年，第303页。

[3] 陈信雄：《台澎出土中国陶瓷的历史学应用》，《田野考古——台湾地区出土瓷器资料研究特刊》第九卷。

[4] 艾迪斯：《在菲律宾出土的中国陶瓷》，《中国古代陶瓷的外销——1987年晋江年会论文集》，紫禁城出版社，1988年。

[5] 羊泽林：《福建古代青白瓷的生产与外销》，沈琼华主编：《2012'海上丝绸之路：中国古代瓷器输出及文化影响国际学术研讨会论文集》，浙江人民美术出版社，2013年。

后　记

　　《漳州圣杯屿元代沉船考古报告之一——2021 年重点调查》是 2021 年漳州圣杯屿沉船遗址水下考古重点调查的成果，也是 2021 年全国水下考古专业人员进阶培训班成果之一。本书的编辑、出版是在国家文物局、福建省文物局的关心、指导下，由国家文物局考古研究中心主持和组织，在福建省考古研究院、漳州市文物保护中心大力协助和支持下完成的，其中，也离不开全体水下考古队员的通力合作和辛苦付出。

　　全书由梁国庆、阮永好和陈浩共同编著，按内容分章节撰写，最后，全书由梁国庆统稿。各章节具体执笔情况如下：

　　第一章：阮永好、梁国庆。

　　第二章：梁国庆、陈浩、王昊。

　　第三章：梁国庆、阮永好、陈浩。

　　第四章：一（1 ～ 4），陈浩执笔，其余部分由梁国庆、阮永好执笔。

　　第五章：梁国庆、陈浩、阮永好。

　　附录一：沈岳明。

　　附录二：刘淼。

　　水下考古工作照和遗迹照由吴立新、黎飞艳、袁启飞拍摄，出水文物照片由周莹水拍摄，水下遗迹图由于海明、孟杰、羊泽林绘制，出水文物线图由张颖馨绘制。英文提要由中央民族大学黄义军教授翻译。特邀复旦大学沈岳明教授、厦门大学刘淼副教授分别撰写了《向洋而生　无问西东——从圣杯屿沉船看元代龙泉窑青瓷的外销》和《从沉船资料看宋元时期海外贸易的变迁》两篇重要文章，方便读者深入了解漳州圣杯屿沉船的历史背景和学术价值。

　　本书出版得到了多方的帮助。厦门大学副教授刘淼、硕士研究生马俊和张子珂协助完成了出水文物标本的挑选和描述。漳州市博物馆为考古队提供文物暂存和整理的场地，特别是李海梅馆长、李和安副馆长、办公室林登山主任、保管部高炳文主任以及博物馆全体同仁，为考古队整理文物提供了业务上的指导和工作上的便利。北京大学秦大树教授、复旦大学沈岳明教授、福建博物院栗建安研究员、浙江省文物考古研究所胡继根研究员和厦门大学刘淼副教授前往漳州给予业务上的指导。时任国家文物局宋新潮副局长、文物保护与考古司（世界文化遗产司）闫亚林司长、福建省文物局傅柒生局长、文物保护与考古处何经平处长、福建省考古研究院王永平院长、水下考古研究所羊泽林所长、漳州市文化和旅游局何金才局长、杨勇琦副局长、简奕耕副局长以及文物科蔡少菁科长、张小聪科长为本报告的整理和出版给予了大力支持。国家文物局考古研究中心唐炜主任、孙键副主任多次拨冗关心、督促报告的整理和出版工作。最后，还要感谢文物出版社和责编秦彧的专业编审！

　　2021年漳州圣杯屿水下考古重点调查工作得以顺利实施离不开福建省、市、区人民政府和相关职能单位的大力支持。包括福建海事局、漳州市政府办、漳州军分区、古雷港经济开发区管委会、漳州海事局、漳州市海警局、漳州市海洋与渔业局、漳州市疾控中心、漳州市公安局古雷公安分局、漳州市海警局漳浦工作站、漳州市气象局古雷气象分局、古雷海巡执法支队、古雷港经济开发区文教体旅局、区农林水局、区疾控中心和古雷镇政府、龙海市海洋与渔业局等，在此一并表示感谢！

　　本书付梓之际，再次衷心感谢默默关心、支持、帮助漳州圣杯屿沉船遗址水下考古调查与报告出版的所有单位及个人！由于编者学术水平所限，疏漏难免，敬请方家斧正。

编者

2023 年 8 月